L'essentiel des
Règles de procédure civile

— *Jean-Paul Branlard* —

프랑스 민사소송법 개론

최광선 역

전남대학교출판문화원

■ 역자 머리말

우리는 왜 다른 나라의 법을 공부하는가? 필자가 대학원 시절 가졌던 의문이다. 우리나라 법학을 배우는 사람이 우리 것을 알아야지 외국법에 천착하는 것은 일종의 학문 사대주의가 아닌가 혹은 우리나라 법학도 완전히 공부 되지 않았으면서 외국법을 공부하는 것은 지적 사치가 아닌가 등등의 의문이었다.

그런데 그런 필자의 생각이 변호사 업무와 박사 논문 작성 과정을 거치면서 완전히 바뀌게 되었다. 변호사 업무 중 송무업무를 할 때에는 외국법은 참고자료 정도의 역할로서 외국법의 비중이 크지는 않았다. 반면 자문업무를 할 때에는 외국사례가 빠지는 경우가 드물었다. 특히 입법업무를 할 때에 국회나 정부는 반드시 외국사례에 대한 조사를 하였고 외국법에 대한 사례와 해석에 이견이 있을 때에는 별도의 회의까지 개최할 정도였다. 이는 법을 다루는 대법원이나 법무부도 크게 다르지 아니하였는데 제도적 설계를 할 경우 대법원이나 법무부는 다른 어느 정부기관 보다도 구체적인 외국법 검토를 하고 있다. 박사논문을 쓸 때도 마찬가지였다. 처음에는 우리나라의 제도만 가지고 논문을 작성하다가 어느 순간엔가 우리나라 제도의 문제점과 개선방안을 찾을 때 참고할 수 있는 무엇인가가 필요했다. 법학이라는 학문에서 통계 등 실증적 검증수단을 이용하기 어려운 상황에서 우리나라 보다 먼저 고민한 사항을 정리한 선진 외국사례와 그에 관한 논문을 찾아 볼 때 보다 폭넓은 문제의식과 개선방안의 실마리를 찾을 수 있었다. 특히 무엇인가에 막혀 박사논문의 진도가 나가지 않는 상황에서 돌파구는 외국법과 외국법이 우리나라에 주는 시사점을 찾는 일이었다.

외국법을 배우는 이유는 우리나라 법제 가끔은 우리나라에 대한 판례에 대한 이해도를 높이고 외국법이 주는 시사점을 통하여 우리나라의 제도와 판례에 대한 문제의식을 제고하고 개선방안을 도출하도록 하기 위함이다. 나아가 외국법의 연구를 통하여 우리나라 제도의 뿌리를 찾고 근원을 밝힘으로써 관련 제도에 대한 이견이 발생하였을 때 합리적인 결론을 내리는데 조력할 수 있다. 이는 단순히 외국법의 태도를 맹종하거나 무분별하게 수입하는 것과는 다른 문제이다. 외국법의 연구는 항상 우리나라에 어떤 시사점을 주는지에 관한 연구로 귀결되어야 하기 때문이다.

그렇다면 왜 프랑스 민사소송법을 공부하는가? 우리나라의 민사소송법은 일본 민사소송법의 영향을 받았고 일본 민사소송법은 독일 민사소송법의 영향을 받았음은 주지의 사실이다. 비록 프랑스 민사소송법이 우리나라에 직접적인 영향을 주지 않았다고 하더라도 독일 민사소송법과 어느 정도 영향을 주고 받았다는 점, 역사적으로도 프랑스법이 독일법과 함께 대륙법 체계의 한 축을 구성하고 있다는 점, 프랑스가 유럽연합의 핵심국가로서 여전히 세계 속에 영향력을 가지고 있다는 점 등을 감안하면 프랑스 민사소송법은 학문적으로 연구가치가 충분하다고 하겠다. 아직은 프랑스 민사소송법이 국내에 잘 알려지지 않은 점을 고려하면 역작이 아니라 마중물이 필요하다고 생각했다. 어찌보면 외국법을 비교법으로서 다루는 것은 인류의 지혜를 집대성하는 것과 유사하다. 법이라는 것은 분쟁을 해결하기 위한 지혜의 집합체라고 생각하기 때문이다. 그런데 다른 분과와는 달리 유난히 민사소송법학에서는 프랑스 제도에 대한 연구가 충분하지 않았기 때문에 이번 기회에 시도해 보았다. 많은 질책이 있으리라 생각하며 감사한 마음으로 경청할 생각이다. 나아가 미국, 일본, 영국, 프랑스, 독일, 중국 제도를 넘어 스페인어를 주축으로 하는 스페인과 라틴아메리카, 이탈리아, 동유럽 제국, 아랍 제국의 제도에 대한 연구도 태동하여 확장되길 바란다.

이 책은 Jean-Paul Branlard의 저서를 번역한 내용이 핵심을 이루고 있다. 파리의 Dalloz 서점에서 이 역서와 같은 개론서가 생각보다 많아서 놀랐다. 지금 번역한 책은 원판으로는 160면 정도인데, 프랑스에서는 저명 교수가 특정한 과목에 대하여 이런 분량의 얇은 책으로 각 분야의 법에 대하여 정리하고 있어 신기했던 경험이 있다. 우리나라는 개론서라고 하더라도 빽빽한 글자로 800~1000면에 이르는 경우가 많은데 프랑스는 다양한 주석서, 교과서, 수험서가 있음에도 매우 얇은 내용의 개론서가 있었다. 이러한 개론서는 비전공자도 쉽게 접근하여 빠른 시간 내에 개략적인 내용을 파악하고 관심 정도에 따라 더 깊게 내용을 살필 수 있게 하는 안내서임과 동시에 전공자도 관련 분야에 대한 개략적인 내용을 빠르게 파악하는데 도움을 줄 수 있다고 소개되고 있다. 사견으로는 매우 얇은 책의 경우 오히려 핵심적인 내용을 추려야 하므로 불필요한 설명은 모두 줄여야 했기 때문에 비전공자보다는 공부를 막 시작한 전공자가 개론적 내용을 파악하기에 더 적합하다고 생각한다.

가장 얇은 책은 가장 핵심적인 책이라고 생각한다. 처음에는 개론서의 번역으로 시작했지만 그 내용을 이해하기 위해서는 다른 주석서나 교과서가 반드시 필요했다. 지금은 번역서 형태로 부피가 많지 않지만 향후 이 내용을 바탕으로 프랑스 민사소송법에 관한 해설서를 본격적으로 집필할 생각이다. 번역서 뒤에 첨부한 논문들은 그러한 작업의 일환이다. 법학전문대학원 제도의 정착기에 있는 상황에서, 특히 변호사시험 합격률이 가장 중요한 지표로 부각되는 상황에서 과연 얼마나 학문적인 작업에 시간을 낼 수 있을지 우려가 앞서지만 누군가는 이러한 작업을 해야 한다는 생각으로 시작하였다. 원서의 내용이 매우 간략한 경우가 많아 표현을 다듬기 어려운 부분도 있었으나, 궁극적으로는 필자의 지식과 경험이 미천한 까닭에 부족한 부분이 많을 것이다. 이 부분 역시 계속해서 바로잡아 갈 생각이다.

책이 나오기까지 감사를 드려야 할 분들이 많다. 먼저 원서를 붙들고 번역을 시작하는 데에는 광주 알리앙스 프랑세즈 선생님들의 도움이 결정적이었다. 먼저 번역초안을 제출하면 최승은 원장 선생님께서 검토해 주셨고 문맥이 분명하지 않은 때는 Camille IACOVAZZI 선생님께 물어보았다. 법학 전공이 아니어서 이해에 어려움이 많으셨음에도 프랑스어 측면에서 많은 도움을 주셨다. 광주 알리앙스 프랑세즈가 한국과 프랑스를 이어주는 가교 역할을 충실히 하고 있는데 앞으로 더욱 성장하길 기원한다. 2020년 2월에 전남대학교 법학전문대학원 석사과정을 졸업한 양윤지(9기), 이해민(9기)에게도 고마움을 전한다. 변호사 시험이 끝난 후 피곤한 상태임에도 헌신적으로 교정을 보아주었다. 우수한 학생들이기 때문에 향후 우리나라에 훌륭한 인재로 성장할 것을 믿으며 앞날에 대성을 빈다. 프랑스어 강독은 학부시절 명순구 교수님께 처음 배웠다. 그 당시 과책(faute)이라는 개념을 처음 접하며 법학의 묘미를 알 수 있었는데, 벌써 20년이

넘게 흘렀다. 이 지면을 통해 감사의 말씀을 올리고 싶다. 또한 필자의 학문적 울타리가 되어 주시고 계신 지도교수님인 정영환 교수님, 열정적인 연구와 교육, 훌륭한 팀웍을 보여주시는 전남대학교 법학전문대학원의 교수님들, 행정처리로 수고가 많은 출판문화원 구성원들에 대하여도 감사의 인사를 전한다. 마지막으로 가족들에 대한 감사도 잊을 수 없다. 항상 기도하시는 부모님, 변호사업무·학업·가사로 바쁘면서도 남편을 이해해 주는 아내 은정, 얼마 전 첫니가 빠진 아들 민호, 가족은 하나님께서 선물해 주신 세상에서 가장 중요한 사랑의 원천이 아닌가 싶다.

2월 28일 탈고를 마친 후 몇 가지 변화가 있었다. 첫째는 코로나 바이러스가 창궐하고 있다. 일상적인 생활이 더 없이 감사하게 느껴지는 요즘이다. 둘째 시간을 끌던 출판계약이 드디어 완료되었다. 자칫하면 세상의 빛을 볼 수 없을 수도 있었던 상황이기에 마음 속 깊이 감사드려야 할 분들이 많다. 전남대학교 출판문화원의 성승현 원장님과 송미숙 과장님께 마음 속 깊이 감사드린다. 이 분들의 헌신적인 노력과 기다림이 없었다면 책의 출판은 불가능했을 것이다. 나아가 이 책의 원저자인 Jean-Paul Branlard 교수님께 감사드린다. 촉박한 일정에도 불구하고 소개글을 써주시고 출판사와의 관계에서도 중요한 조언을 해 주셨다. 분에 넘는 칭찬과 격려를 주셔서 어떻게 그 은혜를 갚을 수 있을지 모르겠다. 앞으로 프랑스 민사소송법 연구에 매진할 것을 다짐한다.

2020년 4월 24일

햇살이 비치는 용봉동 연구실에서

역자 최광선

■ 저자 소개글

저에게 매우 영광스럽게도 최광선 교수(전남대학교 법학전문대학원 교수, 변호사, 법학박사)께서 저의 저서 중 하나인 "민사소송절차 법원리의 핵심(L'essentiel des règles de procédure civile)"을 프랑스어에서 한국어로 번역해 주셨습니다.

Gualino-Lextenso 출판사에서 7판에 거쳐 출간된 이 책은 법과대학교 학생, 특히 변호사 적성시험(필자는 베르사이유 항소법원 관할 변호사회 지역 중앙위원에 시험출제위원으로 여러 해 이 시험에 참가한 바 있습니다)을 준비하는 학생들에게 오랫동안 사랑받고 있습니다. 필자는 Lauréat de l'Institut de criminologie et Diplômé de l'Institut d'études judiciaires에서 사법(私法)으로 박사학위(Docteur d'État en droit privé)를 받고 팡테옹 아사스 파리 2대학(Panthéon-Assas Paris 2)의 위대한 정교수들로부터 수학하였습니다. 민사절차의 진행에 있어서 기본 법리를 엄선한 총체인 이 저서는 민사소송에 관한 주제로 오랫동안 대학에서 해온 강의에서 맺은 결실입니다. 그러한 과정이 없었다면 법학, 특히 민사소송법에 관한 연구는 공허하고 생기가 없었을 것입니다.

민사소송의 기본 법리를 가르치기 위해서는 인내와 용기가 필요합니다. 이 분야는 자주 고전적 절차에 관한 매우 난해한 개념을 자주 떠오르게 하는데다가, 가끔 라틴어의 형식이 산재되어 있습니다. 그리하여 자주 사법(司法)을 어렵게 하고 소송당사자들을 피폐하게 하였습니다. 그러나 좀 더 자세히 살펴보면 민사소송은 살아있는 분야라는 점에 대하여 최광선 교수도 저와 생각을 공유할 것입니다. 민사소송에서는 절차와 그 진행에 있어 한 걸음을 옮기는 것과 같은 행위가 있습니다. 민사소송은 사건을 복잡하게 만드는 기술과는 다릅니다. 민사소송은 소송의 요소가 서로 연결되어 있으며 통일성을 목적으로 확정된 관련성의 범주에서 검토되어야 한다는 점이 전체적으로 드러나게 됩니다. 현대의 민사소송 법규는 더욱 간소한 형식, 더욱 신속한 재판, 비용의 경감을 위하여 민사소송절차를 진행하는데 기초를 두고 있습니다. 본서 19개의 장(章)에서 민사소송의 기본법리의 핵심의 중요한 사항을 누락하지 않도록 하기 위하여 가장 중요한 쟁점(소권, 절차적 형식주의, 심급, 사법상 재판, 불복수단)에 대한 검토가 드러나도록 하였습니다. 다시 말해 이 책에서는 실무상 유용성을 유지하면서 가장 중요한 쟁점과 가장 일반적인 쟁점을 우선시하였습니다.

"Droit judiciaire privé"라고도 불리는 프랑스 절차법은 유럽연합의 주요 절차법 원칙의 영향 하에서, 때로는 그로부터 압력을 받는 정도로, 개혁을 멈추지 않고 있습니다. 그러나 21세기의 "민사소송법 법원리의 핵심"이 우리의 민사적 정의를 구성하는 광범위한 방침과 기본적 원칙에서 안정적인 것처럼 보이지만, 2019년 11월 12일 제2019-1333호 시행령(그 시행령의 개별조항들은 2020년 1월 1일에 시행)에 의거하여 민사소송절차를 개혁하는 최근 작업에서 나온 개정 사항과 통합되어야 합니다. 소법원(le tribunaul d'instance)과 대심법원(le tribunaul de grande instance)의 통합의 예는 별론으로 하고, 민사소송의 최근의 발전은 특히, 대안적 분쟁해결에 혜택을 주고, 사법(司法)절차를 간소화하며, 변호사의 본질적인 역할을 강화시키는 것을 목적으로 합니다. 이러한 개선사항에 대하여는 변호사의 자격을 가지고 있는 전남대학교 최광선 교수도 이해할 것입니다. 최광선 교수는 법학박사라는 또 다른 자격을 가지고 있습니다. 그는 한국 민사소송 뿐만 아니라 프랑스 민사소송에 대하여 깊은 이해를 하고 있습니다. "민사소송절차 법원리의 핵심"의 저자인 본인은 흔히 얻을 수 없는 특별한 기회에 이 지면을 빌어 한국의 독자들에게 인사를 드립니다.

2020년 파리에서

Jean-Paul Branlard

■ 저자 서문

사법(justice)은 개혁을 멈추지 않는다. 프랑스 공화국의 근본 가치가 여러 가지 있음은 사실이다. 프랑스 인민(peuple)의 이름으로 내려진 사법재판은 시민들의 권리와 자유를 보호한다. 2016년 8월 1일부터 의회 임시회기에 2016년 6월 17일 시행령(2016년 6월 18일 관보 제0141호)은 사법관고등평의회 및 21세기 사법의 현대화에 관한 법률안 뿐 만 아니라 법정 보증, 전문가윤리 의무, 법관 선발에 관한 기본법률 개정 검토안을 시행하도록 명하고 있다. 사법관고등평의회(Conseil supérieur de la magistrature) 및 21세기 사법의 현대화에 관한 법률안은 현재 사법의 개선을 위한 다양한 입법 조치를 실행함을 목적으로 한다. 이를 지켜보도록 하자.

현재 그리고 이미 오래전부터 사법서비스의 실현수단은 사법서비스를 구성하고 있고 그에 대한 기능을 조직하는 원칙에 따르고 있다. 민사소송절차는 당사자들에게 그들의 주관적 권리를 실행하고 확인할 목적으로 절차의 진행을 규율하는 법규의 총체인데 이러한 민사소송절차는 증거조사(instruction), 변론준비절차(mise en état), 본안변론(débat), 재판관 합의절차(délibéré), 판사의 재판(décision du juge), 재판에 대한 불복절차 및 재판의 집행에 필요한 일련의 소송행위에 의하여 설명된다. 1806년 나폴레옹 (구) 민사소송법 시대부터, 다수의 개혁을 통하여 민사소송법의 내용이 정비되었다. 다수의 개혁은 사법서비스의 명확성, 신속성, 효율성에 관한 개혁운동에서 나타났으며 지금도 나타나고 있다. droit judiciare privé라고 불리는 우리의 "절차권"은 두말 나위 없이 중요한 유럽의 대원칙, 그 중에서도 우선적으로 유럽 인권협약의 대원칙의 영향을 받고 있다. 21세기 사법 개혁안은 더 나아질 것인가?

Jean-Paul Branlard

■ 목 차

제1권 프랑스 민사소송법의 핵심개념

제1부 소 권

제2부 절차의 형식주의

제3부 심 급

제4부 법원의 재판

제5부 상소수단

제2권 프랑스 민사소송법의 특수문제

제1부 프랑스 민사소송법상 대심의 원칙에 관한 소고

제2부 프랑스 민사소송법상 합의에 기초한 분쟁해결 규정이 주는 시사점

제3부 프랑스 민사소송법상 몇 가지 주제에 관한 검토

제1권

프랑스 민사소송법의 핵심개념

이 권은 Jean-Paul Brandlard의 저서

「L'essentiel des Règles de procédure civile」,

7e édition, Gualino, 2016을 번역한 것이다.

프랑스 민사절차 기본 원리의 핵심

PART 1

소 권

소권(action)의 개념은 다음과 같이 생각할 수 있다. ; 소권은 청구에 의하여 작동하고 변호로서 청구에 답변하는데, 소권은 소송계속 중 당사자 각자에 의하여 맡겨진 지위에 상응한다.

CHAPTER 1

소권의 개념

소권은 다음과 같이 정의되어 있다. <소권은 판사가 신청된 본안(fond)이 타당한지 아닌지를 재판하기 위하여 신청인 본인이 그 신청된 본안에 대하여 심문받을 권리이다> (프랑스 민사소송법 제30조 제1문). 상대방에 대하여는 <소권은 청구인이 신청한 본안을 다툴 수 있는 권리이다>

소권은 소송의 대상(contestation)에 대하여 본안 판결을 내리는(statuer) 의무를 가지도록, 사법기관(autorité judiciaire)에 제소(la saisine)를 허용한 것으로 법에 의하여 인정된 법적 권한이다.

1. 소권 : 권리(droit)도 아니고 청구(demande)도 아니다

재판상 청구를 하는 것과 소권의 보유자가 없거나 증명한 권리가 부존재하여 절차를 소멸시키는 것은 언제나 가능하다.

■ 소권은 권리와 혼동하지 말아야 한다

권리는 재판상(en justice) 소권이 없을 수도 있다. 자연채무로 변질된 민사채무(민법 제2219조와 제2224조에서 법정기간이 지나서 청구한 채권에 대한 변제

(paiement)) 또는 법률이 재판의 이용을 차단하고 있는 도박빚(dette de jeu ou de pari)(민법 제1965조)을 예로 들 수 있다.

권리는 본안을 규율한다. <합명회사(une société en nom collectif)의 사원(associé)은 회사의 채무에 대하여 무한·연대(indéfiniement et solidairement) 채무를 부담한다>(상법 제221-1조) 또는 반대로 유한회사(SARL: société à responsabilitélimitée)의 사원은 그들의 출자를 한도(concurrence)로 손실에 대한 책임을 부담한다(상법 제223-1조).

소권은 판사가 권리의 본안을 검토하지 않아도 존재할 수 있다. 예) 소권은 시효소멸과 같은 불수리종결과 충돌한다(민사소송법 제122조 등). 그러나 권리와 소권 사이에 관련성이 존재한다. ; 권리의 본질(동산)과 특징(재산)은 소권(개인의 동산소권)의 법적 성질결정(qualification)을 하게 된다. ; 권리가 소권에 영향을 준다.

소권의 기능은 소권의 보유자에게 주관적 권리로서의 제재수단을 확보해주고 있다. 예를 들어 유실되거나 도난된 동산의 반환소권(민법 제2276조)이 그 예이다.

■ 소권은 청구와 혼동하지 말아야 한다

청구(demande)는 예를 들어 집행관 송달 같은 소송행위(acte de procedure)를 구성하고 있는데 이러한 소송행위를 통하여 상대방에 대항하여 소를 제기하게 되고 판사는 청구인의 사건을 담당하게 한다. 소권은 청구를 통하여 구체적으로 실현되는데 그 청구는 단순한 소제기 자격에 변형을 일으키는 것이다. 이렇게 이해한다면 재판상 청구를 행사하는 것은 소멸시효의 중단·법정이자의 기산점의 발생과 같이 소권 보유자의 법적 지위(situation juridique)를 변경시키는 역할을 한다.

2. 소권의 성격

판사에게 소를 제기할 수 있는 권리인 소권은 임의적이고(facultatif), 자유로이

(libre) 행사된다.

■ 임의적인 특징

원칙적으로 소권 보유자는 소권을 행사할 의무가 없다. 즉 판사에게 청구를 실제로(effectivement) 행사할 의무는 없다는 의미이다. 예를 들어 재판상 손해배상의 주장(réclamer)을 포기한 피해자를 들 수 있다.

■ 자유로운 특징

권리를 실행했다고 해서 반드시 과책(faute)이 있는 것은 아니다(ne constitue pas). 청구기각(débouté)의 경우에 원칙적으로 소 제기자(initiateur)의 책임은 없다(이래서 법학(science juridique)은 어려운 것이다). 예외적으로 상소권 행사의 남용과 같이 재판상 권리남용(abus de droit d'ester en justice)은 악의적인 사기의 의도로 법원을 이용하고 남용하는 자를 제재한다.

즉, 아직 확정되지 않은(eventuellement) 손해배상 청구에서 손해가 없는 경우, 지연하거나 남용하는 방법으로 소를 제기(agir en justice)하는 자는 최대 10,000 유로의 민사제재금(amende civile)의 판결을 받을 수 있다(민사소송법 제32-1조, 濫항소에 대한 제559조, 濫상고에 대한 제628조)[1]. 사법에 대한 접근은 권리행사가 봉쇄된(fermant le droit d'air) 예외적인 경우를 제외하고 프랑스 국민이든 외국인(외국인이 소를 제기하고 싶을 때 외국인이 제공해야 하는 재정보증(judicatum solvi)이 필요 없는 경우 포함)이든, 능력자(majeurs)이든 무능력자(incapables)이든 모두에게 자유롭게 개방되어 있다. 그래서 재판이 진행 중인 한, 판사의 요구에 따라 잠정적이거나 보전적인 조치가 허락된 긴급한 경우를 제외하고, 판사가 판단을 내릴 수 있도록 한, 민법 제2062조 등에 따라 규정된 참여절차(procédure participative)의 약정이 있다면 모든 쟁송(recours)에 대하여 판사는

1) Article 32-1 Modifié par Décret n°2017-892 du 6 mai 2017 - art. 67
Celui qui agit en justice de manière dilatoire ou abusive peut être condamné à une amende civile d'un maximum de 10,000 euros, sans préjudice des dommages-intérêts qui seraient réclamés. 종전에는 3천 유로였으나 현재에는 1만 유로로 개정되었다.

수리불가능(irrecevable)하다는 판단을 내린다.[2] 즉, 화해계약(transaction)은 당사자들이 발생한 소송의 대상(contestation née)을 종결짓거나 발생할 소송의 대상(contestation)을 방지하기 위하여 체결된 계약이다(민법 제2044조). 당사자들 사이에 화해계약은 종국판결의 기판력(autorité da la chose jugée)을 가지며(민법 제2052조), 재판상 소권의 행사는 인정되지 아니한다.

보론 절차권의 남용과 대심주의 원칙의 퇴조(évacuation)

민사소송법은 절차권 남용으로 인한 판결을 선고할 수 있는 가능성을 인정하고 있다. 판사가 청구인의 소권이 남용에 해당하는지 부당한 지연을 위한 것인지를 판단할 때 1만 유로까지 이를 수 있는 민사제재금은 민사절차에서 국고(Trésor Public)에 귀속될 수 있도록 선고된다. 청구인이 소 제기할 수 있는 권리를 행사함에 있어서 소권 남용임을 판단하기 위하여 판사는 청구인의 과책(faute)의 특성을 규명해야 한다. 그렇지 않으면(À defaut), 소권의 남용에 관한 재판은 이유가 없는 것으로 판단된다. 청구는 판결이라는 재판기관(juridiction)의 가장 강력한 지배력에 종속되기 때문에, 당사자들의 청구가 없어도 직권으로 선고될 수 있다는 의미에서 절차권 남용을 선고한 판결(condamnation)은 직권으로 선고될 수 있다. 게다가 파기원(La Cours de cassation)은 절차권 남용에 대한 판결을 내리는 사건에서 판사가 직권으로 이 권한을 행사하는 것은 대심주의(contradiction) 원칙에 종속되는 것은 아니라고 판시하였다. 그러면서, 대심주의 원칙의 존중이 없음에도 불구하고, 판사에 의하여 선고된 민사제재금은 이유가 부기되어 있는(motivation) 선행 채무 뿐 만 아니라 소 제기할 수 있는 권리를 행사함에 있어서 청구인의 과책의 특성을 규명할 필요성과 같은 절차적 내용까지 불필요하게 하는 것은 아니다. 결국 1심 또는 항소심에서 이러한 민사제재금에 관한 판결이 선고되는 경우 상소를 할 수 있다(출처 ; 법무부 회신, 상원 관보(Journal Officiel) 2016년 5월 5일 1906면).

---

2) 참여절차란 당사자들이 민법상 화해계약을 체결하고 불이행시 소송상 화해절차 또는 판결 절차에서 판단을 내리도록 하는 제도이다.

CHAPTER 2 소권의 분류

법률가들이 선호하는 것 중의 하나가 분류를 하는 일이다. ; 법률가들은 모든 것을 권리, 청구, 소권으로 분류한다.

1. 권리의 본질에 기초한 분류

소권과 권리 사이에 분명한 관계가 있다. 다시 말해 절차법으로서의 주관적 권리와 실체법으로서의 주관적 권리 사이에 관계가 있는 것이다.

■ 대물소권(action réelle), 대인소권(action personnelle) 혹은 혼합소권(action mixte)

대물소권은 물권을 대상으로 한다. 예를 들어 소유권에 기한 (소유물) 반환소권, 동산 또는 부동산에 대한 점용권(usufruit)에 기한 반환소권을 들 수 있다.

대인소권은 채권으로 불리는 대인권의 승인(reconnaissance)과 제재(sanction)를 주장(réclamer)하는 데 맞추어져 있다. 예를 들어 이혼, 친자관계와 같이 지위에 관련된 소권처럼 특정 분야의 소권이 아닌 다른 모든 소권들 역시 대인소권에 속한다.

혼합소권은 같은 법적인 작용에서 나온 대물적 및 대인적 권리에 동시 적용된다(매각된 물건의 인도(délivrance)에 관한 소권). 여기에는 두 가지 소권이 관련되어 연결되어 있다. 하나는 대물소권(재산의 구체적인 반환청구(revendication physique), 나머지 하나는 대인소권(인도(livraison)채무에 대하여 채권자인 매수인(acquéreur)이다).

■ 구별의 실익

대인소권의 경우 사물관할(la compétence d'attribution)은, 예외적인 경우를 제외하고는, 청구금액(le montant de la demande)이 1만 유로 이상인 경우 대심법원(Tribunal de Grande Instance), 4천 유로와 1만 유로 사이인 경우 소법원(Tribunal Instance) (TI), 4천 유로 미만인 경우 근린법원(Juridiction de proximité)에 있다. 부동산 대물소권은 대심법원에 전속한다(부동산에 적용되는 부동산 소인(cause)과 같이, 큰 사건은 그에 상응하는 이유가 있다).

토지관할(la compétence territoriale)에 관하여 보면 원칙적으로 대인소권의 경우 피고가 거주하는 지역의 법원에 있고 부동산 대물소권의 경우 계쟁 중인 부동산이 소재하는 지역의 법원에 있을 것을 요한다.

2. 소송의 객체에 근거한 분류

한편으로 중요한 동산 소권과 부동산 소권이 이어진다.

■ 동산 또는 부동산 소권

동산소권(action mobilière)은 드문 경우로서 점유자가 소유자로 추정되도록 결정하는 민법 제2276조[1]에 근거한 동산의 반환청구(revendication)를 목적으로

1) 민법 제2276조 동산에 관하여 점유는 곧 권원으로서 효력을 가진다. 그러나 물건을 유실하거나 도난당한 사람은 유실 또는 도난일부터 3년 동안에는 현재 당해 물건을 소지하고 있는 사람에 대하여 그 반환을 청구할 수 있다. 이때 소지인은 그에게 물건을 인도한 사람에

한다. 어떠한 구체적인 다른 범주에 포함시킬 수 없는 모든 소권을 수용하는 창고(fourre-tout)로서도 기능한다(예를 들어, 심지어 부동산과 관계가 있는 작위 또는 부작위 채무에 대한 제재 ; 이혼 소권, 친자(filiation) 소권, 채권의 승인(reconnaissance) 소권, 이들은 동일하게 동산소권으로 언급된다(se disent)).

부동산소권(action immobilière)은 토지나 아파트의 소유권과 같이 부동산에 대한 반환청구를 목적으로 한다.

- 구별의 실익

부동산소권은 부동산 소재지의 대심법원에 속한다.

동산소권은 원칙적으로 피고 소재지의 대심법원, 소법원, 근린법원, 상사법원, 노동법원, 농촌임대차법원에 속한다.

3. 선행 분류의 조합

전통적인 분류는 서로 결합하여 다음과 같은 네 가지 조합을 형성한다.

동산 대물소권은 동산의 반환청구를 목적으로 한다(예를 들어 도난이나 유실).

부동산 대물소권은 부동산의 반환청구를 목적으로 한다(예를 들어 점유자에 의한 횡령).

동산 대인소권은 채권의 승인에 적용된다. 그러나 이혼, 친자 등 같이 구체적인 다른 범주에 포함되지 않는 모든 소권을 수용하는 창고(fourre-tout)의 역할도 한다.[2)]

부동산 대인소권은 드물다. 예를 들어 대규모 소유지를 소유함에 있어서 채권자가 목적물에 미측량된 토지의 일부를 가지고 있는 경우를 들 수 있다.

대하여 구상권을 행사할 수 있다.

2) 예를 들어 동산에 대한 반환청구만을 구하는데 이혼이 원인이 되었다면 동산에 대한 반환청구 이외에도 이혼에 대한 당부 역시 판단되어야 하기 때문에 혼란이 발생한다.

4. 레페레 보호(référé-sauvegrde) 제도를 위한 점유소권의 폐지(abrogation)

민법 제2278조는 다음과 같다 : <점유는 본안에 관한 권리를 고려하지 않고, 점유를 침해하거나 위협하는 장애로부터 보호된다. 점유의 보호는 소지자(déteneur)에게 점유자와 마찬가지로 인정(accordée)되고, 권리를 보유하고 있는 소지자 이외의 모든 자들로부터 보호된다.> 2015년 2월 16일 제2015-177호 법률 제4조는 민법 제2279조를 폐지하였는데 이 조항은 <점유소권은 민사소송법에 정해진 조건에 따라 평온하게 점유하거나 소지하고 있는 자에게 인정된다.>[3]고 규정하였다. 결과적으로 민사소송법 제1264조부터 제1267조는 행정명령(réglement)에 의하여 곧 폐지될 것이다.

■ 부동산 점유소권(action possessoire)의 목적

예를 들어 소유자가 누구인가와 같이 본안의 권리를 해결하도록 하는 목적을 가진 부동산물권소권(action pétitoire)과 달리, 부동산만 관계된 점유소권은 점유(posession)와 소지(détention)에 관하여만 적용된다. 게다가 민사소송법 제1265조는 부동산물권소권에서 비경합적(non-cumul) 소권의 원칙을 고수하고 있었다. 본안에 관하여 소제기하는 자는 점유에 관하여는 더 이상 수리가능하지 않고(제1266조), 피고는 점유소권에 관한 장애사항(trouble)을 해결한 후에만 본안에 관하여 소제기 할 수 있다. 다음과 같이 세 가지로 점유소권을 구별할 수 있다. 2005년 1월 26일 법률 제2005-47호 이후 대심법원의 관할에 속하는 점유방해배제소권(la complainte), 점유방해예방소권(la dénonciation de nouvel oeuvre), 침탈점유회복소권(la réintégration)이 그것이다. 도입 이후, 변호사에 의한 대리는 민사소송법 제751조[4]가 적용되는 소권에 있어서 의무적인 사항이 되었다.

---

3) 프랑스 민법은 자주점유, 즉 자신이 소유자라고 생각하여 소유의 의사로 점유한 경우는 posseision, 그 이외의 점유는 détention으로 구별하고 있다.

4) 당사자들은 특별한 규정이 있는 경우를 제외하고 변호사를 선임하여야 한다. Les parties sont, sauf disposition contraire, tenues de constituer avocat.

■ 레페레 보호(référé-sauvegarde)

파기원의 전원합의체 판결(Cass.ass.plen., 28 juin 1996 ; Bull. civ. n°6)에서는 부동산 점유의 보호는 레페레 소권[5]에 속함을 인정하였다. 이는 2009년 파기원의 업무보고서(Rapport d'activité)에서 채택되었다. 그 이후 이러한 입장은 특히 레페레 소권이 점유소권 및 부동산물권소권의 비경합적 원칙으로 인하여 법리가 지나치게 복잡한 점유소권 보다 선호되었다는 사실에 기초하고 있다. 만약 어떤 사람이 점유권의 행사에 장애를 가지고 있을 경우 점유소권에 대하여 레페레 판사에게 점유에 대하여 소제기 할 수 있는 권리가 없다면, 레페레 판사는 통상 판결을 내릴 수 있는 권한을 수여하는 법문언(texte)에 따라 점유의 장애사항을 관할권의 대상으로 할 수 있다(대심법원에 대한 민사소송법 제808조, 제809조, 소법원에 대한 민사소송법 제848조, 제849조, 상사법원에 대한 제872조, 제873조).

레페레 판사로부터 보전조치 또는 현상변경(la remise en état) 조치를 받기 위해서, 점유에 장애를 가지고 있는 자는 대부분의 점유의 장애 상황을 포함하는(couvre) 중대한 분쟁에서까지도, 일반적인 레페레(긴급성, 심각한 쟁점의 부재 또는 분쟁의 존재), 보전조치형 또는 현상변경형 레페레(긴급한 손해 또는 명백하게 위법한 장애의 존재)의 적용 조건 요건을 갖추어야 한다.

점유소권에 비교하여 레페레 절차가 가지는 장점들은 실질적이다. : 변호사에 의한 대리가 의무적이지 않으며(대심법원의 레페레도 같다). 비용이 저렴(limite)하다는 점이 있다 ; 레페레 절차는 신속히 효과가 발생하고(mise en œuvre), 단기의 기간 내에 결정을 얻을 수 있다(레페레 판사, 증거절차 판사는 점유소권에서 원고가 경우에 따라 증명해야 하는 다음과 같은 점유의 조건에 대하여 판시하지 않는다. ; 평온(plaisible) 점유, 1년 이상 점유 등) ; 게다가 레페레 절차는 대심법원에서 본안에 관한 소권과 경합할 수 있다. 더욱이 레페레 판사의 결정은 잠정적으로 집행력을 가지게 된다(민사소송법 제489조).

---

5) 레페레는 긴급심리로 번역되기도 하지만 민사사건과 행정사건에서 다양한 의미로 사용된다. 여기서는 민사사건에 국한하여 살핀다. 기본적으로는 본안심리판사가 아닌 판사(juge de référé)가 즉시 필요한 처분을 명하는 권한을 법률상 부여받은 경우에 당사자 일방의 요구에 따라 상대 당사자가 출석 또는 소환되는 임시적인 재판을 의미한다. 山口俊夫, 『フラス法辭典』, 東京大学出版會, 2001, 493頁.

청구(demande)

CHAPTER 3

청구는 소송행위(예를 들어 집행관 송달)를 구성하는데 소송행위에 의하여 소송당사자(litigant)의 소송이 진행(mouvement)되도록 하고 판사에게 소송사건을 담당하도록 한다.

청구는 절차를 개시하는 최초의 청구인 주된 청구가 있고, (절차)개시 청구를 변경하는 부대청구가 있다. 예를 들어 원고는 소송계속 중 피해의 이상 또는 이하를 주장하여 변경할 수 있다.

각 청구에 주어진 권리가 없어도 재판이 개시될 수 있지만 이는 본안에 대한 절차에서 패소하는 원인이 된다. 청구에 의하여 소제기를 할 수 있는 능력(faculté d'agir)인 소권은 유효하게 되고, 청구는 소송행위(acte)로 변경된다. 이 효과를 발생시키기 위하여 청구에 의하여 진행되는 소권은 수리가능성(recevabilité)의 조건들을 충족시켜야 한다.

1. 소권의 수리가능성의 조건

재판상 청구(la demande en justice)는 소권의 절차적 해석이다. 소를 제기할 수 있는 권리(le droit d'agir)는 필연적으로 소를 제기할 수 있는 권리의 행사를 제한하는 조건에 따르게 된다.

■ 법관에 접근하는 권리(Le droit d'accès au juge 재판받을 권리)

법관에게 제소하는 것(la saisine du juge)은 청구의 본인이 권리의 주체가 되는 것을 상정한다. 이는 살아있는 자연인에게 전혀 어렵지 않은 일이다. 사망한 자는 소를 제기할 수 없지만 상속인들이 원칙적으로 청구의 본인들에 의하여 시작된 소권을 계속 이어가게 된다. 그 자연인에게 대하여 이해관계가 있는 각각의 경우 임신된 태아도 같은 취급을 한다. 반대로 법인격을 가지고 있는 집단만이 재판상 소제기 행위(agir en justice)에 대하여 수리가능성을 가진다. 거기에서부터 익명조합(une société en participation), 사실상 창설된 회사(une société crée de fait), 사실상의 회사(une société de fait)는 아니지만 법적인 해산에 따라 청산 중인 권리의 주체, 비신고비영리사단(une association non déclaré)은 유효하게 청구를 할 수 없다. 그러나 익명조합의 구성원인 지배인(gérant)은 사회적인 목적을 실현할 것을 요구하는 의무(engagement)를 이행하기 위하여 다른 구성원에 대한 재판상 소제기 행위는 수리가능성이 있다(베르사이유 법원 2010년 9월 22일 제09-5646호). 외국단체는 그 단체가 외국에서 취득한 인격(personnalité juridique)을 증명할 수 있다면 프랑스 민사재판기관에 소권을 행사할 수 있다(오를레앙 항소법원(Cour d'Appel), 2013년 11월 18일 제12/02967호).

오늘날 청구인에게 외국 국적이 있음을 이유로 법정(prétoire)에 접근하는데 더 이상 장애가 되지는 않는다. 그리고 종래의 judicatum solvi 보증금(외국인이 프랑스인에 대하여 절차를 진행하기 전에 법원서기에게 예탁하는 금전)은 더 이상 존재하지 않는다. 게다가 오늘날 현행법의 장치(dispositif actuel)는 사법부조(aide juridictionnelle) 기관으로 하여금 국내의 모든 사람과 마찬가지로 경제적으로 취약한 상황이나 가족 상황을 증명한 외국인에게 사법부조를 허용하고 있다.

사법에 대한 접근은 언제나 무상이 아니다. 그래서 합계액 225유로 상당의 수수료(droit)는 사법부조를 제외하고 항소심 사건에서 당사자들이 그들을 위하여 지불해야 하고(Code Général des Impôts 조세기본법 제1635조 bis P ; 민사소송법 제963조 등), 그러한 수수료를 지불하지 않으면 사안에 따라 항소 또는 항변의 수리불가능이라는 제재에 처해진다. ; 이런 수수료는 인지(印紙) 또는 전산의 방법으로 의뢰인을 위하여 소송을 대리하는 변호사에 의하여 납부된 수수료이고,

변호사의 대리로 통합된 대소사(avoué)라는 전문직이 항소심에서 수행하는 배상청구에 관한 본안심판에 영향을 미치는 수수료를 의미한다.

법관에 접근할 권리(le droit d'accès au juge)는 재판을 받아야 하는 사람이 실제로 법관에 접근하는 것이 불가능하게 되도록 방해받으면 안된다. 그러나 이 권리는 "유럽인권협약"(La Convention de sauvegarde des droits de l'homme et des libertés fondamentales, 이하 '유럽인권협약') 제6조로 인정된 권리가 부정되지 않는 것을 조건으로 적법하게 제한될 수 있다. 거기에다, 스트라스부르 소재의 유럽 인권재판소(la Cour européenne des droits de del'homme)는 사법에 대한 접근을 직간접적으로 봉쇄하는 성질을 가질 수 있는 다음과 같은 제도(mécanisme)에 대하여 통제권을 행사한다.

특히 사법부조에 대한 접근 ; 상고(pourvoi en cassation)의 수리가능성 조건을 제한하는 규정 ; 항소권을 제한하는 조건 ; 금전 공탁에 있어서 민사 당사자의 설정행위(constitution)를 예심판사(juge d'instruction)의 권한에 종속하도록 하는 규정 등이 그러하다.

여기에 더하여, 2015년 3월 11일 제2015-282 시행령(décret)[1] 이후 원고는 제1심의 재판기관에 소 제기하는 문서(l'acte)에 '긴급한 경우 또는 공공질서와 관련하여 고려할 사항을 포함하는 정당한 사유를 증명하는 경우를 제외하고는 소송에서 합의에 따른 해결에 이르도록 하기 위하여 시도된(entreprises) 노력'을 분명하게 기재하여야 한다(민사소송법 제56조, 제58조).

우호적인 교섭절차(démarche)의 시도에 관하여 법에서 요구하는 명확한 내용이 없다면, 판사는 화해 또는 조정을 당사자에게 요구할 수 있다(민사소송법 제127조). 소송사건에서(matière contentieuse) 모든 청구(demande), 즉 소환장(assignation), 신청서(requête), 신고서(déclaration)와 관련되고, 특정한 신청들(예를 들어 보호명령(ordonnance de protection)에 관한 1136-3조, 지급명령(injonction de

1) 시행령(décret)은 대통령 또는 수상이 하는 일반적인 행정행위를 의미한다. 제정절차에 따라서 Conseil d'Etat와 Conseil des Ministres 등으로 나뉘고 개입영역에 따라 헌법 제37조의 독자명령과 헌법 제21조의 집행명령으로 구분된다. 법률명령(ordonnance)은 법률과 행정입법의 중간에 위치하는 법규범을 의미한다. 의회의 입법영역에 속하는 사항을 정부가 의회의 위임에 의거하여 제정하는 명령이라고 할 수 있다. 프랑스 법률용어사전, 한국법제연구원, 283면, 568면.

payer)에 관한 제1407조)에 관하여는 위와 같이 판사가 화해 또는 조정을 당사자에게 요구할 수 있다. 그러나 민사소송법 제60조의 비송사건(matière graciuse)은 적용되지 않을 뿐만 아니라 예를 들어 민사소송법 제493조와 같이 상대방 당사자를 소환하지 않는 본안에 대한 신청인(requérant)의 경우와 같이 모든 청구가 이러한 요구와 관련되는 것은 아니다.

■ 소의 이익(intérêt à agir)

민사소송법 제31조의 신청에서 요구되는 승소 또는 패소의 이익은 재판상 청구(파기원 제2민사부, 2003년 2월 13일 제01-03.227호)에 존재하여야 하고, 결코 불확실(purement hypothétique)하여서는 아니된다(파기원 제2민사부 2005년 7월 30일 제1068). 이익은 재산적이거나(금전적인 피해, 재산의 멸실, 금전취득 기회의 상실) 또는 비재산적(정신적인 피해 또는 승인에 따른 피해)이다. 이익은 발생하였어야 하고 실질적이어야 한다. 원칙적으로(de principe ou simplement) 장래의 혹은 불확정의 이익은 소의 이익으로서 충분하지 않다. 소의 이익의 존재, 법적 지위(une situation juridique)의 유효성 또는 법적 지위의 내용, 개별적으로 실제 실현된 모든 손해에 대하여 즉시 선고되어 판사로부터 받게 되는 이른바 예방적인 소권(action prétentif)은 원칙적으로 수리가능하지 않다. 다만 몇 개의 예외사항이 유보되어 있다.

- 종전의 점유방해예방소권(action possesoire de dénonciation de nouvel oeuvre)에 상응하는 레페레 보호(référé-sauvegarde)(V. supra).
- futurum이라고 불리는 것으로서, 아직 기한이 도래하지 않은 절차에서 증거의 이용을 검토(envisager)함에 있어서 사라질 수 있는 증거를 보전하기 위한 사전(지시)절차의 조치로서 레페레 판사에 대한 청구.
- 채권자의 시효를 확인하는데 적용되는 것으로서 채무자에 의하여 제출된 소권은 모든 청구가 이행되기 전임에도 수리가능하다. 왜냐하면 채무자는 채무상태를 정하고 채무자 재산의 정확한 규모를 알게 되는 이익을 가지기 때문이다(파기원 제1민사부, 2011년 7월 9일 제10-10.348호).

오늘날 재판기관은 확정된 손해를 평가하기 어렵다고 하더라도 손해가 어느 정도(peu ou prou) 확실한 경우 기회의 손실을 배상한다(indemniser). 변호사의 과책으로(fautivement) 상소를 한 경우 그 변호사는 의뢰인에 대하여 법원에 의하여 심리된(envisagé) 소권에서 승소할 수 있었던 기회의 상실만을 배상해야 한다. 달리 말하면, 소권에 있어 승소 가능성에 따라 사법기관에서의 상소를 하는 기회를 상실하는 것에 대하여 배상한다(파기원 제1민사부, 2010년 11월 25일 제 09-69.191호).

이익은 직접적이고 개인적(personnel)이어야 하는데 이는 몇 가지 그룹으로 나누어 설명할 수 있다.

- 노동조합(syndicat professionnel)은 모든 사법기관에 소제기를 할 수 있고, 노동조합이 대표하고 있는 집합적 이익에 대하여 직접 또는 간접으로 피해를 입은 사실에 대하여 민사상 당사자에게 보유된 모든 권리를 행사할 수 있다. 예를 들어 낙농가 조합은 우유에 물을 타는 생산자를 상대로 소제기 할 수 있다. 입법자는 노동조합의 재판상 소권에 대하여 오래전부터 우호적이라고 선언하고 있다(노동법 제2131-1조, 특히 제2132-3조).
- 신고비영리사단(association déclarée)[2)]이 개인적으로 피해자, 채권자 등이 되는 경우 그 신고비영리사단에게 수리가능성이 있다. 만약 그 사단이 개인의 자격으로 소제기를 할 수 있는 개인을 모두 모으면 같은 방법으로 해결된다(예를 들어 환경오염의 피해자들의 사단의 경우가 그러하다). 그러나 신고비영리사단은 그 사단이 대표하는 공동체 집단(collectivité)의 일반적인 이익의 보호를 위하여 원칙적으로 법원에 소 제기할 수 없다. 간섭 · 남용되는 점이 우려되기 때문이다. 입법자는 그러한 사단에 대하여 재판상 소권에 대하여 우호적이지 않다.

예외적으로 특별한 법률은 절차상 승인되고 이미 존재하고 있는 몇몇 사단이 소 제기를 할 수 있다고 규정하고 있다. ; 가족 협의회, 알콜중독대책 협의회, 소

2) 사단목적, 이사의 성명 등 소정의 사항을 관할관청에 신청하는 것에 따라 법인격을 취득하는 단체. 山口俊夫, 前揭書, 40頁.

비자단체, 유가증권 또는 금융상품 투자자 보호 단체 등이 그러하다. 게다가 민사소송법 제1263-1조는 다음과 같이 규정한다. 적법하게 신고하여 차별에 대하여 투쟁하는 비영리사단으로서 적어도 신고한 때로부터 5년이 경과한 비영리사단의 경우 차별행위의 피해자를 위한 2008년 5월 27일 제2008-496호 법률에 근거한 재판상 소권을 행사할 수 있다. 이 경우 사단은 당사자의 서면 동의를 받았음을 증명해야 한다. 이러한 정신(esprit)을 바탕으로 성희롱에 관련된 2012년 8월 6일의 제2012-954 법률은 다음과 같이 규정한다. 피해자의 동의를 받은 때로부터 피해자를 변호하는 사단(association de défense)은 성희롱 책임(chef)에 대한 공개절차에서 민사상 당사자가 되지만 만약 성폭행과 같이 별개의 요건이 인정된다(retenu)고 해도 마찬가지로 당사자가 된다.

소비자단체(association de consommateur)의 경우. 확인된 몇몇 소비자들은 같은 사업자(professionnel)의 행위에 의하여 야기된 것으로서 공통된 원인이 된 개인적인 피해를 입었을 때, 소비자 단체가 적어도 두 명 이상의 소비자에 의하여 위임을 받았을 경우 이들을 대신하여(2016년 3월 14일 제2016-301 법률명령(ordonnance)에 따른 소비자법 제622-1조) 모든 승인된 소비자단체는 모든 사법기관에 배상(réparation)을 청구할 수 있다. 위임은 텔레비전이나 라디오 같은 공적 최고(催告)로 가능하지 않으며 편지 또는 전단지의 게시판 공고로도 가능하지 않다. ; 위임은 각각 소비자가 작성한 서면으로 이루어진다(소비자법 제622-2조). 파기원은 이 조항이 "매스커뮤니케이션의 방법으로 하는 모든 공적 최고"는 금지되는 것이라고 판결하였다(파기원 민사 제1부 2011년 5월 26일 제10-15.676). 실무상 공동대리(représentation conjointe)로 불리는 소권은 이를 행사하려는 자에게 너무 부담이 큰 적용 조건으로 인하여 큰 성공을 거두지는 못하였다.

이 공동대리소권을 폐지하지 않고 2014년 3월 17일 제2014-344의 아몽법(Loi Hamon)은 소비법(Code de la consommation 2016년 3월 14일 제2016-301의 법률명령에 의하여 개정, 제623-1조에서 623-23조)에 단체에 유보된 별개의 소권을 도입하였다. ; 이는 그룹 소권 또는 클래스 액션으로 불린다. 같은 자(même auteur)의 행위에 의하여 야기된 개인적인 피해인데 그 원인이 공통된 것으로 밝혀진 개인적인 피해인 경우 이 피해를 입은 특정한 사람들(classe ou catégorie)을 위하여(pour le compte de personnes identifiées) 착수된 쟁송을 일컫는(désignant) 앵글로색슨의 어휘에서 기원한 용어이다. 하나 이상의 사업자가 다음과 같은 법적 또는 계약상 의무를 소홀히 한 것을 요건으로 한다. ① 재화의 판매 또는 용역의 공급의 경우 ; ② 손해가 상법 제4권 제3편 또는 유럽연합 기능 조약의 제101조, 제102조의 의미에서 반경쟁적인 적용의 결과(관행)를 초래한 경우.

그룹 소권(action de groupe)은 국가적 차원에서 승인된 소비자를 보호하는 단체가 같은 상황에서, 같은 사업자의 소비자들이 입은 물질적 손해(préjudice matériel)에 대하여 배상을 구하는 소제기를 할 수 있도록 한다. 손해는 본질적으로 물질적인 부분이고 손해가 개인적인 소권을 정당화하기에는 너무 소액인 경우에 바로 그룹 소권의 소의 이익이 있는 경우에 해당한다. 전문가의 감정(鑑定)이 필요한 신체 및(또는) 감정상 손해는 이 집합적 소권의 객체가 될 수 없다. 그룹 소권은 개인적인 손해의 배상을 위하여만 허용된다. 그래서 소비자단체는 그룹 소권에 관련된 소비자의 이익을 초과하여 집합적 이익(intérêt collectif)을 변호할 수 없다. 그룹 소권은 다음과 같이 네 가지 다른 절차에 따라 제1심 대심법원(tribunal de grande instance)에 제기된다(porter). ; 통상(normal)절차라고 불리는 사법절차 ; 반경쟁적인 행위(pratique anitconcurrentielle)에 의하여 야기되는 손해에 대한 특별절차 ; 간이(simplifiée)절차라고 불리는 사법절차 ; 임의적인 사법상 조정(médiation judiciaire)절차. 이렇게 일반절차에서 판사는 우선 소비자단체에 의하여 제출된 개별적인 사례를 검토하고 사업자의 책임에 대하여 판결을 선고한다. 그 후에 판사는 다음의 직무를 수행한다.

- 구속력 있는 사업자의 책임에 있어서 소비자의 그룹을 정의하고 소비자들이 그룹에 포함되는 기준을 확정한다.
- 각 소비자 또는 소비자 그룹이 입은 손해 합계액을 평가하고 배상의 방법을 확정한다. 이러한 목적으로 사업자가 증거자료를 소지하고 있더라도 판사는 증거를 보전하고 자료를 제출하도록 필요한 조치를 명할 수 있다.
- 소비자 그룹의 구성원이 될 수 있는(susceptible) 소비자에게 알리도록 공시의 조치를 명령한다. 이 조치들은 사업자 책임에 관한 재판(décision)이 확정

이 되어야만 시행될 수 있다. 이 조치는 사업자에게 책임을 부과한다.

- 손해를 배상받기 위하여 그룹에 소비자가 가입하는 기간과 방법을 확정한다.
- 가능한 경우(éventuellement) 사업자에게 소비자단체의 소송비용에 상응하는 금전의 지불에 대하여 판결을 선고한다.

■ 당사자 적격(qualité)[3]

당사자 적격은 소권을 행사할 수 있고, 청구를 행사할 수 있는 권리를 원고에게 수여하는 자격(titre)이다. 적격은 실질적인 권리 규범의 수익자에게 허용된다. 그리고 부부 각자만 이혼 청구에 있어서 적격을 가진다. 예를 들어 장모는 그의 딸이 불행해 지는 것을 더 이상 보게 되지 않는 이익이 있다고 하더라도 적격이 없다. 이에 관하여 인입소권(action attitrée, 引入訴權)이 논의된다.

다른 사람의 권리를 일방에게 수여하는 자격이 없으면 누구도 다른 사람을 위하여 재판상 소제기를 할 수 없다(후견인만이 피후견인을 대리하기 위한 적격을 가지고 후견인(tuteur)만이 그가 혼자 수행할 수 없는 행위를 위하여 후견감독 판사(juge des tutelles)의 허가를 청구할 수 있다. ; 파기원 제1민사부, 2014년 3월 19일 제13-12,016호). 제3자가 부적절한 간섭을 하지 못하게 하는 것이 중요하다. 그러나 상속인들은 피상속인의 이혼과 별거에 관한 소권을 제외하고 그들의 피상속인의 소권을 계속 행사한다. 그리고 채권자들은 대위소권(action oblique)을 행사하는 적격을 가진다. 그들은 채무자의 명의로 이득 취하기를 거부하는 (fraude par omission, 부작위에 의한 기망) 그러한 채무자의 다른 채무자에게 소권을 행사한다(민법 제1341-1조, 2016년 2월 10일 제2016-131 혼합 법률명령).

재판에 출석하였음에도 당사자 적격에 흠결이 있는 경우 판사에 의하여 직권으로 소송 불수리사유에 따른 제재를 받게 된다(민사소송법 제125조 제2항). 당

3) 당사자 적격(qualité pour agir)은 원칙적으로 소권은 법률이 일정한 자에게만 인정되는 것이 아닌 경우에는 직접적이고 개인적인 이익을 증명할 수 있는 자에게 모두 인정된다. 그 결과 당사자 적격은 이익과 같다. 반대로 법률이 일정한 자에게 소권의 독점을 부여하는 경우 법률이 정한 자에게만 당사자적격이 있게 된다.

사자 적격의 흠결은 상대방 당사자(민사소송법 제120조)에 의하여만 지적될 수 있는 것으로서 소송행위(민사소송법 제117조 제3항 acte procédure)에 대한 본안 판단의 하자로 인하여 무효가 되는 능력(pouvoir)의 흠결과는 구별되어야 한다. 그래서 만약 공동소유 조합원 중 한 사람이 공동소유자 조합측으로부터 그 구성원이 되는 자격을 받지 아니하고 공동소유자 조합의 명의로 소제기를 하였다면 당사자 적격의 흠결의 문제는 아닌 것이다. ; 조합(위임자)의 일원이 되는 자격이 부재하게 되면 관리자(수임자)에게 소권이 관계되어 있지 않으므로 소제기 권리는 없고 소제기 능력만 문제된다. 조합원(수임인)이 조합(위임인)으로부터 그 자격을 수여받지 못하였다고 하더라도 이는 조합원 자신의 소권과 관련이 있는 것이 아니고 조합의 소권에 관한 것이므로 소 제기 권리의 문제는 아니고 소송능력만 문제된다.

■ 법적 능력(capacité)[4)]

원고의 법적 능력은 법원이 직권으로 무능력을 지적하지 않는다면 흠결되지 않는다. 무능력을 이유로 친권이 유지되고 있는 미성년자와 보호 또는 후견을 받고 있는 성년자는 법정 대리인에 의하여 소송절차에 있어서 출석 또는 대리되어야 한다(노동법 제1453-1조. 부모 또는 후견인에 의하여 보조될(assisté) 수 없는 무능력자는 소제기한 노동법원에 의하여 감독될 수 있다 등과 같은 예외적인 경우는 제외함). 파기원은 보호 조치(mesure de protection)가 1심에서 허용된다고 하더라도 이 규정을 적용한다고 판시하였다(파기원 민사제1부 2012년 7월 4일 제11-18.475호). 결과적으로 1심 판결이 후견인이 피후견인을 대신하여 보조한 판결 또는 일련의 소송절차를 진행하지 않았다면 항소심은 그러한 1심 판결을 인정할 수 없다. 위 사건에서 1심에서 판결을 선고받은 성년인 무능력자(피후견인)는 판결에 항소하고 나서도 여전히 후견인의 감독에 있게 된다. 그러나 취소된 소권과 권리는 무능력자에게 효력을 미친다.

이와 마찬가지로 법정 내에서 피후견인에게 행하여진 모든 송달은 후견인에

4) 보통 법적 능력이라고 번역되는데 2단계로 구별된다. 권리능력(capacité de jouissance)은 권리 또는 의무를 가지는 자격을 말하고 행위능력(capacité d'exercice)은 자기 자신에게 권리 또는 의무를 활용할 수 있는 권능이 있음을 의미한다.

게도 이루어지게 되고 그렇지 않으면 무효의 제재를 받는다. 임의참가는 하자를 제재하도록 하는 목적을 분명히 가지므로 소송상 행하여진 하자는 후견 사건에서 임의참가로 인하여 치유될 수 없다. 이러한 경우 파기원은 소송절차 개시행위(l'acte introductif)를 무효로 선언하였다(파기원 제1민사부 2011년 2월 23일, 제09-13.867).

재판상 구조(procédure de sauvegarde), 재판상 회생, 재판상 청산의 경우에 보조, 대리, 소송의 강제참가와 같은 특별한 규정은 회사의 책임자에게 적용된다(상법 제5권 ; 기업의 장애요소).

■ 소송능력(pouvoir d'agir)

이론상 순수함을 고수하는 자들에게 소송능력은 당사자 적격(la qualité pour agir)이나 당사자 능력(capacité pour agir)과는 구별된다. 그래서 소를 제기할 때 당사자능력이 없는 원고는 소권의 행사에 있어서 대리인이 필요하다. 예를 들어 미성년자를 대리하는 법정 위임을 받은 보호자를 들 수 있다. 게다가 절차법상(immatériel) 권리의 주체인 법인은 자연인을 통하여서만 소를 제기할 수 있다. 그러한 경우에 소권 행사의 조건인 법정 또는 약정된 사법상의 소송능력에 있어서 무능력(incapacité)을 법률문제에 대한 대리, 사실행위에 대한 대리로 대체한다. 재판상 소제기에 관한 법적 능력이 흠결된 것과 마찬가지로 소송능력의 흠결을 이유로 재판상 소제기에 하자가 있는 행사는 소송행위의 본안에 하자가 있어 무효(nullité)가 되는 재제를 받는다(민사소송법 제117조).

주석 : 제3자에 관하여, 회사는 적법하게 공시되지 않는 한 경영진의 임명을 우선적으로 하여 대항할 수 없고(상법 제210-9 제2문), 상업회사등기부(RCS, Registre du Commerce et des Sociétés)에 공시되지 않는 회사 경영진의 임명이 제3자에게 대항할 수 없다는 이 규정은 재판상 소권과 관련이 없다. 회사가 재판상 대리되어 회사는 청구 또는 항변을 제출하는 경우 절차(형사, 민사)의 본질이 무엇이든 간에 '공시하지 않으면 대항할 수 없다는 것과 재판상 소권은 무관하다'는 이러한 원칙적인 해법(파기원 상사부, 2012년 7월 10일 제11-21, 395)이 적용될 수 있다. 게다가 재판상 소제기 된 회사의 채권에 대한 확인은 채권의 확인

이 법정대리인의 임명(그 임명이 공시되었건 공시되지 않았던 건 간에) 이후에 그에 의하여 행하여졌다면 유효하다고 이미 판단된 바 있다(파기원 상사부, 2004년 7월 12일 제02-17, 255). 논리적으로 이러한 해법은 직무정지까지 유추적용에 의하여 확장될 수 있다. 왜냐하면 직무정지는 마찬가지로 상법 제210-9조에 의하여 적용을 받기 때문이다. ; 직무정지 결정이 유효하고 해당 경영진이 아직 공시되지 않았다고 할지라도 경영진은 재판에서 회사를 대리할 수 있는 권능을 상실한다.

■ 기간(délai)

재판상 청구를 유효하게 제출하는 기간은 본안에 관한 권리, 다시 말해 청구의 목적에 따라서 변화한다. 채권의 회수와 같은 일반법(droit commun)의 모습을 가지는 대인(personnelle) 소권 또는 동산(mobilière) 소권은 권리를 가진 자(tiltulaire de droit)가 권리행사가 그에게 허용되고 있다는 사실을 알거나 알 수 있었던 날로부터 5년의 시효에 걸린다(민법 제2224조). 그래서 사생활에 대한 침해를 하는 인터넷 관계망의 메시지가 처음 등장한 때로부터 그것이 유포되었다는 이유로 이행의무를 가지게 되는 계약책임 이외의 것을 원인으로 하는 민사책임에 있어서 소권의 소멸시효 기간은 게시글이 처음 올라간 날, 즉 손해가 발생한 날로부터 기산하는 것이고 피해자가 실제로 그 손해를 안 날로부터 기산하는 것은 아니다(파기원 제2민사부, 2012년 4월12일 제11-20.664 - 피해자가 실제로 그 손해를 안 날은 실무상 증명하기 매우 어렵다).

예외적으로, 재판상 청구를 제출한 기간은 때때로 더 길고(예를 들어 신체상 손해를 야기한 사건을 이유로 발생한 민사책임의 청구는 원래 또는 악화된 손해의 병합일로부터 10년이 걸린다), 때로는 더 짧다(예를 들어 2년 - 2년의 소멸시효 - 숨겨진 결함에 대한 보증을 원용(invoquer)하거나 부동산 사건에 있어서 과잉손해(lésion)[5]를 이유로 취소를 청구하거나 상법 제145-60조의 상사임대의 지위를 근거로 행사된 모든 소권과 시효의 정지에 관한 적용상의 장애를 이유

5) 쌍무계약의 당사자에 관하여 상호의 급부 사이에, 분할의 당사자에 관하여 각자 취득분 사이에 가액의 차이에 의하여 입게 되는 손해. 山口俊夫, 前揭書, 331頁.

로 취소를 청구하는 경우: 파기원 민사제3부, 2012년 9월 5일 제11-19. 200호).

이 규정들은 시효의 실체론에 대한 옹호론과 시효의 절차론에 대한 옹호론에 관한 이론상 다툼을 종결짓게 하지 못한다. 전자인 실체론에 따르면 시효는 소권 이외에 권리를 소멸시킨다 ; 그래서 소멸시효는 소권의 권리(droit d'action), 더 나아가 채권의 권리(droit de créance) 등의 권리를 완전히 소멸시킨다. 시효의 절차론에 따르면 소멸시효는 재판상 소제기의 가능성을 소멸시킬 뿐이고 그러한 권리 그 자체를 소멸시키는 것은 아니다. 절차론에서 채무는 자연채무의 상태로 존속한다. 민법 제2249조(2008년 6월 17일 제2008-561호 법률의 개정안)는 장애를 제거하기 위하여 노력한다. 그 조항은 다음과 같이 규정한다. 시효에 걸린 채무의 지급은 효력이 있고 소멸시효가 완료되었다는 원인만으로는 시효에 걸린 채무의 지급을 반복할 수 없다. 선택된 해법은 더 많은 절차법적 접근에서 진행하고, 채무가 자연채무로서 존속하는데 따른 고려를 바탕으로 처리되고 있다. ; 단지 소권의 권리만 소멸한 것이다.

요약 : 중단 또는 정지의 목적이 될 수 있는 소제기에 대한 기간이 준수되지 않는다면 권리는 마비되어 채무는 자연채무가 된다. ; 소권은 소멸되는 것으로 확인되고, 청구는 수리불가능으로 판단된다.

2. 재판상 청구의 효과

재판상 청구의 효과는 소송의 당사자들만큼 사건을 처리하는 판사에게도 영향을 많이 미치는 것으로 보인다.

■ 판사에 관한 효과

그는 다음의 사항을 해야 한다.

- 사물관할(compétence matérielle)과 때때로 토지관할을 심사(vérifier). 예를 들어 피고가 불출석한 경우(défaut)를 들 수 있다.
- 청구의 수리불가능성에 대한 검토(적격, 능력, 그러나 원칙적으로 순수하게

사적인 이익에 관한 소멸시효에 관하여는 아님).

- 법의 부재, 불충분 또는 불명확한 경우에도 본안에 관한 판단(민법 제4조)을 하여야 함. 이를 흠결한 경우 재판권 행사에 방해가 되어 재판 거부라는 죄를 범하게 된다. ; 7500 유로의 벌금(amende)을 부과받고 5년에서 20년 기간의 공직 행사를 금지하는 형사상 경죄(형법 제434-7-1조)에 해당.
- 청구된 모든 것에 대한 판단(청구의 주된 사항에 대한 누락이 없어야 한다) ; 판사는 원고의 주장 보다 덜 인정할 수는 있지만 더 인정하거나 다른 것을 인정할 수 없다.
- 결정을 개별화 하는 것(경우에 따라, 판결하고 각 사건에서 적절한 해법을 찾음)과 구체재의 최고법원(cours de justices souveraines)이 하던 것처럼 일반적인 효력을 가진 법규적 판결(disposition générale et réglementaire)의 형태로 강경한(à l'emporte-pièce) 판결을 선고해서는 아니됨.

청구는 다른 사법기관이 같은 사건에 대하여 이미 처리하고 있다면 소송이 계속 중인 상태를 만든다. 두 판사 중 보통 후에 사건을 맡은 사람이 소송기록에 관한 소송절차에서 더 진행한 다른 사람을 위하여 사건에서 손을 뗀다

■ 당사자들에 관한 효과

청구는

- 원고와 피고 사이에 사법(司法)상 계약의 일종인 소송관계(lien d'instance)를 만든다. ; 그 이후에 원고와 피고는 그 효과를 무시할 수 없다. 그래서 본사의 이전, 사법적 능력의 변경 등의 경우에 상대방에게 통지해야 한다.
- 청구가 관할권 없는 법원에 제기되었다고 해도 소권의 소멸시효는 중단된다.
- 부지체(mise en demeure, 付遲滯)[6]와 그에 따른 지체에 대한 법정 이자의 진행을 가져온다(vaut).

6) 채권자가 채무자에게 채무의 이행을 청구하는 행위. 이 행위는 지연배상금을 기산하도록 하는 것을 주된 효과로 한다. 山口俊夫, 前揭書, 156頁.

- 청구권자에 의하여 제기된 대부분의 소권을 상속인에게 양도가능하게 한다.
- 몇몇 경우에 원고의 권리에 대한 출발점임을 강조한다 ; 재판의 지연은 원고의 권리에 해를 끼치면 안된다. 예를 들어 부양정기금은 청구일로부터 개시한다.

방어(변호)

CHAPTER 4

피고는 방어(변호 ; défense)의 방법에 더하여 합헌성 우선의 쟁점 또는 심지어 더 공격적인 수단인 반소청구를 형성시켜 상대방에 대하여 주장할 수 있다.

1. 방어의 방법

민사소송법 제71조에서 제126조까지 세 가지 범주가 있다.

■ 본안에 관한 방어

사실문제(ex. 불공정한 경쟁에 관한 어떤 행위도 행하여지지 않았다) 또는 법률문제(ex. 주주는 주식회사의 채무에 대하여 연대채무를 부담하지 않는다)에 관한 본안에서 잘못된 점이 있다는 이유로 피고는 원고의 청구를 배척한다는 판단을 받는다.

항소심에서 처음으로 수리가능한 본안에 관한 변호는 본안 변론(débat)의 종결까지 소송의 어떠한 단계에 있어서도 원용될 수 있다. 본안에 관한 변호를 통하여 청구를 확정적으로 종결짓는다. 다만 상소를 한 경우 청구내용이 확정되지 아니한다.

■ 절차상의 항변

절차상의 항변은 계쟁 중(en cause)에 있지 않은 권리의 본안에 관한 심리의 연기를 허용한다. 예를 들어 피고는 법원의 사물관할 또는 토지관할이 없다는 항변 또는 소송행위의 무효에 관한 항변을 주장한다. 본안에 관하여 변론하기 전에 여러 가지의 부대사항이 있는 경우 절차지연의 항변을 회피하기 위하여 본안전 항변(in limine litis)으로, 그러한 부대사항들이 해결(règlement)될 때까지 소송절차는 연기된다.

■ 소송불수리 종결(fin de non-recevoir)

이는 청구의 본안을 심리하는 판사의 권능에 대한 장애요소가 된다. 준비절차정리법관(juge de la mise en état)은 소송불수리 종결을 판결할 권한은 없다(예를 들어 당사자 적격, 소의 이익의 흠결). 반면 준비절차정리법관은 절차상의 항변과 사건에서 종결되어 별개로 볼 수 있는 부대사항에 대한 선고를 할 수 있다(민사소송법 제771조). 소송불수리 종결은 본안에 관한 심문없이 청구에서 당사자에게 수리불가능함을 선언하도록 한다. 예를 들어 피고가 주장한 권리를 직접 법원으로부터 판단받지 아니하고, 피고는 소권의 소멸시효를 근거로 삼거나 또는 같은 사건에서 같은 당사자들 사이에 상대적으로 발생하여 재판의 선례 결정에 관련된 기판력을 근거로 삼는다. 소송불수리 종결은 청구의 수리가능성에 대하여 다투는 것이지 본안판단의 적법성에 대하여 다투는 것은 아니다. ; 소송불수리 종결은 본안에 관한 모든 논의를 무용하게 만든다(지급청구 소권(action en paiement)이 시효소멸되었음이 밝혀졌다면 소비대차계약이 발생했다는 점은 별로 중요하지 않다). 기판력의 경우, 당사자들이 동일하고 실체관계가 동일하다면, 원고는 절차를 더 이상 다시 시작할 수 없다.

본안에 있어서 변호와 마찬가지로, 절차를 지연·지체시킨 미숙한 자(amateur)에 대한 손해배상의 판결선고를 할 수 있음을 조건으로 하여 소송불수리 종결은 소송의 모든 단계(toute hauteur)에서 발생할 수 있다.

결국 소의 이익의 흠결에 관련된 소송불수리 종결 이외에, 판사는 당사자 적격 또는 기판력의 흠결에서 기인하는 사항을 직권으로 문제삼을 수 있다(민사소송법 제125조).

2. 합헌성 우선의 쟁점(la question prioritaire de constitutionnalité, QPC)

개인이나 당사자들(justiciables)에게 허용되지 않는 것으로서 소권의 방법(voie d'action)으로 법률에 의한 사전적인 통제에 더하여, 2008년 헌법 개정은 항변의 방법(voie d'exception)으로 사후적인 통제인 합헌성 우선의 쟁점(이하 QPC)을 추가하였다.

■ 새로운 권리와 이중 여과장치

1958년 개정된 10월 4일의 새로운 헌법 제61-1조의 적용에 있어서, 합헌성 우선의 쟁점은, 사법계열 또는 행정계열 재판기관에 속한 절차의 경우, 재판절차 중에서 법률이 헌법에 의하여 보장된 권리와 자유를 침해(porte atteinte à)하는 것이 지속될 때, 당사자 일방에 의하여 제기된다. 이 조치는 소송중인 모든 당사자들(tout citoyen-litigant)에게 종전까지는 불가능했었으나 이제는 이미 유효하게 시행 중인 법률에 대한 합헌성에 관하여 헌법위원회에게 질의할 수 있다. 모든 당사자들이 접근가능한 개방된 이 통제 구조는 다음과 같이 두 단계로 구성된다.

- 1심에 대한 항소 또는 상고를 포함하여 파기원(또는 국사원)의 관할에 속하는 사법기관에 진행 중인 사건에서, 합헌성 우선의 쟁점은 부대사항(incident)[1]

---

1) 부대사항은 경우에 따라 다음 세 가지 중 하나 의미를 가지며 통상의 소송계속 상태를 변경시킬 수 있는 모든 소송행위로서 본안전 항변의 성격을 가진다고 할 수 있다.
① un événement inattendu,
② tout acte procédural qui est susceptible de modifier le cours normal de l'instance
③ avoir le sens d'accessoire, comme l'est une demande reconventionnelle ou additionnelle ou encore un appel en garantie, sont des “demandes incidentes” se rattachant à une procédure principale.

으로서 당사자 중의 한 사람에 의하여 제기된다. 이때 판사가 직권으로 합헌성 우선의 쟁점의 문제를 제기할 수 없다. 예를 들어 대심법원에서와 같이 제소된 사건을 심리하고 있는 판사는 첫 심문(examen)에서 신규성, 심각성, 소송의 본안에 관한 결정적인 특성을 함께 증명하기 위하여 소송을 진행한다. 다음 조건들이 충족되면 실제로 합헌성의 문제를 이송하는 것으로 결정된다.

- 논의된 규정은 소송 또는 소송절차에서 적용되거나 소추(poursuite)의 근거를 구성한다.
- 논의된 규정은 사정 변경이 있는 경우를 제외하고 헌법위원회 재판의 이유와 주문에서 헌법에 합치된다는 선언을 받지 않았어야 한다.
- 쟁점은 중대한 특수사정(caractère sérieux)이 없어야 한다.

이 조건이 충족되면, 처음에 사건을 처리하는 판사는 판결하는 것을 연기하고 나서 합헌성 우선의 쟁점에 대하여 상급심에서 통제를 진행하게 될 사건의 최상위 재판기관(예를 들어 파기원)으로 이송하게 된다. 그러므로 헌법위원회는 파기원에 속한 재판기관에 의하여 직접 사건을 처리하게 할 수는 없다. 위 최상급심 통제절차의 종료시에 쟁점이 결정적인 것으로 판단되면 그 쟁점은 파기원에 의하여 헌법위원회로 이송될 것이다.

- 합헌성 우선의 쟁점이 대심절차와 공개절차의 범주에서 헌법위원회에 의하여 검토되는 과정인 두 번째 단계는 적절한 경우에 소송에서 입법된 규정의 위헌성을 선언하도록 할 수 있다. 헌법위원회가 합헌성 우선의 쟁점에 대해 사건을 처리할 경우, 합헌성 우선 쟁점을 원인이 된 소송절차가 어떤 이유든 소멸(extinction, 종료)되었더라도 이는 헌법위원회가 심리하는 데에 영향을 끼치지 않는다(sans conséquence).

이 결정에 의하여 위헌으로 선언된 규정은 헌법위원회의 결정이 공포(publication)된 때 이후 또는 결정에 의하여 차후 확정되는 날부터 폐지된다. 헌법위원회는 규정이 발생시킨 효과를 다툴 수 있는 조건과 한계를 확정한다.

■ 새로운 절차

파기원에 합헌성 우선의 쟁점에 관하여 사법계열(ordre judiciaire) 재판기관의 판사가 이송(transmission)하는 것을 규율하는 절차는 2010년 2월 16일 제2010-148 시행령에 의하여 민사소송법 제126-1조부터 제127-7조까지 기술되어 있다. 헌법위원회에 합헌성 우선의 쟁점에 관하여 파기원에 의하여 환송(renvoi)되는 것은 민사소송법 제126-8조부터 제126-13조까지, 시행령 제2010-148호와 제2010-1216호에 규정된 형식주의(formalisme)를 따른다.

합헌성 우선의 쟁점은 소송절차의 부대청구(incident d'instance)가 되고, 그것이 문제가 된 경우에는 심급(instance)의 주된 청구와 구별이 되지는 않는다. 입법된 규정이 헌법에 의하여 보장된 권리와 자유를 침해하는 것에 기초한 공격방어방법은 수리불가능의 제재의 대상이 되어 판단을 받을 수 있는데 그 수리불가능의 제재에 관하여 당사자는 이유가 제시된 별도의 서면을 제출한다. 판사는 그가 적용할 수 있는 절차의 규율에 따라, 합헌성 우선 쟁점의 이송, 심문되거나 소환된 당사자들, 검사(le Ministère public 또는 공소관으로 번역하기도 함)에 대한 통지사항에 기초하여 판결을 내린다. 사법재판기구의 재판권과 관계되었기 때문에 검사는 사건에 있어서 당사자가 아니므로 검사가 공격방어방법에 대한 당사자의 견해를 알게 할 수 있도록 공격방어 방법이 제기된 때부터 사건은 검사에게 송부된다. - 이는 대심주의의 범주 내에서 절차를 등록하는 것이므로 대심주의의 범위에 포함된다. 판사는 기간의 정함 없이 판결한다. 그러므로 판사는 합헌성 쟁점을 일차적으로 검토해야 한다 - 합헌성 쟁점은 우선적(prioritaire)이다. 본안에서 판사가 이유를 설시한 재판(décision)은 구체적 사건에 관한 것으로 합헌성 우선의 쟁점에 관한 재판과는 별개의 재판을 형성한다.

다음의 두 가지 가능성이 있다. ;

- 본안에 대한 판사의 재판이 청구기각(refus)으로 나온 경우 ; 그 재판은 소송의 전부 또는 일부를 규율하는 재판에 대하여 불복(recour)하는 경우에만 다툴 수 있다.

- 본안에 대한 판사의 재판이 청구인용으로 나온 경우 ; 그 때 판사는 그 결정을 파기원(만약 본안의 재판이 행정사건이었다면 국사원)에서 선고한 날부터 8일 내에 당사자들의 의견의 취지를 적은 서면(취의서 ; des mémoires des parties)을 동봉하여 송부한다. 이 재판은 그 자체로 다른 불복의 가능성이 있지는 않다.

쟁점이 이송될 경우, 대심법원처럼 사건을 맡은 처음의 재판기관은 파기원의 재판을 받을 때까지 또는 헌법위원회가 사건을 담당하고 있다면 헌법위원회의 재판을 받을 때까지 판결을 보류한다. 판결을 보류하는 기간은 이중의 관문(crainte)과 관련되어 있다. 그 이중 관문에 따라 파기원은 결정을 내리기 위하여 공격방어 방법의 제출로부터 3개월의 기간을 정하고, 헌법위원회는 그에 더하여 소송계속으로부터 3개월 이내에 판결을 선고해야 한다. 판결을 위하여 보류기간이 지속되는 동안, 원래의 재판기관은 필요한 임시(provisoire) 조치나 보전(conservatoire) 조치를 취할 수 있다.

결국 합헌성 우선의 쟁점에 관한 절차적 본질에 관련하여, 합헌성 우선의 쟁점은 사실상 절차의 항변권 같은 것으로도, 불수리종결과 같은 것으로도 보이지 않는다. 합헌성 우선의 쟁점은 입법된 규정이 모든 사람에게 유효하든 유효하지 않든 적용된다는 점에서 사실 이것은 소송 본안을 목적으로 한다. 물론 합헌성 우선의 쟁점은 헌법위원회에 전속관할이 됨에도 불구하고 합헌성 우선의 쟁점은 유럽연합 재판소에서의 불평등의 항변 같은 선결적인 회부절차에 접근하고 있는 것으로서 소가 제기된 재판권(autorité juridictionnelle)의 사전 통제를 따른다는 점에서 매우 특수하게 취급되는 선결 쟁점(question préjudicielle)과 유사하다.

3. 반소청구(la demande reconventionnelle)

피고는 처음 원고에 대하여 적절한 신청서를 제출하는데 있어서 긍정적이거나 부정적인 효과를 발생시킬 수 있다.

■ 반격하는 피고

피고는 주요한 청구를 제출하여 반소청구에서 피고가 된 원래의 원고에 대하여 신청서(prétention)를 작성한다. 예를 들어 채권회수(recouvrement de créance)의 절차개시청구에 있어서, 채무자는 매도인에게 귀속되는 매각된 물건의 숨겨진 결함(vice caché de la chose vendue)으로부터 발생한 피해의 배상(réparation)을 목적으로 하는 손해배상 및 지연이자에 관한 반소청구로 응답한다.

그러한 청구는 적절한 목적을 가진다. 이는 절차의 범주를 확장시켜 소송의 불변성(immutabilité)의 원칙을 훼손하는 측면이 있다(malmener). 판사의 평가에 맡겨진 충분한 관련성(connexité suffisant)에 의하여 주된 청구와 결합하여 반소청구는 사법관으로 하여금 두 개의 청구에 대하여 동시에 판결하도록 이끈다. 이는 장점과 단점을 가질 수 있다.

■ 장점들(les avantages)

두 개의 청구는 같은 사건의 도중에 제기되고 같은 판결에서 같은 기일에 해법을 찾는다. 명백하진 않은 면이 있음에도 소송당사자를 위한 시간과 비용에 이득이 되고 특별히 더 유리한 판결을 받을 수 있다. 왜냐하면 법원은 갈등 전체의 측면에서 판단하기 때문이다. 그래서 예를 들면, 계약의 이행에서 주된 청구에 대하여 피고는 동의의 하자를 이유로 한 약정의 무효를 주장하는 반소청구로 대항한다.

또 다른 장점은 다음과 같다. 판사가 두 개의 청구에 대하여 타당하다고 판단하면, 반소청구는 재판상 상계(compensation judiciaire)를 행사하는 것을 허용한다. 이 재판상 상계는 피고로 하여금 원고의 지급불능으로 인한 피해를 입지 않게 해준다. 예를 들어 폴이 피에르에게 1천 유로를 청구하였고, 같은 사건에서 폴이 1천 유로를 돌려주어야 한다는 점이 증명되었다고 해보자. 당사자들은 더 이상 주고받을 것이 없다.

■ 단점들(les inconvénients)

우선 절차가 지연되는 문제가 존재한다. 뒤늦게 제출된 반소청구는 주된 청구에 대하여 긴급히 심리해야 할 사항을 밀어낸다. ; 판사가 처음 심리한 범위는 확대되고 판사에게 다시 소송을 담당하게 해야 한다. 피고의 청구가 정상적인 경우 법원은 사건을 분리(disjonction)해야 할 수도 있고 별도로 더 늦게 판결을 내릴 수 있다.

그리고 합목적성(finalité)을 우회한 셈이 되어 반소청구는 원고에 대하여 소를 취하하도록 하는 협박의 무기, 단념의 수단으로 사용될 수 있다. 원고의 주된 청구에 대하여, 피고는 원고의 청구가 권리남용이라고 주장하면서 원고에 대하여 이로 인한 손해를 반소로서 청구하여 대항할 수 있다.

주석 : 노동법원의 직무 범주 내에서 화해조정부(bureau de conciliation et d'orientation)라고 이름 붙여진 화해부서는 각 당사자들을 분리하여 비밀을 유지한 채로 심문할 수 있다(2015년 8월 6일 법 제2015-990호로 개정된 노동법 제1454-1조). 화해가 실패하였다면 필요한 경우 화해부서는 필요한 모든 조치를 정할 수 있는 한 명 또는 두 명의 수명보고 화해위원(conseiller rapporteur)을 지명한 후에 소송기록에 관한 준비를 진행한다. 그리고, 화해부서는 제한된 소규모 부서(formation)이건 일반적 소규모 부서 또는 판결을 내리는 소규모 부서이건, 연합된 재판부(bureau de jugement réuni)로 사건을 회부한다. 사건을 담당하는 부서는 당사자들의 청구 및 이에 더하여 부가적 청구나 반소청구를 모두 관할한다.

사건의 당사자, 당사자의 대리와 보조

CHAPTER 5

사건의 당사자들은 항상 대리되고 (혹은) 보조받을 수 있다.

1. 사건의 당사자(Les parties à l'instance)

정확한 전문용어로 사건의 당사자들을 확정하도록 한다는 것인데 이는 사건 당사자들의 구체적인 역할과 적정한 권한을 확정해야 하므로 반드시 필요하다.

■ 명의

명칭은 당사자가 참가하고 있는 절차의 유형에 따라 변화한다.

a) 소송절차에서

소송의 당사자들(les litigants)은 최소한 두 명이 있어야 한다. 원고가 피고를 공격하는 형태인 것이다. 법정의 같은 측면에 위치한 다수의 소송참가인의 경우, 공동원고 또는 공동피고라고 불린다. 서면절차가 필요한 대심법원에서와 같이 소송상의 문서에서 공동당사자(consorts 또는 litisconsorts)라는 표현에 의하여, 예를 들면 연대채무자처럼 공통의 이익을 가지는 상대방으로 지칭된다. 제2심 관할법원에서 항소인(appelant)은 피항소인(intimé)을 상대로 항소를 제기한다. 만약 두 당사자가 항소를 하는 경우, 처음 항소권(le recours)을 행사한 사람이 주된 항소인(항소의 사실에 있어서 주된 항소를 하였기 때문에 "주된"이라고 한다)이라고 명명되고 두 번째로 행사한 사람은 부대항소인(항소의 사실에 있어서 "부차적 혹은 부대적인" 자격을 갖는다)이라고 불린다.

여전히 임의적 소송참가인(intervenant volontaire, 예를 들어 타인에 의하여 시작된 소송절차에 그의 정당한 이익을 방어하기 위하여 자발적으로 참가한 제3자 : A와 B가 토지의 소유권을 두고 다툼을 하고 있는 경우 C가 그들에게 재산의 소유권을 역시 주장하며 A와 B에 참가하는 형태)과 강제적 소송참가인(intervenant forcé, 예를 들어 소비자에 의하여 소송을 당한 소매상인이 스스로 물건의 하자에 대한 보증에 따라 결함 있는 상품의 생산자를 소환하는 경우)이 있다.

b) 비송절차에서

소송이 아닌 절차로서 상대방 부재의 경우, 원고도 피고도 없게 된다. 판사에게 사건을 담당하도록 신청하는 당사자가 신청인(requérant)이라는 명의를 가진다. : 신청인은 판사에게 신청을 한다. 공동 합의에 의하여 부부가 법이 의무적 절차로 정하고 있는 범위 내에서 부부재산제의 변경에 대한 신청을 그들 주소지의 법원에 위탁한다(예를 들어 부부 일방 중의 한명이 미성년 자녀를 가질 경우 민법 제1397조 제5항, 2016년 2월 10일 제2016-131호 법률명령). 회계감사에 따른 6개월의 법정기간 내에 사원총회를 개최를 허가하는 법률명령(ordonnance, 정확히는 신청에 대한 명령 ordonnance sur requéte)을 얻기 위해 회사의 이사(dirigeant)는 상사법원장에게 신청한다.

■ 당사자의 역할

한편으로는 공격하고, 다른 한편으로는 공격당한다.

a) 원고

법률상 추정의 조항이 있어 원고는 증명책임을 부담한다(민법 제1353조, 2016년 2월 10일 법률명령 제2016-131).

사물관할 및(또는) 토지관할의 선택이 원고에게 허용될 경우 그는 자유롭게 재량에 따라 관할권 있는 법원을 선택한다.

원고는 사건의 진행 중에, 예를 들어 원고가 피해의 정도에 따라 신청 액수를 감축하거나 증액하는 것과 같은 부가적 청구에 의하여 여전히 사건의 개시라고 불리는 최초의 청구를 바로잡을 수 있다.

b) 피고

원칙적으로 피고에 따라 토지관할이 있는 법원이 정해지고 피고의 성질 (민사, 상사, 노동)에 따라 사물관할뿐만 아니라 사법재판기관이 사법계열이 될지 행정계열이 될 지도 정해진다.

일부는 상사, 일부는 민사인 혼합 소송사건의 경우에 사물관할 법원은 피고의 성질에 달려있다(예를 들어 민사 피고의 성질을 판단할 때 종전의 판결에 의존하거나 영향을 받지 않는다. ; 다른 의미에서, 선택권은 민사 원고에게 허용되는데 이 원고는 민사 재판기관 또는 상사법원에서 상인의 성질을 인정받는다).

■ 당사자의 권한(pouvoir)

회사에서 공동으로 의사 결정을 하기 위해(pour mettre en oeuvre une politique commune) 의결권을 획득하거나 행사하는 것 등과 관련한 합의(agissement de concert)[1]하는 경우를 제외하고 당사자들은 고유한 권한을 가진다.

a) 원고

원고는 최초의 청구(demande initiale)라고 불리는, 사건을 개시하는 청구에서 소송의 범위를 확정한다.

원고는 소송의 불변성이라는 사건의 지도 원리에도 불구하고 특정한 조건에서 인정되는 부가적 청구(demande additionnelle)에 의하여 그 범위를 변화시킬 수 있다.

1) 프랑스 상법 제233-10조.

b) 피고

피고는 원고에게 본안에서 변호(défense au fond), 절차 또는 소송불수리의 항변(une exception de procédure ou une fin de non-recevoir)을 할 수 있다.

피고는 합헌성 우선의 쟁점을 제기할 수 있다.

피고는 반소청구에 의하여 반격할 수 있고 주된 청구에 답변할 수 있는데 이들은 소송의 범위를 확대시킨다.

c) 공동합의

당사자들은 당사자들이 자유로이 처분할 수 있는 권리의 범위 내(민사소송법 제12조)에서 소송에서의 성질(qualification)과 권리의 쟁점(point de droit en cause)에 관하여 판사의 판단을 구속시킬 수 있다 ; 예를 들어 계약 분야, 재산법과 민사책임법이 그러하다. 그러나 무능력자 또는 당사자의 심신상태에 관한 문제는 그러하지 아니하다.

소송당사자들은 판사의 감독 하에 사건을 진행한다. ; 처분권주의(principe dispositif)는 소송절차가 당사자의 것이고 법관의 것이 아님을 필요로 한다. 처분권주의로부터 당사자들은 사건에 있어서 그 진행의 속도를 정하고, 화해의 여부를 정하고, 목록의 사건을 조정하고, 쌍방 또는 일방이 취하할 수 있으며, 상소(또는 불복신청. les voies de recours) 포기하는 것을 협의할 수 있다.

2. 당사자들의 대리와 보조

■ 정의

대리와 보조는 서로 다르다.

a) 대리(représentation)

소권에서 대리는 다음과 같은 질문을 던진다. ; 어떤 범위 내에서 당사자가 소송절차를 시작하거나 민사, 상사, 사회법의 문제를 다루는 소송에서 변호하는 법적 능력(capacité) 또는 소송능력을 가지는가? 심급절차(instance, 소송절차)에서 대리는 완전히 다른데 당해 소송에 관한(ad litem) 위임에 기초한다. 대리는 "위임인의 명의로 소송행위를 수행하는 권한과 의무"(민사소송법 제411조) 범위 내에 존재한다. 대리인은 당사자와 동일시되고 서면에 의하여 대리인은 소송당사자의 명의로(예를 들어 대리인은 신청서를 작성하고 제출한다) 약정한 소송행위를 수행한다.

b) 보조(assistance)

심급절차에서 대리하는 것과 보조하는 것은 다르다. 보조행위는 당사자를 상담하고, 당사자에게 변호를 강요하지 않으면서도 변호를 하게 하는 권한과 의무의 범주에서 존재한다(민사소송법 제412조). 예를 들어 법정에서 다투는 것과 같이 보조하는 것은 소송당사자의 곁에 있을 뿐인데 보조하는 자는 구두 또는 서면에 의하여 구속받지 않는다. 왜냐하면 그는 임의로 의사를 표시하지 않아야 하기 때문이다. 법정에서 다투는 변호사는 그의 고객을 보조한다. 법정에서 다투는 자를 대리하지 않고도 그를 보조할 수 있다.

■ 대리의 구조

어떤 대리절차가 의무적일 때 이는 임의로 선택할 수 있는 것도 금지되는 것도 아니다. 미묘하다. 예를 들어 농촌임대차 사건의 소송절차는 민사소송법 제892조의 항소법원[2]처럼 의무적인 대리 없는 절차 부류에 속하지만 파기원은 그렇지 않다.

a) 의무적 대리(représentation obligatoire)

의무적 대리는 재판절차가 서면으로 이루어지고 전문분야로 지칭되는 재판기관에서 볼 수 있다. 농촌임대차 법원, 사회보장 법원, 개인파산 사건에서 집행담당판사 또는 초심 혹은 종심 단계의 본안에서 판사의 특별허가에 관한 집행담

2) Article 892 Lorsque les décisions du tribunal paritaire sont susceptibles d'appel, celui-ci est formé, instruit et jugé suivant la procédure sans représentation obligatoire. 협의체 법원(노동법원, 농촌임대차 법원)의 재판을 항소할 경우, 항소는 의무적 대리없이 절차를 형성, 진행, 판결한다.

당판사와 같은 예외가 있으나 대심법원, 항소법원, 파기원의 사건이 의무적 대리에 해당한다. 그러나 파기된 사건은 원칙적으로 의무적 대리에 따른 절차의 규율을 받게 된다. 마찬가지로 노동법원과 노동사건의 사법상 취급에 관한 2016년 5월 20일 제2016-660 시행령 이후 항소심은 의무적 대리 절차의 규율을 받아, 당사자들은 2단계의 사법기관에서 변호사 또는 노동조합의 변호인의 조력을 받아 사건을 진행한다. 의무적 대리가 없는 절차에서 원칙적으로 구술은 서면에 우선한다.

의무적 대리 사건에서 당사자들은 스스로 사건을 진행할 수 없으며 법률은 다음과 같이 대리인을 당사자들에게 강제한다. 대심법원에서 대리인인 변호사(같은 사람이 의뢰인에 의하여 두 가지의 역할을 맡게 됨에도 불구하고, 법정에서 다투는 변호사와 구별된다). 대소사(avoué)의 폐지 이후 엄밀한 의미로 민사항소심의 단계에서 원고의 명의로 대리함을 신청하도록 2012년 1월 1일 이후에 유일하게 자격을 부여받은 변호사(ministère d'avocat). 파기원(오늘날 사회부를 포함한다) 명부에 속하는 파기원 변호사. 따라서 의무적 대리 없이 이혼할 수 없다. 변호사, 파기원 변호사와 같은 대리인이 없을 경우 외형상으로는 출석했더라도 부부는 출석하지 않은 것으로 간주될 것이다.

의무적 대리에서 당사자들은 심급절차(instance)에 직접 출석할 의무를 면제받는다. 다만 판사가 사건의 쟁점에 관하여 당사자를 심문하기 위하여 출석명령을 내린 경우는 그러하지 아니하다. 그럼에도 불구하고 소환에 관한 위임자를 보낼 수 없는 판사는 출석하지 않는 자 또는 응답이 없는 자에 대하여 몇몇 압박 수단을 사용한다.

민사소송법 제198조

판사는 당사자의 진술이나 당사자들 중의 하나의 불출석 또는 답변거절에서 모든 법적인 결론을 끌어낼 수 있고, 그것을 서면에 의한 증거의 개시에 해당하는 것으로 원용할 수 있다.

민법 제1362조, 2016년 2월10일 제2016-131

본인의 출석(comparution personnelle), 답변의 거부 또는 불출석의 경우에 당사자에 의한 확인은 판사에 의하여 서면에 의한 증거의 개시와 동등하게 간주될 수 있다.

b) 임의적 대리(représentation facultative)

예외법원이라고 불리는 다른 사법기관, 특히 구두 절차 및 간이 절차로 불리는 절차에서 대리는 강제되지 않는다. 소법원, 근린법원, 상사법원 또는 농촌임대차 법원, 노동법원, 중재위원회에서 소송당사자 그 자신이 사건을 진행하고, 소송행위를 하게 된다. 이러한 법원의 판사에게 당사자는 그 자신이 소송사항을 주장(설명)할 수 있다. 당사자는 헌법적 성격을 가진 기본권으로서 1995년 6월 30일 파기원 전원합의체에서 인정된 변호권(droit de la défense)의 명목으로 변호인의 보조를 받을 수 있다.

사건이 파기원이나 국사원 소속의 변호사에 의하여 진행되지 않는다면 의무적 대리 없이 절차가 형성되어 상고는 위법할 것이다. 그럼에도 불구하고 정치적, 직업적 선거와 교육적 부조[3]의 사건과 같이 드문 특정한 사건에서, 당사자들은 최고법원 소속 변호사를 선임해서는 아니 된다. 이 경우 당사자들은 민사소송법 제983조에서 제995조까지의 형식에 따라 사건을 진행한다.

c) 금지된 대리

소송당사자 사이에 화해를 촉진하는 목적으로 입법자는 종종 절차에서 당사자들의 직접 출석을 요구한다. 본인이 직접 출석할 의무가 있어 변호사를 그 자리에 대신 보낼 수 없는 경우는 다음과 같다.

- 농촌임대차(동수의 대표로 구성된, paritaire) 법원 : 사전 화해의 경우에 당사자들이 보조 또는 대리를 시킬 수 있는 능력을 가지고 있다면 당사자들은 정당한 이유가 있는 경우 대리시키는 것을 제외하고 본인이 직접 출석해야 한다(민사소송법 제883조).
- 판사가 부부의 화해를 시도할 경우 가사사건의 판사(민법 제252-1조).

대리가 금지되었더라도 화해시도 단계에서 소송당사자가 보조를 받는데 전혀 장애가 되지 않는다. 이혼의 경우에 가사사건 판사는 부부와 개별적으로 면담한다. 우선 출석한 자리에서 그들을 결합시키기 전에 따로 면담하고 그 후 변호사

3) 미성년자의 건강, 안전, 도덕, 교육적 환경에 문제가 있을 경우에 소년사건 담당재판관이 정하는 부조조치(프랑스 민법 제375조 이하 참조)를 말한다.

들이 보조하고 면담에 참여하기 위하여 소환된다. 청구를 하지 않은 부부가 기일에 출석하지 않거나 자신의 자발성을 나타낼 수 있는 상태가 아니라면 어떻게 할 것인가? 판사는 다른 배우자를 면담하고 그에게 숙고기간을 권유한다.

■ 대리인

권한이 크면 비교적 자유롭게 선택할 수 있다.

a) 선택

1) 당사자들에게 선택권이 없는 경우

제1심 법원인 대심법원에서 대리하는 변호사(1971년에 폐지된 과거의 제1심 법원 인근에서 변론하던 과거의 대소사들에 의하여 수행된 절차의 사무)는 반드시 참가하고, 의무적으로 사건을 처리하는 법원 인근 사무소에 등록한다(파리 지역과 같은 특정한 규정은 예외). 변론기일에 그와 같은 변호사 또는 그 외에 다른 소제기가 가능한 변호사(다시 말해 사건을 처리하는 제1심 법원의 지역에서 다른 사무소에 등록된 변호사)는 변론을 할 수 있다. 항소심 단계에서 2012년에 폐지된 대소사 및 변호사는 대리를 맡게 되었고 위와 같이 등록한 변호사 또는 그와 다른 변호사(어느 사무소든 불문한다)는 구두로 변론을 할 수 있게 될 것이다. 오늘날에는 사회부까지 포함해서 파기원 소속의 위원회 변호사, 다시 말해 국사원이나 파기원에 속한 변호사는 그가 대리하는 절차와 그가 법정에서 다투고 있는 변론을 관리한다.

2011년 1월 25일 법률 제2011-94호는 2012년 1월 1일부터 대소사라는 직업의 폐지를 이끌었다. 일부의 포기를 제외하고 이전의 대소사는 직무의 가치에 대한 보상으로 법률에 의하여 변호사가 되었다. 그리하여 개정이 끝난 후에 당사자는 유일한 전문직인 변호사로 하여금 상담을 하게 하고 재판에서 당사자를 대리하도록 하며 재판기관의 두 단계(1심과 항소심)에서 소송서류를 제출하도록 하여 다투고 있다.

2) 당사자들에게 선택권이 있는 경우

소법원과 근린법원에서 소송당사자들은 스스로 소송을 진행하거나 배우자,

사실상의 배우자, 그렇지 않은 경우 직계 친인척, 3촌까지 포함한 방계 친인척, 개인 또는 회사에 전속적으로 고용된 자, 사무소에 소속된 변호사(속지주의의 규율을 받지 않는 자 포함)에 의하여 대리되거나 보조될 수 있다. 국가, 도, 시, 공기업은 공무원이나 행정대리인에 의해 대리되거나 보조될 수 있다(민사소송법 제828조). 상사법원에서 스스로 사건을 진행하거나 본인이 선택한 친구, 이웃, 다른 상인 등에게 도움을 청할 수 있다. : 중재재판기관도 마찬가지다.

노동법원에서 당사자들은 스스로 변호한다. 그럼에도 불구하고 그들은 대리하거나 보조시킬 수 있는 권한이 있다(2016년 5월20일 제2016-660 혼합 시행령. 노동법 제1453-1조, 제1453-2조). 당사자를 보조하거나 대리할 수 있는 자격을 가진 자는 1° 같은 업종에 속한 피용자와 사용자, 2° 노동조합의 변호인, 3° 배우자, 시민연대협약(공동생활계약, 민사연대규약)에 관련된 상대방 또는 사실상의 배우자, 4° 변호사

사용자는 마찬가지로 기업이나 기관의 구성원에 의하여 보조 또는 대리될 수 있다. 항소심에서 노동조합에 의하여 대리되지 못한 경우 당사자들은 변호사를 선임하여야 한다(2016년 5월 20일 혼합 시행령 제2016-660 노동법 제1461-1조).

b) 권한

자유로운 직업의 자격으로서 법으로 정해져 보호를 받는 대리인은 다음과 같다.

- 특정 재판기관에서 독점의 혜택을 받는다. : 변호사와 제1심 법원의 관계
- 발언에 관하여 그를 신뢰하는 판사에게 서면위임과 같은 대리의 권한을 제출할 필요가 없다(2012년 5월3일 제2012-634 민사소송법 제416조).
- 가장 중요한 것까지 포함하여 모든 종류의 소송행위를 할 수 있다. 다만 고소의 중요성을 고려하여 볼 때 그들이 특정위임을 마련해야 하는 신고로서 공식증서의 진실성을 확인하는 위조의 신고는 포함되지 아니한다. 위임자는 법에서 정한 대리인의 권한을 제한할 수 있으나 그 제한은 개인적인 관계에서만 효력을 가지고 판사와 선의의 상대방에 대하여는 효과가 없다. 수임인이 권한을 넘어서는 경우에도 위임인은 그의 책임에 구속된다.

수임인을 교체한 의뢰인(위임인)은 판사와 상대방에게 그 사실에 대하여 최대한 신속하게 알려야 한다(Ⅴ. 사건에 대한 법적 관계 : 알려주어야 하는 상대방 당사자와의 사법계약의 한 종류).

수임인이 위임을 포기하였더라도 다음과 같이 의뢰인(위임인)의 대리인으로 남게 된다.

- 대리가 의무적이지 않다고 밝혀졌다면 판사, 상대방 및 의뢰인에게 위임을 포기한 것을 알릴 때까지
- 대리가 의무적이라면 새로운 변호사가 적법하게 선임된 날까지

다른 대리인(가족구성원, 배우자, 사실상 배우자, 근로자)은 현재 기능하고 있는 계약상 대리의 이론에 관한 민법의 원칙(소송에 있어서 ad litem이라 불리는 원칙)에 따라 서면으로 된 특정 위임을 판사에게 제출하여야 한다. 노동법원에서 변호사가 아니라면 대리인은 특정한 권한에 관하여 증명해야 한다. 화해(conciliation)부와 진로지원(orientation)부에서 이 서면은 대리인으로 하여금 그 명의로 대리하여 화해하는 것과 진로지원의 조치에 협력하는 것을 허용한다(2016년 5월 20일 제2016-660 노동법 제1453-2조).

PART 2

절차의 형식주의

민사소송절차에서 형식주의에 대하여 여러 가지로 시대에 뒤떨어진 소송행위 증서(acte)에 관한 난해한 개념이라는 선입견 및 법원에 부담을 주고 소송당사자를 어렵게 한다는 선입견을 경계해야 한다. 법의 형식성으로 인하여 판사의 자의를 막아줄 뿐만 아니라 변호권을 보장한다. 법의 형식성은 자유와 쌍둥이 자매이다.

CHAPTER 6 소송행위 증서의 형식주의

절차법은 법원에 대한 보조자들(auxiliaires)의 행위를 규율함과 동시에, 원격절차(téléprocédure)와 선택적으로 이용되는 서면 절차(forme papier)를 이용하는 법관을 규율한다.

1. 법원을 보조하는 자들의 행위에 관한 형식주의

당사자 스스로 특정 소송행위 증서를 작성 할 수 있음에도 불구하고 소송행위 증서는 당사자를 위하여 법원의 보조자에 의하여 가장 자주 작성된다. 이러한 보조에서는 집행관과 그들의 영장(exploits)이 선두에 나온다.

■ 영장의 기안에 관한 규율

집행관과 경매인이 2022년 1월 1일(2016년 6월 2일 제2016-728호 법률명령)부터 법원 위원의 직무로 되기 위하여 점진적으로 통합이 될 때까지, 일단은 2016년 5월 20일 제2016-661 시행령(décret)으로 법원의 집행관에 관한 지위를 개편하게 되는데 이 시행령에 따라 법원의 집행관은 다양한 종류와 내용의 서면인 증서(acte)를 쓴다.

a) 종류

집행관은 두 개의 원본(originaux)을 작성한다. 하나는 집행관 증서의 목적으로 원본으로서 보존된다. 다른 하나는 사법보조관에 위임되어 당사자에게 증거의 명목으로 맡겨진다. 상대방(피고)은 사본만 받을 뿐이다.

원본들과 사본들은 같이 제출된다. 그 중 하나가 부적법하다면 다른 모두가 무효로 된다.

b) 내용

그들은 다음과 같은 형식이 포함된 문서를 작성한다 :

- 기초가 된 날짜(일, 월, 년)
- 신청인의 신상(identification)[성명, 직업, 주소, 국적, 출생일과 출생지-자연인의 경우(민사소송법 제648조)], 서명이 첨부된 집행관의 인적사항, 수신인 또는 우연히 증서를 받은 자의 인적사항
- 영장(exploit)의 작성 : 다시 말해 영장의 설명(예를 들어 ...액수의 상환을 판결 선고하도록 하기 위함)
- 서면 증서의 비용

증서가 당사자에게 송부되지 않을 경우 법원의 집행관은 사본에 관하여 송부가 유효하게 되었던 조건을 기재한다. 성명의 표시, 증서 수취인의 주소, 접이식 폐쇄부에 부착된 집행관의 인장만 기재되어 송달된 증서의 사본은 밀봉된 상태에 있게 된다.

■ 영장의 송달에 관한 규율

반드시 고려해야 하는 네 가지 문제가 있다 ; 누가, 언제, 누구에게, 어떻게

a) 누가 송달하는가?

집행관 또는 집행관 보조원(clerc assermenté)이 한다. 직업적인 법률가인 그는 수취인에게 상황에 대한 각색 없이 증서의 의미를 설명하는 조치를 취한다. 이

것은 우체국 직원에게 시킬 수 없다. 집행관은 송달에 대한 독점권을 가지지만 (노동법원이나 소법원 같이) 법원서기가 발송하는 송달(notification)에 대하여는 그러하지 아니하다. 특별한 규정들은 해외(프랑스령 폴리네시아, 왈리스와 퓌튀나, 뉴칼레도니아, 민사소송법 제660조, 제670-2조)의 지방자치단체에 송달(signification ou notification, 집행관 송달 또는 법원서기 송달)을 유효하게 하기 위한 절차를 적시하고 있다. 마찬가지로 유럽공동체의 규정과 국제 조약의 적용을 조건으로, 2012년 3월 15일의 제2012 시행령에 의하여 개정된 민사소송법 제683조부터 제688조까지 규정된 특정한 조건에서 사법기관과 역외 사법기관 증서의 전달은 국제적인 송달의 수단으로 이루어진다.

b) 언제 송달하는가?

어떤 송달도 일요일, 공휴일 또는 휴무일의 6시 이전에 또는 21시 이후에 행하여질 수 없다. 다만 필요한 경우 판사의 허가에 따라 송달할 수 있다.

원칙적으로 송달은 6시와 21시 사이의 평일에 행하여진다. 예외적으로 긴급한 경우, 판사는 평일이 아닌 날의 송달을 허용한다.

제647-1조에 따른 집행관 증서의 송달일은 송달이 당사자에게, 주소 또는 거소(제659조에서 언급된 경우 조서를 작성한 날)에서 이루어진 날이다.

c) 누구에게 송달하는가?

최소한 여섯 가지 경우가 있다.

1) 당사자 송달(제654조)

이는 송달의 여왕이다. 소송절차와 집행상의 증서를 전달하는 최상의 방식이다. 송달인과 수령인(récipiendaire) 사이에 직접적으로 만날 것을 규정하고 있다. 전달의 다른 방법은 제655조와 그 이하의 규정에서 언급한 대로 부차적인 것에 불과하다. 집행관은 직접 주소, 거소 근무지 또는 다른 장소에 있는 수신인(destinataire)의 수중에 증서(종이용지)를 교부한다. ; 집행관에 의하여 이행된 "...에게 고지함"이라는 증서로서 그러한 장소에 관한 증명을 하게 된다.

법정대리인, 법정대리인의 권한에 근거를 둔 자, 대리의 목적으로 자격이 있는 다른 모든 자에게, 증서가 교부될 때 법인에 대한 송달은 당사자에게 이행된다고 한다.

2) 주소 송달(제655조)

집행관이 수신인을 발견하지 못한 경우 밀봉한 채로 증서(종이용지)를 주소 또는 주소를 모르는 경우 거소에 송달한다. 이 업무 방법은 당사자에 대한 송달이 불가능함이 명백한 것을 전제로 한다. 법원의 집행관이나 집행관의 보조원은 증서에서 당사자에 대한 송달을 실행하기 위하여 이행된 주의사항과 그러한 송달이 불가능함을 드러내는 상황을 기재하여야 한다. 출석한 모든 당사자가 승낙을 하고 성명과 자격을 확인하는 조건하에서 교부는 수신인의 주소나 거소에 출석한 모든 당사자에게 행하여진다. 결국 원본에 대하여 증서입회 공무원은 수취인의 신분을 기재하고 수신인의 주소 또는 거소에 사본의 교부를 알리고 증서의 성격, 신청인의 성명 등 사본이 교부되는 당사자와 관련된 정보를 기재한 날짜가 기록된 공고사항(un avis de passage)을 남겨야 한다.

3) 법원 집행관의 법원 부속관 사무소(étude)에서 증서의 교부에 의한 송달(제656조)

이 송달의 방법은 매우 보조적이고, 종전의 시청에 대한 송달을 대체한다.

만약 당사자가 증서의 사본을 받을 수 없거나 받기를 원하지 않을 경우 집행관의 송달에서 집행관이 언급한 것으로서 집행관에 의하여 행하여진 확인에 의하여 수취인이 지정된 주소에 거주하고 있다는 결과가 나온다면, 송달은 다음의 규정에 따라 주소에서 이루어진다. 집행관은 수신인의 주소 또는 거소에 공고를 남긴다. 특히 이 공고는 영수증(récépissé) 또는 난외기입(émargement, 欄外記入)에 대하여 증서의 사본(종이용지)이 집행관의 사무소에서 이해관계인 또는 특별히 위임된 자에 의하여 최대한 빠른 기간 내에 수령되어야 한다는 점을 기재한다. 증서의 사본은 재판소 부속관 사무소에서 3개월 동안 보존된다. 기간이 경과하면 법원의 집행관은 보관의 의무를 면한다. 집행관은 수신인의 요구에 따라 집행관이 같은 조건에서 증서를 되찾을 수 있는 다른 사무소에 증서의 사본을 전달할 수 있다(제656조 마지막 항).

제655조와 제656조에 규정된 경우 집행관은 공고(un avis de passage)와 같은 기

재사항을 포함한 보통우편으로 송달의 이해관계인에게 당일 또는 늦어도 첫 번째 근무일에 통지해야 하고, 만약 증서의 사본이 사무소에 맡겨져 있다면, 제656조 마지막 항의 규정을 적용한다. 게다가 우편은 송달에 관한 증서의 사본을 포함한다. 집행관의 인장은 봉투에 찍힌다.

주소의 선정(domicile élu)[1]에 따른 송달 경우 또는 송달이 법인에게 이루어진 경우에도 같은 형식이다.

4) 주소의 선정에 따른 송달

자주 계약당사자는 공증인(notaire) 사무소 또는 증서를 작성한 변호사 사무소에서 주소지 선정을 한다. 영장은 "사법관(l'homme de loi)" 사무소에서 절차의 증서를 받을 자격이 있는 것을 분명히 하고 있다. ; 집행관은 보통우편 발송으로 다시 한 번 더 하게 된다. 게다가 진정한 수신인은 집행관의 보통우편에 의하여 주소에서 통지를 받게 된다.

5) 프랑스에 주소가 있는 법인에 대한 송달

집행관은 당사자에 대한 송달 규정에 따라 영장을 법정대리인(지배인, 대표) 또는 소송절차의 증서를 받을 자격이 있는 회사의 수탁자(예를 들어 소송부서의 장)에게 교부한다. 이어 더하여 집행관은 자격이 있는 자에게 증서를 교부함에 있어 회사에 대하여 통지하는 경우 보통우편(simple missive)의 발송을 수행한다.

6) 주소도 거소도 알려진 근무지도 없는 수신인에 대한 송달(제659조)

법원의 집행관은 조서를 작성한다. 그 조서에서 집행관은 그가 증서의 수신인을 찾기 위하여 업무를 성실히 수행했다는 점을 기재한다. 당일 또는 늦어도 다음의 첫 번째 근무일에 집행관은 수령통지서(avis de réception)를 요구하면서 등기우편(lettre recommandée)을 통하여 수신인에게 알려진 최후 주소로 송달의 대상 증서의 사본이 포함된 조서의 사본을 송부한다. 이러한 방식을 지키지 않으면 무효의 제제를 받는다. 같은 날, 법원의 집행관은 보통우편으로 이러한 형식

---

1) 특정한 법률의 절차를 진행하는 것을 용이하게 할 목적으로 당사자에 의하여 선택된 의제적인 주소(프랑스 민법 제111조)

으로 수행하여 수신인에게 통지한다. 마찬가지로 이 본문의 규정은 회사소재지처럼 지정된 상업·회사 등기부상의 주소에 대하여 주소지가 없는 법인 앞으로 하는 모든 송달에 적용된다.

d) 어떻게 송달하는가?

송달은 종이용지 또는 전자적 수단으로 행하여진다. 전자적 송달의 경우에(민사소송법 제662-1조, 2012 3월 15일 혼합 시행령 제2012-366호), 전게 서술된 제654조부터 제662조까지를 배제하고 민사소송법 제748-1조부터 제748-7조에 규정된 조건하에서 송달은 수신인에게 증서의 전달로 이루어진다. 송달 증서는 송달의 방법으로 수신인의 동의에 대한 언급을 하고 있다. 만약 증서의 수신인이 증서를 전달받는 날 송달에 관한 내용을 안다면 전자적인 방법으로 하는 송달은 당사자에게 행하여지는 송달이 된다. 그렇게 되지 아니한 사례에서는, 송달이 주소에서 이루어지는 송달이 되고, 집행관은 송달의 이해관계인에게 평일의 첫날, 증서의 성격과 신청인의 이름을 첨부하여 전자적 방법에 의하여 송달이 교부될 것임을 언급하며 보통우편의 방법으로 통지해야 한다. 전자적 방법에 의한 송달의 일시는 수신인에 대한 증서 발송의 일시가 된다.

■ 법정내 증서(actes du Palais[2]))의 송달(notification)

시간과 비용의 이익을 위하여 신청서의 송달과 같은 변호사와 변호사 사이의 법정내 증서는 다음과 같은 두 개의 시스템 중 하나에 따라 재판기관의 내부에서 이루어진다.

a) 법정내 집행관에 의한 송달(notification)

대법원(Palais de Justice ; 파기원 이전의 대법원 명칭)에서 직접 시행되었던 송달(signification)은 봉인된 봉투에서 개봉되어서는 아니되는 사본과 관련된다. - 모든 참가인들은 업무상 비밀에 의하여 관련되어 있다. 실무상, 서면은 법정내 집행관의 별도의 사무실에서 봉인을 해제한다. ; 서면에는 날짜가 기입되고 서

2) 동일사건을 담당하는 쌍방당사자의 변호사 또는 代訴士 사이에 간략화된 방식에 따라 행하여진 신청서와 변호사선임문서 등의 송달(신민사소송법 제671조) 山口俊夫, 前揭書, 11頁.

명이 이루어진다. 서면 중 하나는 법정내 집행관의 부서에 의하여 수취인 변호사의 보관소(Toque라고 불리는 우편함)에 직접 전달된다.

b) 직접 전달(La remise directe)

변호사인 증서의 작성자는 두 개의 사본(exemplaire)으로 하여 상대방 변호사에게 서면을 제출한다. 사본의 수신인은 날짜와 서명을 기입한 후 그 패(un jeu : 사본 1부)를 가지고 나머지 1부를 반환한다. 그래서 법정내 증서에 의한 판결의 송달은 수신인의 송달로 인하여 전달되는 서류에 대하여 효과적으로 인정되는 점을 전제로 한다(민사소송법 제673조).

2. 법관 조서의 형식주의

이는 사건의 성질과 공개여부에 따라 다르다.

■ 사건의 혼합적 성격

법원에 따라 사건의 서면적 성격 또는 구술적 성격이 중요할 수 있다.

대심법원에서, 절차의 서면적 성격은 구술적 성격보다 중요하다. 서면적 성격은 합의부(collégialité) 또는 단독판사 또는 모든 당사자가 동의한다면 준비절차정리법관 앞에서도 구두변론을 할 때 드러난다. 이러한 서면적 성격은 부분적으로 소송대리를 하는 변호사에 의하여 의무적 대리를 하도록 한다. 또한 대심법원은 서면 신청서에서 전개된 공격방어방법(moyens)에 대하여만 답변할 의무를 가지고 있다. ; 대심법원이 구두로 진술한 것에 답변을 하지 않았다면 부당한 판결은 아니다. 행정재판기관에도 같은 규정이 있다.

예외적인 재판기관(소법원, 근린법원, 상사법원, 노동법원)에서 구술적 성격이 보다 중요하다. 민사소송법이 서면 신청서를 강제하고 있지 않더라도(이러한 재판기관에서 의무적이지는 않다) 실무상 변호사는 대심법원에서와 같이 서면을 제출한다.

기일에서 변론에 적용되는 구술 절차에 있어 적당한 규정은 2010년 10월 1일의 시행령(décret) 제2010-615에서 나온 민사소송법 제446-1조에서 제446-4조까지에 있다. 당사자들은 기일에서 근거로 삼는 신청서와 공격방어방법을 구술로 진술한다. 당사자들의 의견은 서류에 기재되고 조서에 기록된다. 그럼에도 불구하고, 특별한 규정이 있는 경우, 당사자들은 기일에 출석하지 않고 서면에 의한 신청서와 공격방어방법을 작성한다. 이 조건에서 받은 판결은 대심의 원칙에 따른다. 그럼에도 불구하고 판사는 당사자들이 서로 출석하도록 명령할 수 있는 권능을 항상 가지고 있다.

■ 사건의 공개

공정한 재판의 보증을 위한 공개 요구는 절차의 진행 전반을 검토하도록 하고 절차의 다양한 국면에 따라 그 모습이 달라진다. 일반적인 경우 최소한 대심법원의 준비절차정리 법관이나 형사사건의 예심판사로부터 민사 및 형사 사건의 변론회부(instruction)가 공개적으로 되지 않는 경우, 당사자들은 법적 관점 및 사실관계의 관점에서 공개변론 기일 중에 최소한 한번은 심리되는 소송의 원인을 살펴보게 된다. 그러나 특히 "미성년자의 이익이 있거나 사생활의 보호를 위해 비공개를 요구하는 경우" 공개의 원칙에 대한 예외를 규정하고 있는 "유럽인권협약(la Convention de sauvegarde des droits de l'homme et des libertés fondamentales)" 제6조가 보여주는 것처럼 이 법 혹은 법리는 절대적이지는 않다. 다시 말해 사건의 공개는 문제해결을 위한(résolu) 원칙과 관계된 것이지 절대적인 원칙은 아니다.

a) 원칙

사건의 공개는 다음에서 기인한다.

- 변론의 공개 : 실무상, 대중은 민사 변론기일에 거의 참석하지 않는다. 형사소송과 달리 상당히 기술적·전문적이며 박진감이 부족하다.
- 판결의 공개 : 실무상, 판사는 기일에 판결문 전체를 읽지는 않지만 주문만은 읽는다.("이러한 이유로..."라는 말로 고지되는 마지막 부분)

재판의 공개는 다음의 경우에 사용된다.

- 신분증서(이혼, 친자관계) 이외 사항에 관한 기재 또는 상업·회사등기부의 등록 나아가 수공업자 명부에 관한 기입
- 예를 들어 파산사건에서 채권자의 신고를 위한 것처럼 제3자에게 고지하거나 제3자 이의의 소(tierce opposition)의 기간을 진행시키기 위한 언론에 공표(일간신문의 사법 공고)

b) 예외

변론에 대하여. 이혼이나 친자관계 확인과 같이 재판부(chambre du conseil)에서 검토한 사건의 성격을 고려하여 공개의 예외가 정당화된다. 정당화되지 않는 경우 및 소송의 원인이 된 사실을 이유로 법원은 비공개를 명할 수 있다.

판결에 대하여. 공개에 대한 예외는 이혼이나 친자관계 확인과 같은 소송의 성격에 의하여 설명된다. 법은 언론의 지면에서 판결문의 공개를 금지하고 있다. 다만 전문적인 법률잡지와 이해관계인이 식별가능하지 않은 경우는 공개가 가능하다. 그러나 그러한 판결문의 주문(비송사건의 판결은 반대)은 공개된 기일에서 낭독된다.

3. 원격절차(téléprocédure)

전자적 방법의 사용은 점진적으로 변호사 상호간, 변호사와 법원 상호간에 전달(communication)을 위한 원리(règle)가 되었다.

■ 제출

전자적 방식의 전달은 민사소송법 제748-1조부터 제748-9조까지 나타나있다. 사법기관 재판의 집행문이 부여된 사본과 등본과 함께 소송행위 문서(acte de procedure)·소송서류(acte de piéce)·통고서(avis)·통지서 또는 소환장(avertissement ou convocation)·보고서(rapport)·조서(procès-verbal)의 발송(envoi), 교부(remise), 송달(notification)은 민사소송법 제748-2조부터 제748-9조에서 정해진 조건과 모습에

따라 전자적 방법에 의하여 실행될 수 있다(민사소송법 제748-1조). 민사소송법 제748-1조는 일반규정의 모습을 가지고 민사소송법 제671조와 그 이하에 규정된 조항에 덧붙이는 등 변호사 사이의 판결 송달(notification)의 새로운 방법을 허용한다. 전자적 방법에 의하여 교부된 경우 몇 개의 사본으로 교부하는 것, 교부 또는 송달된 증서·증거서류의 물리적인 반환을 규정하고 있는 법 조문이 적용되지는 않는다. 증거문서가 종이용지에 원본으로 제시된 경우 판사는 증거문서의 제출을 명할 수 있다.

특별한 규정이 전달의 방식을 강제하고 있는 것이 아니라면 위에 언급된 발송, 교부, 송달의 수신인이 전자적 방법의 사용에 명시적으로 동의해야 한다. 법원의 보조자, 당사자의 보조인 또는 대리인에 의하여 민사소송법 제748-6조의 적용을 받는 명령(arrêté)[3)]에 따라 확정되는 전자통신망에 가입하는 것은 동의의 의미를 가진다(민사소송법 제748-2조, 2015년 3월 11일 시행령 제2015-282호). 변호사와 법원 사이에 교환의 접점을 확보하는 e-변호사업 플랫폼에 접근하도록 허용하는 변호사의 사설통신망(RPVA, Réseau Privé Virtel des Avocats)에 변호사로 가입하는 것은 통신망에 가입한 변호사 사이에 판결의 송달을 위하여 전자적 방법을 사용하는 것을 포함하고 있다.

RPVA에 가입하는 것과 개인적 주소의 수령인이 되는 것으로 인하여, 변호사는 스스로(à son égard) 전자적 방법의 사용을 승낙한 것으로 추정된다. 그런데 변호사 개인주소의 구체적 특징이 프랑스 변호사 단체의 가입된 등록번호에 의하여 만들어진 고유한 일련번호(radical unique)가 붙는 성명으로 변호사의 식별이 가능하게 된다.

■ 적용

의무적 대리가 적용되는 민사소송에서 2011년 9월 1일부터 항소심의 신청과 피항소인의 선정은 관련된 항소심이 무엇이든지 전자적 방식만으로 이루어진다

3) arrêté는 장관이나 자치단체장이 내리는 명령으로서 일반적 또는 개별적 효력을 가지는 집행적 결정임. décret는 대통령 또는 수상이 서명하여 일반적 효력을 가지거나 개별적 효력을 가지는 집행적 결정임. 프랑스 법령용어사전, 한국법제연구원, 87면. 284면.

(2011년 3월 30일 명령, arrêté). 2013년 1월 1일부터 소송문서의 다른 증서는 전자적 방법에 의하여 항소심에 전달되어야 한다. 마찬가지로 변호사는 법원에 의하여 송부된 모든 소송행위 증서를 전자적 방법으로 수령한다. 이처럼, 파리 대심법원의 민사부 모두 전자적 방법에 의하여만 변호사 사이의 교환을 수용하고 다른 전달방식은 더 이상 가능하지 않다. 더 나아가 전자적 전달은 대심법원(2009년 4월 7일 명령(arrêté)), 소법원(2012년 12월 24일 명령, 지급명령을 위한 IP WEB), 상사법원(2013년 7월 21일 명령)에서 규정되어 있다.

실무상 발송, 교부와 송달은 날짜와 필요한 경우 날짜의 시간도 적시하고 수신인에 의하여 송부된 수령에서 전자적 통고(avis)의 대상이 된다(V. 제673조). 민사소송법이 다음의 방식을 규정하는 경우 이 통고는 증서 또는 사본에 붙여진 비자, 인장, 서명 또는 수령의 기입의 역할을 한다. 메시지의 대상에 대한 기입은 수신인의 배송(예를 들어 판결문의 송달)에서 명확하게 나타나지만 자동적인(automatique) 수령통고는 수신인이 효과적으로 메시지의 내용을 알았다는 점을 담보하지 않는다. 항소심의 판결(보르도 항소법원 2012 3월 5일 제11-4968호)은 절차의 기간을 도과하지 않게 하도록 RPVA에 등록한 변호사들에게 변호사들이 받은 전자 메시지에 대하여 살펴야 하는 의무를 부각시키고 있다. 이 판결은 변호사에 대한 감독(vigilance)이 전자 소송행위 증서에서 나타나야 한다는 점을 명백히 밝히고 있다.

그러나 항소심은 전자적 시스템의 하자의 경우에 무효가 되지 않음을 판시하였다(베르사이유 항소법원 2013년 11월 19일 제13-04919호 제12부) : 이 사안에서 당사자는 다음과 같이 주장하였다. 신청서의 교부가 변호사에게 외부 요인으로 인하여 실패하였고 그 변호사가 그 실패를 알지 못한 경우 절차를 적법하게 할 수는 없다. 변호사는 RPVA를 경유하여 적시에 서면을 교부하였어야 했다.

보론

- 전자적 방법의 사용은 종이용지로 집행문이 부여된 사법기관 재판의 사본을 인도해 줄 것을 요구하는 이해당사자에게 장애요소가 되지 않는다.
- 증서가 기간이 종료하기 전에 행사되어야 하고 행사하는데 있어서 외부적인 요인으로 기간의 종료일에 전자적 방법에 의하여 교부될 수 없다면 그 기간은 다음 근무일까지로 연장된다.
- 결국 SMS가 나타난다. 통고가 법원서기에 의하여 모든 수단으로 당사자에게 송부되는 것이 규정된 경우 그 통고는 이메일 또는 문자메시지의 방법으로 당사자에게 송부될 수 있고, 경우에 따라 송달의 목적으로 당사자가 사전에 진행 중인 사건에 대하여 재판기관에 표시한 전자주소나 전화번호로 교부될 수 있다. 이 경우 전자주소 또는 전화번호의 수정을 알리도록 당사자에게 의무를 부과한다. 그럼에도 그러한 동의는 항상 취소될 수 있다 (민사소송법 제748-8조 2015년 3월 11일 시행령 제2015-282호).

CHAPTER 7 소송행위의 무효

논리적으로 볼 때, 소송행위에 하자(irrégularité)가 있다면 무효가 된다(V.계약의 일반법). 절차에서 그러한 제재는 사건의 지연 또는 소멸, 본안 권리의 시효소멸과 같은 중대한 결과를 발생시킬 수 있지만 실제의 피해가 반드시 존재하는 것은 아니기 때문에 단순한 형식상의 하자와 균형이 맞지 않는다. 기계적인 제재와 방임 사이에서 3가지 시스템이 고려될 수 있다

- 규정으로 정해야 무효가 되는 경우 : 법이 무효를 정해 놓은 경우에만 무효가 되므로 너무 엄격한 구조이다. 입법자가 모든 것을 규정할 수 없다. 열거사항은 항상 일정 사항을 누락한다.
- 판사의 판단에 맡기는 무효 : 재량에 의한 시스템이다, 누구도 무효화된 증서의 운명을 미리 알 수 없다.
- 피해가 있어야 무효가 되는 경우 : 형식의 위반은 증서의 수신인에게 피해를 일으키게 되어 있다.

민사소송법에 의하여 인정된 해법은 중요하다.

1. 민사소송법의 해법

형식과 본안을 구별해야 한다.

■ 형식적 하자로 인한 무효

a) 규정

행위의 무효는 두 가지 요건이 동시에 충족되어야 한다(민사소송법 제114조).

- 규정(규정으로 정해야 무효가 되는 경우에 관한 원칙의 채택) : 무효가 절차법에 의하여 명시적으로 규정되지 않는다면 어떤 소송행위도 형식상 하자로 인하여 무효로 선언될 수 없다. 이러한 요건은 아래의 두 가지 경우를 제외하고 요구된다.
  - 실질적인 형식성을 갖추지 못한 경우(다시 말하면 행위에 있어 본질과 특성을 부여한 형식성 : 신청인의 신원, 집행관의 서명, 청구의 대상과 일시)
  - 공공질서의 요건을 갖추지 못한 경우(예를 들어 사법기관의 규정에 관한 위반 : 두 번째 단계의 사법기관에 곧바로 소환된 피고 등)
- 피해(피해가 있어야 무효가 되는 경우에 관한 원칙의 채택) : 규정이 명시적으로 무효를 목표로 함을 요구하지 않는 공공질서나 실질적 형식성에 관계된 경우라고 하더라도 무효는 무효를 원용한 자를 위하여 그에게 하자를 야기하여 피해를 입혔음을 증명하는 것을 조건으로 하여서만 선고될 수 있다.

b) 실행

본안에 관한 변호도 아니고 소송불수리 사유도 아닌 소송행위의 무효는 절차상 항변이 된다. 소송절차개시행위에 관계되었다면 소송행위의 무효는 절차가 개시될 때부터(in limine litis) 주장되어야 한다. 소송계속 중에 참가한 행위에 대하여 그 행위의 무효주장은 사건이 진행되면서 원용된다. 그러나 무효를 원용한 자가 무효를 주장하지 않고(무효가 무효를 원용한 자를 구속하지 않는다는 증거임) 이미 본안에서 다투거나 소송불수리 사유에 이의를 제기한다면 무효는 치유된다(couvert). 결국 여러 가지 무효의 공격방어방법이 같은 사건에서 소송행위를 지연시킨다면 절차지연을 회피하기 위하여 그러한 공격방어방법은 동시에 주장되어야 한다.

■ 본안의 하자에 따른 무효

a) 규정(민사소송법 제117조)

본질적인 질서를 위반한 하자는 소송행위의 심판대상 자체에 영향을 준다. 본질적 질서를 위반한 하자는 형식적 질서를 위반한 하자 보다 더 중요한 것으로 보인다. 결과적으로 입법자는 두 개의 원칙을 분리시켰다 : "규정으로 정해야 무효가 되는 경우" 및 "피해가 있어야 무효가 되는 경우". 그래서 이러한 무효의 항변들을 원용하는 자가 피해(grief)나 어떤 명시적 처분(disposition)을 증명하지 않더라도 이러한 무효의 항변은 수용된다.

다음의 사항은 행위의 유효성(validité)에 영향을 미치는 본안의 하자가 된다.

- 당사자능력의 흠결(재판에 출석하는 능력의 흠결)
- 당사자의 권한 흠결 또는 대리인, 법인, 행위무능력자로서 절차에 관여하는 자의 권한 흠결
- 소송당사자를 대리할 권한을 부여하는 자의 능력이나 권한의 흠결

b) 실행

소송절차의 증서에 관계된 본안의 규정을 불이행함에 기한 무효의 항변들은 소송의 모든 단계에서 주장될 수 있다(민사소송법 제118조. 2012년 1월 20일 시행령 제2012-66호). 반면 법률에 다르게 규정되어 있고, 판사가 소송지연의 의도로 항변들을 더 일찍 주장하지 않는 자들에게 손해배상을 선고할 수 있는 가능성이 있다면 그러하지 아니하다.

2. 무효의 효과(conséquence)

증서의 기안자에게 책임을 부담시키는 무효인 소송행위 증서가 소급적으로 소멸되어 추인(régularisation)되는 것으로 결론 내려진다.

■ 취소

a) 소급적 소멸

무효의 일반법리에 따라 소송행위의 취소는 소급적 소멸을 초래한다. 결과적으로 모든 소송행위를 취소하고 소송행위 이후의 절차도 무효가 된다. 이러한 취소에는 법적 근거(fondement)가 있게 된다. 예를 들어 소송절차개시 행위의 무효는 다투는 당사자들을 처음 시작점으로 보낸다. 그 동안 본안의 권리가 시효소멸되지 않았을 경우 모든 것을 다시 시작해야 한다. 사건의 진행 중 이루어진 소송행위의 취소는 이보다 넓지 않게 작동한다. 절차는 승계되고 마지막으로 유효한 행위로부터 계속된다.

b) 책임

경우에 따라(éventuellement) 소송행위와 후속 절차의 무효를 야기하는 과책(faute)이 있는 법원의 보조자(집행관, 변호사 등)는 원래 민사책임을 부담한다(V. 의무적인 전문가책임 보험). 필요한 경우 그는 기회를 상실한 사실에 관한 평가가 곤란함을 주장함에도 불구하고 손해배상을 지불해야 할 수 있다. 결국 이것이 가능하다면 위임인(mandataire)은 그의 비용으로 소송행위를 다시 행한다.

■ 추인(régularisation)

소송행위가 실효(forclusion)되지 않는다면 장래의 추인에 의하여 형식적 하자에 따른 무효는 치유된다. 무효가 치유되는 경우 무효의 원인이 판사가 판결하는 때에 사라진다면(예를 들어, 후견인의 해제 levee de la tutelle, 성년의 도달) 본안의 하자(예를 들어 후견인 tuteur[4])이 승인하고, 젊은 성년자가 추인하는 것)에 대한 행위의 무효는 선고되지 않는다.

보좌(curatelle)[5] 제도에서 성년에게 한 모든 송달은 보좌인에게 하여야 하고 그렇지 않으면 무효의 제재를 받는다. 하자가 있는 경우, 이 하자는 보좌인의 무효상태인 사건에서 자발적 참가에 의하여 치유될 수 없다. 정확히 말하면 이 사건에서 그 하자는 제재 받아야 하는 대상이기 때문이다. 그래서 파기원은 소송개시 절차를 무효로 선언하였다(파기원 2011년 2월 23일 제1민사부 제09-13.867호).

4) 미성년자 또는 성년무능력자의 후견인

5) 지적·육체적 능력의 이상으로 인하여 또는 낭비, 부절제 등으로 인하여 중요한 민사적 행위에 대한 보좌를 받거나 감독을 받는 것이 필요하다고 여겨진 성년자의 부조제도. 山口俊夫, 前揭書, 138頁.

절차의 기간

CHAPTER 8

절차에서 특정한 기간은 사건의 촉진을 목적으로 한다. 최종시한 전에 그것을 수행하는 것이 바람직하다. 소를 제기(예를 들어 항소를 제기하기 위한 1개월)하기 위한 기간에 관계된다. 다른 종류의 기간은 변호를 위한 권리 보호를 보장한다. 그러한 소송행위를 수행하기 전에 인내하여야 하는데 이는 대기기간에 관련되어 있다(예를 들어, 소환된 피고는 변호사를 선임하기 위하여 15일의 유예기간을 가진다). 기간은 법에 따라 계산되지만, 그 기간은 변경될 수 있고, 기간의 불준수의 경우 제재가 있을 수 있으므로 기간은 존중되어야 한다.

1. 기간의 계산

매우 드물지만 극단적으로 긴급성이 있는 시간 단위의 계산을 제외한다면, 시간의 계산은 일, 월, 년 단위로 계산된다.

■ 일단위 계산

다른 것과 마찬가지로, 시작과 끝이 있다.

a) 기산점

몇몇 기간은 일단위로 표시된다. 예를 들어 레페레에 따른 명령에 대하여 항소를 제기하기 위한 15일이 그러하다. 소송행위, 결정의 송달 등의 실행일은 계산되지 않는데 이는 기간계산의 초일(dies aquo)에 관계된 일이다. 기간은 다음날 0시부터 진행한다.

b) 만료점

만료일이 일단위로 표시될 경우, 기간은 마지막 날 자정에 소멸한다. 모든 기간은 마지막 날 24시에 소멸한다. 그 다음 날에 어떠한 행위도 할 수 없다. 그럼에도 기간이 토요일, 일요일 또는 휴일(공휴일férié, 휴무일chômé)에 종료한다면 기간은 다음 근무일까지로 연장된다. 이 규정은 월단위, 연단위로 표시되는 기간에도 동일하게 적용된다.

■ 월 단위와 연 단위의 계산

이 규정은 다음의 예에 의하여 분명해진다.

a) 원칙

기간이 월 또는 연단위로 표시된다면, 기간은 소송행위, 판사의 재판과 같이 기간을 진행시키는 날짜로서 월의 마지막 날 또는 연의 마지막 날에 소멸한다.

b) 사례

판결의 집행정본의 송달이 6월 20일에 행하여 졌다. 집행정본의 송달은 늦어도 7월 20일까지 항소제기를 허용한다.

1년의 기간이 7월 25일에 시작한다면, 그 기간은 다음 해의 7월 25일에 소멸한다.

주석 : 같은 날짜가 없는 경우 기간은 달의 마지막 날에 소멸한다. 1월 30일 또는 31일부터 시작하는 월단위 기간의 경우(비슷한 날이 없으므로) 만료점은 2월 28일로 확정된다(윤년인 경우에는 29일).

2. 기간의 변경

법문언상 가끔 법원에 대한 정상적인 접근을 어렵게 하는 예외적인 사정을 고려한다. 법문은 당사자에게 보충적인 기간을 인정한다(1968년 5월의 사건에 관련된 1968년 7월 31일 법률). 이러한 특별한 상황이 아니더라도 민사소송법 또는 판사는 통상적인 기간을 인정하지 않는 경우도 있다.

■ 법적 변경

입법자는 거리를 고려하여 보충적인 기간을 인정한다.

청구가 프랑스 본국에 소재하는 사법기관에 계속되어 있을 경우, 출석기간(15일), 항소(1개월), 결석판결에 대한 이의신청(1개월), 재심(2개월)과 상고(파기신청, 2개월)는 다음과 같이 연장된다.

- Gaudeloupe, Guyane, Martinique, Réunion, Mayotte, Saint-Barthélemy, Saint-Martin, Saint-Pierre-et-Miquelon, Polynésie 등(민사소송법 제643조, 2008년 5월 13일 시행령 제2008-452호)의 주소가 있는 자는 1개월
- 국외에 거주하는 자는 2개월

이 규정들은 동일한 취지로서 청구가 해외에 소재하는 사법기관에 계속 중인 경우 적용된다(민사소송법 제644조 시행령 제2008-452호).

■ 재판상 변경

판사는 절차의 기간을 단축할 수 있다. 예를 들어 법원장은 소환을 명한 날로부터 15일의 통상기간을 단축할 수 있다. 긴급한 경우 동의받은 확정일에 피고를 소환하도록 피고의 동의를 받아 판사가 허가한다. 마찬가지로 결석판결(un jugement rendu par défaut) 또는 간주 대심판결 판결(un jugement réputé contradictoire)에 대하여 결석판결에 대한 이의신청(opposition) 또는 항소(appel)를

재판하는 권한이 있는 재판장이 실효 회복신청에 정당한 권한이 있다면 원칙적으로 1개월인 이의신청과 항소의 기간은 그의 결정일로부터 진행할 수 있다. 다만 재판기관의 장이 그가 확정한 날을 위하여 소환이 이루어지도록 기간을 단축하거나 명령한 경우에는 그러지 아니하다(민사소송법 제540조, 구법. 2011년 9월 1일 시행령 제2011-1043호).

판사는 기간을 늘릴 수 있다. 예를 들어 직무를 수행하기 위하여 전문가 선임에 동의한 연장, 피압류채무자가 동의한 기간, 대심법원 준비절차정리 재판관이 기일을 달리 하는 경우, 판사가 심급의 적절한 진행을 감독하는 경우, 판사가 기간을 부여하는 권한을 가진 경우(민사소송법 제3조) 등이 그러하다.

3. 기간의 불준수에 대한 제재

권리는 명백히 상실되지만 실효의 원칙의 적용에 의하여 구제될 수 있다.

■ 실효(forclusion)

법원은 지연자에게 절차를 진행시켜 주지 않는다. 충족되지 못한 기간이 (소권의 기간과 같은) 절차의 신속성을 목적으로 한다면 그 신속성을 충족하지 못할 경우 실효의 효과가 발생한다. 그 제재는 다음과 같이 엄격하다.

- 재량성(automatisme) : 제재는 정당한 권리에 의한 것이고 판사는 기간이 공공의 질서(예를 들어 상고를 위한 2개월)를 위한 성질이 있다고 판단하는 경우 직권으로 제재를 회복시킬 수 있다.
- 결과 : 소송행위는 반복될 수 없다. 본안의 권리는 집행력을 가지는 권한이 없어서 확정적으로 상실된다.

■ 실효의 회복(relevé de forclusion)

a) 소권의 기간

소권의 기간이 경과하면 이해관계인은 권리를 상실한다. 그럼에도 결석 판결 또는 간주 대심판결의 경우에 판사는 피고로 하여금 결석판결에 대한 이의신청과 항소기간의 소멸로 야기되는 실효로부터 회복시키는 권한을 가진다. 이를 위하여 이러한 판결의 경우 과책으로 인한 불출석으로 인하여 피고는 적시에 불복할 판결을 인식하지 못하여서는 아니 되고 그렇지 않으면(과책없이 판결을 인식하지 못한 경우) 불가항력의 경우에 준하여 피고가 소송행위를 할 수 없게 된다. 게다가 당사자에게 처음의 소송행위 증서가 송달된 날부터 또는 소송행위 증서 송달이 이루어지지 않은 경우 채무자 재산의 전부 또는 일부를 처분할 수 없게 하는 효과를 가지는 최초의 이행조치(mesure d'exécution)가 있은 날부터 실효의 회복에 대한 청구가 2개월 기간의 도과 전에 제출된 경우에만, 실효 회복 청구는 결석판결에 대한 이의신청 또는 항소에 대한 재판관할이 있는 재판기관의 장에 의하여 수리된다. 재판기관의 장은 상소할 수 없는 재판을 선고한다(민사소송법 제540조).

b) 대기기간

대기기간은 변호권의 보호하기 위한 의도를 가지고 있다. 법이 보호하고자 하는 바로 그 자에 의하여 그 요건이 불충족 되었을 경우 덜 엄격하게 제재를 받는다. 예를 들어 피고는 영장의 연기에 대하여 언급된 15일의 기간의 도과 이후에도 언제든 변호사를 선임할 수 있다. 유일한 위험(risque)은 법원이 본안을 신속하게 판결할 수 있는지 여부이다.

PART 3

심 급

심급에서는 절차에서의 행위, 사건의 변화, 장래의 진행이 있게 된다. 사건은 살아있는 생물과 같다. 소송절차는 사건을 정리하게 하기도 하고 복잡하게 하기도 하는 기술과는 완전히 다른 것이다. 우리는 민사소송의 정신과 개요를 배우고 있다. 민사소송법 제1권에서는 모든 재판기관에 공통된 규정을 다루고 있고, 민사소송법 제2권에서는 각 재판기관별 편제로 그에 관한 공통된 규정을 설명하고 있다.

CHAPTER 9

심급의 지도원리

이는 국가뿐만 아니라 중재 재판기관에 따른 절차에 대한 대강의 원칙들과 관계된다. 이들은 특히 유럽위원회(1950년 11월 4일 로마조약)가 제정한 유럽인권협약(Convention de sauvegarde des droits de l'homme et des libertés fondamentales)의 형평성 있는 절차에 관한 권리 제6조를 연상시킨다. 어떤 보편적 모델은 절차의 새로운 지도원리(충실의 원칙, 대화의 원칙, 협력의 원칙 등)를 드러내고 있음도 불구하고 고전적으로는(더구나 이 책에서는 제한된 범주에서) 주로 다섯 가지가 고려된다.

1. 대심주의 원칙

민사소송법 제14조에부터 제17조까지에 규정된 이 원칙은 모든 소송당사자가 상대방의 사실적·법률적 공격방어방법을 다툴 수 있도록 하여야 함을 의미한다. 이 원칙은 당사자에게 대심의 원칙을 준수하도록 요구하고 판사도 준수해야 한다.

■ 실무상 주요 효과

원고는 소송계속 사건의 개시(소환영장의 연기 포함)로부터 다음의 사항을 피고에게 알린다. : 소송의 대상(예를 들어, 계약의 무효), 소송의 원인(무효를 증명하는 사실: 예를 들어 사기를 구성하고 있는 술책), 그리고 청구의 공격방법(법규정, 예를 들어 2016년 2월 10일 법률명령 제2016-131호 민법 제1137조).

주석 : 대화(dialogue)는 사건의 개시부터 판사와 당사자들 사이에 이루어진다. 그러한 목적으로 신 민사소송법 제56조 제1항 제2문은 송달의 자격을 부과한다. : 사건의 절차개시를 위한 소환은 "사실적, 법률적 공격방법이 드러난 청구의 대상"을 분명하게 해야 한다. 그래서 신청의 성질을 결정하고 적용 법률을 드러내야 하는 법적인 의무가 있다. 그렇지 않을 경우 소환은 무효가 된다.

증거조사(감정인, 증인신문 절차에서 증언의 청취, 현장검증 등)에서 적어도 당사자들과 그들의 변호사에게 대심의 원칙이 적용되도록 한다.

소송행위 증서는 미리 상대방에게 전달되어 그에 대한 답변을 위하여 충분한 기간이 부여된다. 그러나 대심법원의 준비절차정리법관에 의한 사전절차종결명령(ordonnance de clôture)이 있은 이후에는 답변할 수 없다.

제출된 증거서류는 신청의 근거로서(특히 증거, 예를 들어 차용증서 등) 준비절차정리법관에 의하여 부여된 기간에 당사자에게 전달된다.

판사는 그 자신의 개인적인 지·부지를 활용할 수 없다. 그래서 현장검증이 기습적이지 않고 대심의 원칙에 맞게 행하여진다. : 모든 당사자들과 그들의 변호사가 출석하거나 최소한 소환된다.

대심의 원칙은 결석절차도 규율한다. : 최소한 대심의 원칙을 상정하여, 피고는 그에 대한 소환장이 없는 경우(즉 집행관의 사무소에 맡겨져 보관되는 소환장 취소를 증명할 수 있는 수령란 또는 난외부분에 기입이 없는 경우), 절차와 기일에 불출석한 사실이 없는 경우 그에게 촉구된 절차를 무시한다. 그래서 다음과 같은 세 가지 보호 장치가 있게 된다.

- 최소한 (초심 또는 종심에서 내려진) 판결이 항소되지 않았다면 이의신청

(opposition)이라는 불복수단은 피고에게 허용된다.

- 청구를 심리하고 검토한 이후에 법원이 판결한다는 점에서 결석판결한 법원은 대심의 원칙의 부재를 대체한다.
- 판사는 직권으로 (예외적 경우) 토지관할 문제를 제기할 수 있다.

대심의 원칙에 꽤 가까운 것으로 무기평등의 공정성(égalité des armes)에 대한 원칙이 있다. 그런데 이 원칙은 상대방에 관하여 완전히 열세인 놓여져 있지 않는 각 당사자로 하여금 증거를 포함한 쟁송의 원인을 합리적인 가능성이 있는 수준으로 제시하도록 하는 의무를 포함하고 있다.

■ 원칙의 예외

신청에 기한 명령(ordonnances sur requêtes)과 같이 몇몇 결정은 대심의 원칙을 배제한다.

- 당사자가 없는 경우(예를 들어 민사법적 신분에 객관적인 오류에 대한 정정 신청)
- 실효성을 위하여 기습적인 효과를 요구하는 판사의 명령을 집행하는 경우(예를 들어 불륜사실 또는 채무자의 동산의 보전에 대한 청구). 마찬가지로, 명령을 이행해야 하는 자가 부재하는 경우 사전단계가 진행된다. ; 그러나 필요한 경우 이 단계 이후의 절차에는 대심의 원칙이 적용된다(예를 들어 보전압류를 대상으로 할 때 당사자가 채무자의 자격을 다투는 경우를 들 수 있다).

상대방 부재의 비송절차는 역시 대심의 원칙의 적용을 받지 않는다. 예를 들어 부부재산제의 변경에 대한 재판상 승인의 경우가 그러하다. 부부의 일방이 미성년 자녀에 대하여 보전조치를 하는 경우 어떠한 이의신청이 없더라도 부부재산계약의 변경을 할 때에는 사전에 법관의 허가를 받아야 한다는 의무적인 절차를 유지하도록 하는 2006년 6월23일 법률 제2006-728호, 2016년 2월 10일 법률명령 제2016-131호로 수정된 민법 제1397조 제5항을 참조할 것.

2. 소송의 불변성

예외들로 인하여 매우 상대적인(relative) 성격을 가진다.

■ 개념

소송계속 사건이 소송개시증서(acte introductif d'instance)와 답변서(les conclusions)에 의하여 표시되어 개시되는 경우 더 이상 사건의 구성요소를 수정할 수 없음이 원칙이다. 그리하여 소송의 당사자 또는 당사자 적격(예를 들어 소유자, 점유자, 용익권자 등) 또는 절차의 대상(예를 들어 : 과잉손해(lésion)에 대한 취소를 대체하는 무효 청구)을 더 이상 변경할 수 없다, 새로운 청구는 특히 항소심에서 수리불가능한 것으로 선언된다. 그러나 상고심을 제외하고 법률상 주장과 같은 새로운 공격방어방법은 허용된다.

■ 예외

소송당사자에게 시간과 비용을 절약하게 할 뿐만 아니라 바람직한 재판진행을 위하여, 부가적 청구(예를 들어 최초 원고가 그의 신청, 사건의 진행 중 증가 또는 감소한 손해액을 변경하는 것), 반소청구(피고가 반격을 제기하는 것)와 참가청구(제3자가 제기한 강제적 또는 임의적 참가 : 예를 들어 숨겨진 하자를 보증해야 하는 제품판매자와 추탈[1]에 대한 보증)는 주된 청구와 충분한 관련성을 가지는 조건으로(민사소송법 제70조) 받아들여지고, 본안의 판사가 최종적으로 평가하게 된다.

게다가, 교통사고 사건에서 참가한 자동차 보증에 관한 본안에 대하여는 제1심에서 참가하지 않았더라도 항소심에서 처음으로 참가할 수 있다. 검사가 참가하는 재판상 갱생과 청산 사건에서도 이와 같다(상법 제6권 제661-12조 : 기업의 장애사항).

1) 매매목적물의 취득자에 대하여 매매에 우선하는 법률관계에 기하여 목적물의 전부 또는 일부에 대하여 목적물취득의 권리를 박탈하고, 다만 추탈담보책임을 부담하는 판매인에 대하여 구상권을 행사하는 것.

3. 처분권주의

당사자들은 몇몇 예외를 제외하고 절차의 주인이다.

■ 개념

법원의 재판에서 이유(motifs)를 이끌어내고, 판결의 종지부를 찍고, "이러한 이유로"라는 말에 의하여 선고되는 처분권주의와 소송계속 사건의 지도원리를 혼동해서는 안된다.

a) 절차는 당사자들의 것이다.

처분권주의의 의미는 다음과 같다. 당사자들만 사건의 절차를 개시한다. ; 당사자들만 절차를 이끌고 소송행위를 실행하고, 상소권을 행사한다(민사소송법 제1조, 제2조). 당사자들은 소취하를 할 수 있다. 제재로서의 사건의 말소[2]에 비하면 합의에 의하여 법원의 역할은 후퇴한다. ; 피고가 불출석 하지 않는다면 사건은 계속되어 있고 피고는 원고의 취하에 동의해야 한다(V. 사법(司法)상 계약[3]의 개념). 피고가 상대방의 취하를 거부한다면 피고는 본안에 관하여 판결을 요구할 수 있다. 그럼에도 원고가 취하할 때(민사소송법 제395조), 피고가 본안에 관한 어떤 변호나 소송불수리종결을 주장하지 않는다면 또는 피고의 부동의가 정당한 이유에 근거를 두고 있지 않다면(민사소송법 제396조), 피고의 동의(acceptation)가 필요하지 않고 판사가 완전한 취하를 선언할 수 있다.

법원은 직권으로 재판상 청산과 보호 또는 갱생 계획의 해제를 선고할 수 없고(헌법위원회 2014년 3월 7일 제2013-372호 상법 제626-27조 제2항이 헌법에 위반된다고 선언한 결정), 재판상 갱생 절차를 직권으로 허용할 수도 없다(헌법위원회 2012년 12월 7일 제2012-286호 상법 제631-5조에 대한 결정). 무엇보다도 절차는 당사자들의 것이다.

---

2) radiation d'une affaire 법정의 조건으로 소송당사자가 절차상 해태를 한 경우 제재를 하는 방편으로 사건을 계속사건으로부터 제거하는 효과를 가진다. 여기에 당사자의 누구나가 요구된 기간 내에 소송문서를 작성, 제출하지 않는 경우에 재판관의 직권으로 할 수 있다.

3) 소송중 법원에서 특정의 쟁점에 대하여 당사자간에 체결시킨 일반적인 화해계약 또는 청구포기로 알려진 계약.

b) 당사자들은 절차의 범주를 확정한다

구체적으로 :

- 판사는 청구된 모든 사항에 대하여 판결을 내리되 청구된 사항을 초과하여서는 판결을 내릴 수 없다. 판사는 청구액수보다 적은 액수의 판결(예를 들어 돈을 덜 주는 것을 인정)을 내릴 수 있어도 청구액수보다 더 많은 액수의 판결(예를 들어 더 많은 액수 또는 다른 것을 인정)을 내릴 수 없다.
- 당사자들은 그들의 권리(예를 들어 계약사건)에 대하여 자유로운 처분을 하는 경우 변론에 포함된 법적 성질을 결정(qualification)함에 있어 판사의 판단에 영향을 준다.
- 발생한 소송의 당사자들은 중재계약에 기한 중재인(amiable compositeur)과 같이 항소를 포기하든 아니든 형평성 있는 판정을 선고하기 위하여 법관으로 하여금 법의 엄격한 규정을 회피하도록 판정한 권한을 판사에게 수여할 수 있다. 예를 들어 동산매매 사건에서 과잉손해(lésion)[4]를 이유로 취소를 허용하는 것을 들 수 있다.

■ 예외

판사는 직권으로 부양정기금(pension alimentaire)을 지수와 연동한 방식으로 지급할 수 있다 ; 형법조항에 규정된 금전상 제재의 합계액을 증액 또는 감액(민법 제1231-5조 제2문, 2016년 2월 10일 법률명령 제2016-131호)하는 경우도 그러하다.

판사는 법률상 공격방어방법을 다른 것으로 대체할 수 있다. 계약의 무효에 관하여, 판사는 민법(2016년 2월 10일 법률명령 제2016-131호) 제1137조의 사기 주장을 민법 제1132조의 착오의 주장으로 대체할 수 있다. 판사는 계약책임을

4) 쌍무계약의 당사자에 대하여는 상호의 급부 사이에, 분할의 당사자에 대하여는 각각의 취득분 사이에 불평등으로 입는 손해를 말한다. 프랑스법의 사고방식에 따르면 그 손해는 법률에 의하여 정해진 경우에 일정의 요건에서만 당해 행위를 취소하는 것을 정당화한다. 구체적으로 성년자 사이의 계약에 관하여는 매매계약에 있어 부동산매도인이 가격의 7/12 이상의 손해를 입은 경우, 분할로 하여 1/4 이상의 손해를 입은 경우가 인정되고 있다. 山口俊夫, 前揭書, 331頁.

과실에 기한 불법행위 책임으로 대체할 수 있다. 그러나 대심의 원칙을 고려하여 판사는 결정하기 전에 다시 변론을 허용해야 하고 당사자들에게 그들의 의견을 제출하도록 요청하여야 한다(민사소송법 제16조).

판사는 고의 불법행위를 과실 불법행위로 부여하는 것과 같이 진정한 법적 성질(qualification)로 환원시킬 수 있다, 마찬가지로 계쟁 중의 행위를 위하여서도 할 수 있다. 계약의 법적 성질 결정 또는 재결정 : 판매를 가장증여로 바로잡고, 조합계약을 근로계약으로 새로이 자격을 부여한다.

판사는 새로운 사실상의 공격방어방법을 주도할 수 있다. ; 판사는 당사자에 의하여 절차의 영역에서 포함되었음에도 불구하고 판사가 유용하다고 판단한 모든 증거의 방법을 제출할 것을 명령하도록 할 수 있는 점(민사소송법 제8조, 제143조, 제144조)에서 그간 드러나지 않았던 사실을 강조할 수 있다. 그러나 당사자들이 변론에서 사실의 공격방어방법을 주장하지 않았다면 판사는 이 사실의 공격방어방법을 다른 공격방어방법으로 대체할 수 있다(민사소송법 제7조). ; 그럼에도 절차는 무엇보다도 당사자들의 것으로 남아 있다.

4. 신속성의 원칙

유럽인권협약(Convention européenne des droits de l'homme et des libertés fondamentales)을 비준한 회원국들의 재판기관은 제6조에 따라 합리적인 기간 내에 절차를 처리해야 한다.

■ 개념

스트라스부르에 소재하는 유럽 인권재판소에 가장 자주 제기되는 사유이다.

현저한 지연은 재판의 신뢰성과 효율성에 좋지 않은 평판을 미친다.

결과채무와 관계된 문제이다 : 예를 들어 회원국은 불충분한 법원의 예산으로 인한 사법기관의 인적, 물적 수단의 미비점을 주장할 수 없다.

기간의 기산점은 민사사건에서 소환장, 형사사건에서 조사(information) 또는 직접소환과 같이 원칙적으로 국가 사법절차의 개시시점이다.

만료점은 소송을 확정적으로 마감하는 재판이다.

■ 평가의 기준

주로 3가지 기준이 기간의 합리적 성격을 평가할 수 있게 한다. ;

- 사건의 복잡성(사실적·법률적 성격 ; 소송사건에서 당사자의 수 ; 증거의 수집의 곤란 ; 국제소송의 측면 등)
- 신청인의 태도(재판의 흐름을 늦추는 목적을 가진 지연절차)
- 권한있는 당국의 태도(국가에 책임을 돌릴 수 있는 지연의 확정)

사법계열(ordre judiciaire) 재판기관에서 재판의 기능장애를 이유로 한 국가의 책임에 관한 프랑스 법원조직법 제141-1조는 합리적인 기간을 초과한 경우 배상청구만을 허용한다.

행정소송에서 Magiera 판결(국사원 2002년 6월 28일 제25.9575호) 이후 같은 해법이 우세하다.

5. 탄핵주의(principe accusatoire)[5]

이 원칙은 당사자에게 절차의 촉진에 관한 주체성을 부여한다. 그러나 전통적으로 탄핵주의적 모습(판사는 중립적 자세 견지)에도 불구하고 비록 판사가 오래전부터 직권으로 증거조사를 명한다고 하더라도 현대의 민사절차는 직권주의적(절차의 지휘에 있어 판사의 권한 증가) 모습을 가지고 있다.

5) 구두·공개·대심방식으로 진행하는 원칙. 소송은 원칙적으로 당사자 자신의 탄핵(형사소송의 경우 고발)에 따라 개시되거나 절차의 진행 또는 종료에 관하여도 당사자에게 처분권한이 있는 것으로 하는 소송절차의 성격 또는 원리. 자주 처분권주의와 같은 뜻으로 사용된다.

1935년에 절차를 진행하는 임무를 가진 판사상을 만들었고 1965년에 절차를 감독하고 절차의 속도를 정하는 준비절차정리법관(juge mise en état)과 보고법관(juge rapporteur)[6]이 나오게 되었다. 이 탄핵주의는 준비절차정리법관이라는 새로운 존재로 인하여 상대적으로 퇴조하였다. 대심법원장에 의하여 임명된 이 민사판사는 사건을 이 법원의 판결에 의하여 판단될 수 있는 상태에 있게 한다. 연속적인 개혁(2005년 12월 28일 제2005-1678호)으로 사전절차 법관의 권한(pouvoirs)과 항소심에서 항소심준비절차정리법관(le conseiller de la mise en état)의 승인 권한을 계속 강화해 나갔다.

■ 준비절차정리법관은 사전절차를 진행

제2005-1678호 시행령은 많은 재판기관에서의 비공식적인 사건에서 절차의 진행일정에 명령(réglementaire)의 성질을 가지는 근간을 마련한다(제10장 참조).

a) 절차에 관한 계약이 아닌 사항

대심법원의 준비절차정리 법관은 사전절차의 합리적인 진행, 특히 증거서류의 전달기간을 확정함에 있어서 신속하게 진행하는 것 등을 감독한다. ; 그는 변호사에게 법원이 본안에 관하여 판단을 내리는 상태에 이를 수 있도록 결론을 이끌어 낼 것을 명령한다. ; 그는 강제적으로 당사자 또는 제3자가 소지한 서류의 제출을 명한다.

종결된 사전절차를 판단하는 경우, 준비절차정리법관은 사전절차의 종결을 명하여 그 이후에 증거서류와 서면의 전달을 모두 금지시킨다. 이는 매우 효과적인 수단으로 평가받는다. 그러나 소송서류를 소지하고 있는 준비절차정리법관은 본안에 관한 판결까지 그가 명령하였던 임시조치를 변경하는 권한을 가진다.

6) 상사재판소에서 복잡한 사건에 관하여 보고서를 작성하고, 판결법정에 제출하는 외에 당사자를 심문하고 당사자의 화해에 노력하거나 본안을 저해하지 않으면서 필요한 조치를 한다. 보고법관의 주된 역할은 사건을 판결할 수 있는 상태에 이르도록 하는 것이다. 대심법원의 준비절차정리법관의 역할과 유사하다.

b) 절차에 관한 계약(민사소송법 제764조)

시행령 제2005-1678호는 특히 기간에 관하여 보다 많은 재량을 가지는 대심법원, 항소법원에서 절차의 "준비"에 관한 진행에 관련되어 있다. 사실, 준비절차정리법관은 변호사의 동의를 받은 후에 예측할 수 있는 서면 교환의 횟수와 일자, 사전절차종결의 일자, 구두변론의 종결일, 제450조의 1문과 2문에 따른 판결의 선고를 연기하는 재판장의 결정의 예외가 되는 결정의 선고일자를 포함하는 준비일정을 확정할 수 있다. 추가하여 말하면, 준비절차의 일정에 확정된 기간은 중대한 이유가 있는 경우에만 연장될 수 있고 정당화될 수 있다. 일방의 변호사가 부여된 기간에 소송행위를 수행하지 않았다면, 판사는 직권으로 또는 상대방에 대한 청구로 사전절차의 종결을 명령한다. 왜냐하면 준비절차정리법관의 명령은 이의신청이 받아들여지기 쉽지 않고, 그 명령은 본안에 관하여 선고되는 판결에 대한 항소 또는 상고로만 다툴 수 있기 때문이다. 절차에 있어서 당사자들은 그들의 변호사와 법원과 함께 다른 약정과 마찬가지로 구속력이 있는 것으로서 실질적인 절차에 관한 계약(contrat de procédure)을 작성할 수 있다. 이 계약은 준수되어야 한다(민법 제1103조 2016년 2월 10일 법률명령 제2016-131호). 그 목적은 사법상 기간, 즉 판결의 기간을 줄이는 것이다. 판사는 소송의 성질에 따라 사건의 속도를 조절한다.

결국 절차에 관한 계약이건 아니건, 준비절차정리법관은 구두변론 이전에 기일에서 구두로 사건에 관한 보고서를 제출한다. 그는 청구의 대상과 당사자의 공격방어방법을 요약하고, 소송에서 제기된 사실적·법률적 쟁점을 정확하게 하고, 변론을 명확히 하는데 적절한 요소들을 기재한다. 그에 상응하는 요소들로서 소송기록의 기술적 측면에 집중하는 것을 선호하는 변호사들은 그들의 구두변론에서 모든 요소를 언급할 필요는 없다. 이렇게 하는 것이 시간적으로나 질적으로나 법원을 비롯해서 모두에게 도움이 된다.

■ 준비절차정리법관은 재판기능을 가짐

그의 직무는 다음과 같다 ;

- 사건이 관련성에 의하여 연계되었던 아니던 간에 같은 당사자 사이의 사건

의 병합(한꺼번에 재판하기 위하여 모으는 것)과 분리(별도로 재판하기 위하여 나누는 것)를 할 수 있다.

- 법원의 사건부(rôle)로부터 사건을 떼어내는 소송당사자들에게 임의로 소취하 행위(아무것도 재판할 것이 없음)를 허용한다.
- 재산의 기탁과 같은 임시조치, 감정, 증언의 청취와 같은 증인신문 등을 명한다.

이러한 명령은 그러한 명령이 관할, 사건계속, 또는 관련성(connexité)[7]을 판결하는 경우에 이의로서 다투어질 수 있다.

준비절차정리법관은 다음의 사항을 할 수 있다.

- 특히 당사자에게 출석명령을 한 이후 당사자들을 심문함
- 당사자들을 화해시킴(화해를 시도한 조서)
- 두 소송당사자가 부여된 기간에 판사가 명령한 주의의무를 이행하지 않는 경우 사건부에서 말소하는 행위

시행령 제2005-1678호는 (당사자들이) 본안에 관한 기록에 접근할 수 있기 전에 당사자로 하여금 특별한 변론기일 내에서 준비절차정리법관이 결론을 내려 사건을 종결하도록 하는 절차의 항변과 부대사항[8]을 그 판사에게 제출할 의무를 부담시킨다. ; 그러한 결정은 기판력을 가지고 예외적으로 단기간의 절차(민사소송법 제905조)에 따라서 즉시 항소를 할 수 있다(민사소송법 제776조 제1문부터 제4문까지). 그래서 이 판사는 법원이 권리의 본안에 대하여만 판단하도록 기일에 사건을 회부하기 전에 부대사항에 관련된 절차를 정리한다.

준비절차정리법관의 명령은 주된 본안(principal)과 관계가 없고 이의신청(opposition)할 수 없다. 그 명령(ordonnance)은 원칙적으로 즉시 항소의 대상이 될 수 없다 ; 또한 상소의 방법으로 이익을 취소할 수 있다는 점에서 그 명령은 본안에 관한 판결과 함께 항소 또는 상고로만 다투어질 수 있다. 그러나 즉시 항

7) 개별의 사건, 청구가 있으나 병합하여 심리, 판결하는 것이 적절한 경우에 관한 것임.
8) 소송계속 중에 발생하여 소송에 영향을 미칠 가능성이 있는 우발사항.

소(appel immédiat)는 다음의 경우에 될 수 있다.

- 상급법원(항소심법원)의 3인의 법관(conseiller)에 의한 사건의 심리를 허가할 수 있는 항소법원장의 허가에 따른 감정(expertise)[9]사건(준비절차정리법관이 감정을 명령하였고, 그가 감정을 거부하지 않았음을 요건으로 함)
- 판결이 연기된 사건(행정재판기관에 의한 규정으로 적법성을 평가(appréciation) 혹은 형사사건에 위증이 있을 경우를 들 수 있음)
- 이혼 또는 별거 사건에서 명령된 임시조치를 위한 경우
- 준비절차정리법관의 명령이 사건을 종결하거나 종결의 효과를 가지게 되는 경우(민사소송법 제384조, 제385조 - 그러나 소송불수리 사유는 해당되지 아니함) 또는 그 명령이 권리의 소멸을 확인하는 경우
- 그 명령이 절차상의 항변에 관하여 선고하는 경우
- 채무의 존재가 중대하게 의심의 여지가 없는 때 채권자에게 부여될 수 있는 선급금(provision)을 다루는 경우(청구의 합계액이 명백히 최후 관할에서 4천 유로 이상인 경우)

주석 : 준비절차정리법관이 선고한 판결 이외에도 법원은 준비절차에서 사건부(rôle)에 영향을 준다. 법원이 준비절차가 불충분하다고 판단하면 다음을 할 수 있다.

- 사전절차종결명령의 연기
- 증거조사의 명령
- 사실적, 법률적 설명을 제공하기 위한 당사자 소환
- 당사자들이 기일에 변론을 허용하기 위하여 필요한 주의의무를 하지 않았다면 사건의 말소(radiation)[10]를 선고

9) 감정인의 감정. 판사 또는 법원에 의하여 명령되는 처분으로서 사안을 명확히 하여 판결을 용이하도록 하기 위하여 자격 있는 기술자(전문가)에게 조사의 임무를 부여하는 것.

10) 법정의 사건에서 소송당사자의 해태를 제재하는 것으로 사건을 계속 중인 사건에서 제거하는 효과를 가진다. 당사자 누구든지 요구된 기간 내에 소송문서를 작성, 제출하지 않은 경우에 법관의 직권으로 내려진다.

CHAPTER 10 대심법원에서 소송사건과 대심주의 절차

여기서 다음의 사항은 배제한다. ;

- 비송사건 : 상대방의 부재
- 결석절차 : 소송계속 중에 출석하지 않거나 대리되지 않은 피고는 당사자에 대한 소환장의 대상이 되지 않는다.

소송 사건과 대심주의 절차의 진행은 3단계로 이루어진다. : 심급(instance)[1]의 개시, 사전절차, 판결의 기초가 되는 기일.

대심법원의 구성, 사물관할과 토지관할에 관하여는 "법원조직법의 기초"를 참조(J.-P Branlard, collection Les Carrés, Gualino Éditeur). 마찬가지로 법원조직법 제211-1조 이하 및 특히 2007년 12월 20일 제2007-1787호, 2009년 5월 12일 제2009-526호, 2010년 7월 9일 제2010-769호, 2011년 1월 25일 제2011-94호, 2011년 12월 13일 제2011-1862호의 법률, 2014년 3월 17일 제2014-344호의 법률(대심법원이 그룹소송의 재판권을 보유한다)에 의하여 변경된 2006년 6월 8일 제2006-673호의 혼합 법률명령 참조.

1) 법원에 있어서는 소송절차(심급) - 소송 각각의 단계에 관한 것. 상태에 관하여는 소송계속이라고 번역할 수 있음. 山口俊夫, 前揭書, 295頁.

1. 심급의 발생

상대방 및 법원에게 절차의 착수를 알려야 한다.

■ 소송절차의 개시

민사소송법 제54조(혼합 시행령 제2005-1678호)는 일반적인 방법으로 다음과 같이 규정한다. 대단이 드물지만 당사자가 자발적으로 출석하는 경우를 제외하고 주된 청구가 소환장에 의하거나 재판기관의 사무과에 공동신청서(requête conjointe), 신청(requête)이나 신고서(déclaration)를 제출함으로써 이루어진다. 이 소송개시행위는 각각의 재판기관에 특별한 규정에 따른 사례와 조건에서만 허용된다. 정확히 말하면, 대심법원에서의 청구는 비송사건에서의 신청에 의하여, 소송사건에서의 공동신청서(requête conjointe) 또는 소환장(assignation)에 의하여만 개시될 수 있다. 이 경우에 두 가지 형태의 제소방법이 있다.

a) 공동신청서

상대방들은 소송을 하기 위해 협력하여 법원에 서면을 제출한다. 신청은 청구를 한 재판기관, 당사자, 변호사(의무적 대리), 각각 신청(prétention)과 주장, 대립하는 쟁점, 증명에 사용되는 서류를 특정한다. 신청(requête)에 일자와 서명이 기입된다. 이 신청은 준비서면에 상응한다. 법원서기에게 한 공탁은 제출된 소환장의 효과를 가져온다.

b) 집행관의 소환장(assignation d'huissier)

연기 영장으로 불리는 소환장에 의하여, 원고는 피고를 소환하여 출석하도록 한다(민사소송법 제654조의 규정에 따름). 그 형식과 내용은 엄격하게 규제되고 이를 어길 경우 무효의 제재를 받게 된다. 변호사에 의하여 서명된 소환장(변호사를 선임하면 원고의 주소지를 선정하는 것과 같음)은 다음과 같이 집행관 증서에 정해진 기재사항(증서로 집행관의 신원과 주소 및 원고와 피고의 신원과 주소)을 드러낸다. 그러한 기재사항이 없는 경우 무효의 제재를 받는다.

- 청구를 받은 재판기관의 표시란(원고가 고려한 관할권 있는 법원)

- 사실상, 법률상 공격방어방법에 관한 설명이 첨부된 청구의 대상

- 재판기관에 출석한 양태에 대한 표시란과 피고가 출석하지 않은 과책(faute)으로 인한 경우 판결은 상대방이 제공한 요소들만으로 피고에게 내려졌다는 점이 드러난 상세한 사항. 변호사를 선임(긴급한 경우, 대심법원장은 기간을 단축시켜 확정된 날에 소환되도록 허가한다)하기 위하여 피고에게 남겨진 출석의 기간(최소한 15일). 피고가 변호사를 선임할 경우, 선임증서는 법정내 송달로 원고의 변호사에게 송달될 것이다. 그리고 나서 법원서기에게 제출되거나 원격절차에서 전자적 방법으로 송부된다.

- 필요한 경우, 부동산 등기부의 색인(fichier immobilier)을 게시하는 데 필요한 부동산의 특정(désignation)에 관계된 기재사항

게다가 소환장은 청구가 근거하고 있는 증거서류의 표시란을 포함한다. 이 증거서류는 소환장에 첨부된 명세서에 열거되어 있다.

결국 2015년 3월 11일 제2015-282호 시행령에서 크게 바뀐 점은, 긴급성 또는 검토된 사건에 관한 정당한 이유에 대한 증명을 제외하고, 특별히 소환장이 공공질서와 관련되어 있을 때 소환장은 소송의 합의에 따른 해결에 이르도록 착수된 주의사항을 명확하게 한다는 점이다(민사소송법 제56조).

주석 : 2012년 5월 30일 시행령 제2012-783호 제13조는 전자적 수단으로 증서를 송달하기 위해 집행관은 보증서를 제출하여야 한다. ; 이 규정들은 명령(arrêté)에 따른다.

소환장은 다음과 같다.

- 소송당사자들 사이에 소송계속 중인 사법상 관계를 창설하고

- 소권의 소멸 시효기간을 중단하고

- 부지체(mise en demeure)[2]의 효과를 발생시키고

2) 채권자가 채무자에게 의무의 이행을 요구하는 행위. 채무자가 의무를 이행하지 않는 경우에 강제집행에 들어가기 위한 처음 단계로 채권자가 채무자에게 원래의 의무를 이행할 것을 요구하

- 피고가 더 이상 그의 과실(fruit)을 수취하지 못하도록 하고
- 원고를 위한 준비서면에 상응하게 된다. 소환장은 원고의 소인(cause)과 청구의 대상, 사실적·법률적 공격방어방법의 설명, 증거에 사용되는 서류를 명확하게 한다.

■ 법원에 제소

두 가지 국면이 있다.

a) 사건의 제출(placer)

사건은 심리개시청구(réquisition d'audience) 또는 심리청구서(placet)[3]의 방법으로 법원서기에게 제출된다. 참여절차의 약정 기간의 종료 전에 체결되지 않는 한 (공동신청이 아닌) 통상적인 소환장은 4개월 이내에 제출되며(긴급한 경우에 확정일에 소환됨. 민사소송법 제788조부터 제792조까지 참조), 그렇지 않은 경우 무효의 제재를 받게 된다. 이 경우 4개월의 기간은 약정된 절차의 종료시까지 연장된다(2015년 3월 11일 시행령 제2015-282호).

b) 사건의 등재(enrôler)

제출된 경우, 사건은 재판기관의 등록부에 등록되는데 이를 enrôlée 된다고 한다. 법원서기는 법관에게 보내질 소송기록을 공개하고 변호사(대심법원에서는 의무적 선임)는 그 기록에 그들의 증거서류를 순차로 첨부할 것이다. 그리고 나서 사건을 송부받은 법원장 또는 재판장(président de chambre)[4]은 당사자들의 변호사와 협의하기 위하여 기일의 일자를 확정한다. 사실상 판사는 출석한 변호사와 소송의 단계(혹은 상태)에 대한 협의를 한다.

는 독촉. 한국법제연구원, 프랑스 법령용어집, 526면.

3) 법원서기에게 제출되거나 원격절차에서 전자적 방법으로 송부됨.

4) 하급 재판기관에서는 부원장급 판사, 항소법원급 재판기관에서는 부장판사가 이 역할을 함.

2. 사전절차(instruction)

사전절차는 대심법원장(또는 재판부 판사)의 회합(conférence)에 따라 시작한다. 그 목표는 따라야 하는 순환을 확정하는 것이다.

■ 단기순환(le circuit court)

변호사는 절차의 상태에 대하여 알린다. 어떤 단계에서 증거와 서면 등이 교환되는가? 모든 형식적 기재사항(formalité)이 기재되었고, 사건이 단순하고 어떤 증거조사(mesure d'instruction)도 필요하지 않다면 재판장은 사전절차종결 명령을 내리고 사건이 본안에서 다투어지고 판단되는 기일을 정한다. 그렇지 않으면 재판장은 변호사의 설명에 따라 교환된 서면과 전달된 증거서류를 검토하여 본안에서 판단할 준비가 된 것으로 보이는 사건을 기일에 회부한다(민사소송법 제760조).

변형 : 마찬가지로 재판장은 서면이 최종적으로 교환되었거나 충분한 증거서류가 최종적으로 전달되었다고 평가한다면 재판장은 새로이 확정된 날짜에 사건의 마지막 회합을 위하여 변호사로 하여금 재판에 출석하는 것을 결정할 수 있다(민사소송법 제761조).

사건이 준비절차정리법관에 회부되지 않으면, 사건이 제기된 대심법원만이 절차상 항변과 소송계속을 종료시키는 부대사항을 판단할 권한이 있게 된다. 그럼에도 불구하고 만에 하나, 당사자들이 준비절차정리법관에게 제기한다면 그는 판단권한이 없다고 선언해야 한다.

재판장이 기일에 회부하지 않은 모든 사건은 재판되어야 하는 상태에 있다. 이것이 장기순환이다.

■ 장기순환(le circuit long)

사건이 복잡하여 재판된 것으로 보이지 않으면, 재판장은 소송기록을 법원 소재지의 법관 중 하나에게 송부한다. 이는 준비절차정리법관에게 얼마나 조사권능을 부여하느냐에 관한 문제이다(제9장 : 소송계속 사건의 지도원리, 특히, 탄핵주의). 이 예심판사는 소송의 해결(règlement) 촉진을 검토하도록 마지막 회합에 항상 사건을 회부할 수 있다(민사소송법 제764조 제6항 시행령 제2005-1678호).

준비절차정리법관은 :

- 소송계속 사건의 진행 속도를 조절하고, 절차의 조정과 촉진을 하고, 재판작용의 수행을 위한 법정기간(불변기간 délais légaux)과 상반되는 재판상 기간(재정기간 délais judiciaires)을 확정함으로써 그는 변호사의 합의(V. 사법계약 contrat judiciaire) 이후 절차의 일정도 확정할 수 있다. 이 일정은 침해되어서는 아니되고 확정된 기간은 중대한 이유가 있고 이것이 적법하게 증명된 경우에만 연기될 수 있다(시행령 제2005-1678호에 따른 민사소송법 제764조).
- 그는 변호사(서면제출의무, 판사에 대한 출석의무), 당사자(증거서류의 강제적 제출), 제3자(각자는 진실을 밝히도록 법원에 협조할 의무가 있다 : 민사소송법 제10조)에게 법관의 명령(injonction)[5]을 발령한다.
- 그는 직권 또는 당사자의 청구에 의하여, 모든 증거조사(사실확인, 자문, 감정, 현장검증...)와 그 이행에 대한 감독 : 이는 1998년 12월 28일의 시행령 제98-1231호에 의하여 창설된 감정의 감독업무를 맡은 판사의 개입을 배제하지 않는다. : 재판기관의 장은 바람직한 재판행정을 위하여 특별히 전문기술자에게 위탁한 증거조사의 이행을 감독하는 판사를 지명한다(민사소송법 제155-1조).
- 그는 신청된 임시 및 보전조치에 관하여 정당한 명령(ordonnace)에 의하여 선고한다.
- 그는 그에게 제기하는 절차항변과 소송계속을 종결하는 부대사항에 관하여 판결한다(제기하지 않으면 소송불수리의 제재를 받게 된다). 다만 그러한 사항들이 사후에 발생하거나 추후 관할권 상실로 밝혀진 경우는 그러하지

5) injonction을 법관이 당사자, 변호사, 법원 공무원에 대하여 또는 법정경찰권에 기하여 명령을 내리는 것을 의미함. 단독 판사에 의하여 발령되는 명령인 ordonnance와 구별됨. 山口俊夫, 前揭書, 291, 403頁.

아니하다(민사소송법 제771조, 2012년 1월 20일의 시행령 제2012-66호로 수정된 시행령 제2005-1678호 분) ; 재판이 절차항변의 제도 하에 그러한 사항들을 구속하는 범위에서 선고연기 청구도 준비절차정리법관의 권한에 속하는 것으로 보인다.

- 그는 당사자들을 화해시킬 목적으로 당사자들의 대심의 원칙에 따른 출석을 결정한다. 그는 증인신문으로 불리는 절차 중에 증인의 진술을 청취한다.
- 변호사들이 동의하면, 그는 구두변론 중에 그들을 심문할 수 있고 합의부의 구성원에게 그에 대하여 보고한다(기일에서 시간의 절약).
- 그는 소송비용에 대해서 뿐만 아니라(2100년 3월15일의 시행령 제2011-272호 시행령에 의하여 개정된 민사소송법 제696조) 민사소송법 제700조 소송비용에 들어가지 않는 변호사 선임료(honoraires)가 대상인, 소송비용 아닌 비용의 적용에 대한 청구에 관하여 판결한다. ;
- 그는 사전절차의 상태가 종결을 허용할 정도가 되면 곧바로 사전절차의 종결을 선언하고 만약 그가 회부에 관한 위임을 받았다면, 재판장이나 법원에 의하여 확정된 일자에 다툴 수 있도록 법원에 사건을 회부한다. 특히 이러한 종결은 직권 또는 상대방 당사자의 청구에 따라 확정된 기간 내에 소송행위를 수행하지 않는 당사자 일방에 대하여 개입할 수 있다(민사소송법 제780조). 종결에 있어서 추후에 중대한 이유가 있고 그것이 적법하게 증명된 경우 당사자에 의하여 제출된 청구 또는 새로운 공격방법에 반박하기 위한 취소권(faculté de rétractation)이 있는 경우는 그러하지 아니하다.
- 시간을 절약하기 위하여 시행령 제2005-1678호는 실무를 다음과 같이 공식화하였다. 재판장 또는 준비절차정리법관이 이러한 목적으로 위임을 받았다면 그 판사가 보기에 사건에 구두변론(plaidoirie)이 필요하지 않은 것처럼 보이는 때에 그 판사는 변호사의 청구와 필요한 경우 검사(ministère public)와의 합의 후에 그 판사가 정한 날에 법원 재판부의 법원서기에게 소송기록의 위탁을 명할 수 있다.
- 변호사의 대기비용이 대부분 거의 유용하지 않은 형식적 시간으로만 알려진 절차의 경우, 사건은 일반적으로 소송기록에 근거하여서만 판단된다.

- 준비절차정리법관은 본안변론(débats) 또는 변호사의 소송기록 위탁을 위한 확정일까지 사건을 맡게 된다.

결국 사건은 지정된 일자에 본안에 관한 판단을 받게 된다. 기일의 구두변론 전에 준비절차정리법관은 사건에 대하여 구두보고를 한다. 이 보고는 청구의 대상과 당사자의 공격방어방법을 설명한다. 준비절차정리법관은 소송에서 제기된 사실적, 법률적 쟁점을 정확하게 하고, 심리를 분명하게 하도록 적절한 내용을 기재하지만 작성자인 준비절차정리법관의 의견을 드러내지는 않는다.

3. 기일

목적 : 대심적 변론 이후의 판결

■ 본안변론(Les débats oraux)

본안변론은 합의부인 3명의 판사 앞에서 진행된다. 그러나 법은 대심법원에서 단독판사에게도 판결할 수 있도록 하였다(민사소송법 제801조 등). 그럼에도 예외상황(예를 들어, 교통사고)을 제외하고, 단독판사 또는 당사자 중 일방은 합의부에 반송을 요구할 수 있다.

본안변론의 허용, 법원의 구성(참여 법관)에는 변함이 없어야 하며 그렇지 않은 경우 무효의 제재를 받는다.

기일의 재판장은 원칙적으로 공개되어야 하는 본안변론을 지휘한다. 재판장이 결정하거나 모든 당사자들이 그 점에 대하여 합의한다면 사건은 비공개 평의부에서 판단될 수 있다. 방청금지의 경우 일반인과 언론을 배제한다.

필요한 경우 준비절차정리법관은 이러한 점을 명확히 하기 위하여 당해 합의부에 보고서를 제출한다. 당사자들이 이미 준비절차정리법관 단계에서 다툰 경우를 제외하면, 변호사들이 발언을 할 수 있다. 우선 원고의 변호사가 다음으로는 피고의 변호사가 하게 된다. 필요한 경우 검사(parquet), 주요 당사자는 아닌 공동당사자의 구두청구가 뒤따른다.

결국 기일의 재판장은 본안변론의 종결을 선고한다. 당사자들은 더 이상 덧붙일 수 없다. 다만 변호사들이 판사에게 보충적으로 작성한 서면에 대한 설명을 송부함으로써 "합의 중 의견개진(notes en délibéré)"이라고 하는 실무절차에서는 그러지 아니하다. 필요하다면, 법원은 본안변론의 재개를 명하고, 의무적 대심원칙에 따른 새로운 종결이 이어진다.

■ 판결(jugement)

단순한 사건에 대하여 재판부는 그 자리에서 합의하여 즉석판결을 내린다.

복잡한 사건에 대하여 기일의 재판장은 합의 중인 사건(affaire mise en délibéré)으로 선언하고 그가 추후 지정한 일자에 판결선고 하도록 회부한다. 그럼에도 그는 본안변론의 종료시에 판결이 재판기관의 법원서기에게 위탁시켜(par sa mise à disposition) 지정된 일자에 선고될 수 있음을 당사자에게 통지할 수 있다. 만약 재판장이 추후 일자에 판결의 선고를 회부하도록 결정한다면, 재판장은 모든 방법을 통하여 당사자에게 그러한 사실을 알려야 한다. 이러한 재판장의 의견(avis)에 결정이 내려지는 새로운 일자 뿐 만 아니라 연기의 이유를 포함한다.

일반적으로, 판결의 선고는 공개적인 판결주문만의 낭독으로 요약된다. 너무 길기 때문에 판결주문을 증명하는 이유를 읽지는 않는다. 이는 예를 들어 "Y씨가 Z여사에게 X유로를 반환하라"라는 말로서 해결책을 제시한다.

그가 항소를 하던 하지 않던 간에 내려진 판결은 초심과 종심에서 사용된다.

판결이 증서조사 또는 임시조치에 기하여 선고된 경우, 이는 중간판결(jugement avant dire droit)로 불린다. 판결이 권리의 본안에 대하여 판단하였다면 이는 본안에 관한 판결(jugement sur le fond)이다. 만약 판결이 본안에 관한 사항과 중간판결에 관한 사항을 동시에 판단하였다면 이는 혼합판결(jugement mixte)로 불린다. 예를 들어 어떤 사람이 사고에 대하여 책임이 있다고 인정되지만(본안 판단의 점) 피해자의 피해를 정확히 평가하기 위하여 필요한 모든 요소를 가지고 있지 않은 법원은 전문가를 선임한다(중간판결에 대한 부분).

대심법원의 판결은 역시 다음과 같은 성질을 가진다.

- 이미 존재하는 상황에 대한 선언. 예를 들어, 자연적인 부자관계의 선언(déclaration), 도산절차(procédure collective)의 허용에 관한 판결에 있어 정지기간(période suspecte)[6]에 관한 선언을 들 수 있다. 또는 새로운 상태에 대한 형성. 예를 들어 이혼의 선고, 재판상 갱생 또는 청산 허가를 들 수 있다.
- 대심주의는 변호사가 소송계속 사건에서 피고를 대리한다. 대심주의로 간주되는 절차에서는 당사자가 소환되었음에도 피고가 변호사에 의하여 대리되지 않는다. 결석재판에서는 소환되지 않고 변호사의 대리도 받지 않는다.

선고 이후에 본안에 관한 판결은 기판력을 가진다(원칙적으로 상대적 효력, 민법 제1355조 2016년 2월 10일 법률명령 제2016-131호).

연기적 효력(항소와 결석판결에 대한 이의신청)에 대한 다른 쟁송방법이 더 이상 가능한 것으로 밝혀지지 않은 경우 그 판결은 판결사항의 확정력(force de chose jugée)[7]을 취득한다. 결국 프랑스법에서 더 이상 쟁송방법(상고, 제3자 이의의 소[8], 재심)이 존재하지 않는 경우 이 판결은 취소될 수 없게 된다.

확정된 법원의 재판을 획득하였다고 하여 종국적으로 분쟁이 종결되는 것은 아니다. 필요하다면 승소자는 결국 재판상으로 인정되고 알려져 있는 것을 얻기 위하여 집행수단(다양한 압류 등)에 도움을 청해야만 한다. 법원의 결정에 대한 강제집행은 집행수단의 새로운 표시로서 민사집행절차라는 제목 아래 특수한 교육과 직무(ouvrage)에 속하는 영역이다. 민사소송이 소송에 관한 종국적인 판단을 내리는 것을 목적으로 하고 그 판단 가운데 법률문제에 관하여 판시하는

6) 기업의 지급정지일 이후의 기간. 지급정지부터 재판상 갱생절차 또는 청산절차 개시까지의 기간. 이 기간에 채무자에 의하여 행하여진 행위는 사해행위로 의심되어 취소되는 경우도 있다. 山口俊夫, 前掲書, 427頁.

7) 집행정지가 허용되지 않은 판결의 효력을 말한다.

8) tierce opposition 소송절차에 있어 당사자도 아니고 대리도 되어있지 않았던 사람에게 인정되고 있는 특별한 불복신청방법이다. 원판결의 취소 또는 변경을 구하는 것을 목적으로 한다. 이런 제3자가 자기의 이익을 침해하고 있다고 하며 비난하는 쟁점에 대하여 새롭게 재판시켜 또는 이러한 쟁점에 관하여 당해판결이 자신에게는 대항할 수 없는 것을 선언시키도록 하는 것이다. 법률에 따라 별도의 규정이 없는 한 판결로부터 30년간 주된 소로서 제기하는 것이 인정되고 있다. 山口俊夫, 前掲書, 593頁

반면, 민사집행절차는 판사에 의하여 판시된 사실문제에서(dans les faits) 법률문제를 받아들이게 하도록 사후에(en aval) 개입한다. 민사절차는 법을 선언하는 권능(*juristicto*)의 범주에 속한다. 집행의 법률문제는 사법실시의 지휘권(*imperium*)의 범주에 속한다 - 그러므로 제한된 지면으로 인하여 이 저서에서는 다루지 아니한다. 법문언은 2011년 12월 19일의 제2011-1895호 법률명령에 의하여 성문화되었고 2012년 5월 20일의 제2012-783호의 시행령에서 민사집행절차에 관련된 규칙(réglementaire) 문구를 성문법으로 명문화시켰다는 점을 언급하고 있다. 2012년 6월 1일 민사집행법이 도입되어 시행되고 있다.

보론 소액채권의 추심(recouvrement)에 대한 간이절차

대상 : 다른 절차에 의하지 않고 변제의 합계액과 방법에 관하여 채권자와 채무자의 동의를 받은 집행관에게 집행권원을 인도하도록 허가할 것.

민사집행법은 2016년 2월 10일 제2015-131호 법률명령 이후부터 소액채권의 추심에 대한 간이절차를 받아들이고 있다. 계약상 원인이 있는 채권의 또는 규정의 성격에 따라 2016년 3월 9일의 제2016-285호 시행령에 의하여 확정된 금액 이하의 채무를 발생시키는 채권의 변제를 목적으로 채권자의 요구에 따라 집행관에 의하여 실행될 수 있다.

절차는 다음과 같이 시행될 수 있다. : 첫째, 채무자가 주소나 거소를 가지고 있는 항소심 법원의 관할에 있는 집행관에 의할 것. 둘째, 원금과 이자의 채권합계액이 4천 유로를 넘지 않을 것. 셋째, 절차가 이에 참여한 채무자를 이끈 수령의견에 대한 청구와 동봉되어 부쳐진 우편이 집행관에 의하여 발송된 때부터 1개월의 기간 내에 절차가 진행되어야 할 것. 법원의 집행관에 의하여 확인된 채무자의 동의는 시효를 정지시킨다. 넷째, 변제의 합계액과 방법에 관하여 채권자와 채무자의 동의를 받은 법원의 집행관은 다른 형식상 절차에 의하지 않고 집행권원을 인도한다. 절차를 발생시키는 모든 성질의 비용은 채권자가 전적으로 부담한다.

소법원에서의 절차

CHAPTER 11

소법원에서 일반법 절차는 지급명령(injonction de payer) 또는 이행강제(injonction de faire)와 같은 특별 절차와 다르다.

편제상, 소법원의 사물관할과 토지관할은 갈리노 출판사에서 Jean-Paul Branlard가 쓴 "법원조직법의 기초"를 참조. 마찬가지로 2006년 6월 8일 제2006-673호의 혼합 법률명령 및 2009년 5월 12일 제2009-526호 법률과 2011년 12월 13일 제2011-1862호 법률에 의하여 수정된 법원조직법의 제221-1조 이하 참조.

주석 : 2017년 1월 1일에, 다시 번복하는 입법이 되지 않았다면, 근린법원의 민사관할은 소법원의 소관이 되었을 것이다.

1. 일반법 절차

사물관할에 속하는 사건을 재판하기 위하여 우선 소법원에 제소되어야 한다.

■ 소법원에 제소

소법원은 다음에 의하여 사건을 재판한다.

- (드물게) 판사의 면전에 당사자들이 자발적으로 출석
- (드물게) 공동신청의 위탁. 공동신청에서 당사자들은 그들의 신청을 진술한다 : 당사자들이 서로 동의하지 않고 법원의 화해위원에게 그들의 분쟁을 회부하는 경우 그들의 공동신청은 당사자들의 요구에 따라 화해위원에 의하여 법원서기에게 전달될 수도 있다.
- 변론기일의 최소 15일 이전에 피고에게 송달되는 <모든 목적에 관련된>(집행증서) 소환장(화해는 본안에 관한 실체적인 판결의 이전에 시도될 수 있다)에 의한다. 소환장의 사본을 당사자의 일방의 청구에 의하여(à la diligence) 법원서기에게 전달함으로써 판사는 사건을 담당한다. 이 전달은 변론기일로부터 늦어도 8일 전에 이루어져야 한다. 그렇지 않으면 무효의 제재를 받게 된다. 다만 긴급한 경우 판사의 허가에 의하여 출석을 위한 기간, 단축된 소환장의 전달기간은 예외로 한다. 소환장은 소환장 전체에 기재된 사항, 특히 2015년 3월 11일 제2015-282호 시행령에 의한 새로운 사항을 포함하여야 하며 그렇지 않은 경우 무효의 제재를 받는다. ; 소환장은 소송에서 합의에 의한 해결에 이르도록 시도함에 있어 주의사항을 명확히 한다. 다만 특히 공공질서에 관계된 경우 긴급하거나 검토된 사건과 관련된 정당한 사유가 증명된 경우는 그러하지 아니하다. ;
- 적어도 청구의 합계액이 시실심 종심에서의 금액 4천 유로를 초과하지 않는 경우 구두 또는 서면으로 법원서기에게 한 원고의 일방적인 진술. 이 진술은 청구의 개요에 관한 설명을 포함하여야 하고 그렇지 않은 경우 무효의 제재를 받는다. 원고가 신청에 근거하여 원용하고자 하는 증거서류는 소환장의 사본이 소환에 요구될 사람 수 만큼 위 진술에 첨부된다. 법원서기는 수령증명부 서류우편(우리나라의 등기우편 유사, lettre recommandée avec demande d'avis de réception)으로 피고를 변론기일에 소환한다. 원고는 모든 방법으로 변론기일의 장소, 일시의 통지를 받게 된다. 원고가 관련사항을 전달하는 것에 동의하는 경우 이메일 또는 SMS로도 가능하다(2015년 3월 11일의 제2015-282호 시행령, 민사소송법 제844조). 피고에게 송부된 우편 소환장에는 민사소송법 제847-2조의 규정이 적용되고(예를 들면, 변제기간

의 부여를 요청할 가능성), 진술(확인)서 사본과 거기에 첨부된 증거서류를 별도로 포함한다. 이 우편소환장(convocation)은 소환장(citation, 집행관 또는 법원서기에 의하여 작성되어 소송당사자 또는 증인에게 법원으로 출두를 요청하는 소송행위로서의 소환장)의 기능을 한다.[9)]

- 레페레 사건이 진행되고 있는 심급(instance)의 판사에 의한 명령(ordonnance). 당사자 중 일방의 요청으로 긴급성이 증명된다면 레페레 담당 판사는 본안 판결을 위하여 변론기일의 날짜를 확정하여 변론기일에 사건을 회부할 수 있다. 그 판사는 피고가 그의 변호를 준비하는데 충분한 시간을 가질 수 있도록 감독한다. 명령은 법원의 소송계속 상태를 야기한다(민사소송법 제849-1조).

■ 소법원의 재판(권한) 관할

합계액이 4천 유로를 넘지 않는 특정한 소송에 대하여 (2017년 1월에 사라질) 근린법원의 관할로 되어 있는 것을 조건으로 하여 소법원은 1만 유로까지 대인 및 동산 소권에 대하여 원칙적으로 사물관할을 가진다. 소법원은 역시 1만 유로가 넘지 않는 합계액의 채무의 이행의 원인이 되는 불확정 청구에 대한 관할권을 가진다. 소법원은 7만 5천 유로까지 소비자신용에 관계된 소송절차의 관할권을 가진다. 뿐만 아니라 근린법원에 마련된 합계액 4천 유로 이하의 보증금(dépôt de garantie)의 반환 청구는 예외로 하고 쟁송에 있어 합계액이 얼마이든 간에 주택임대차에 관계된 쟁송에도 관할권을 가진다. 사실심 종심으로서 소법원은 4천 유로까지 재판한다. 초심과 종심에서 항소할 수 없는(sans appel) 이러한 판결은 직접적으로 상고의 대상이 될 수 있다.

2007년 7월 11일 861/2007 유럽 민사소송 규칙(règlement européen)으로 민사(또는 상사) 사건에서 국외(transfrontalier) 소송에 관한 명령을 단순화 시키기 위하여 관할 재판기관에 의한 청구의 합계 수령액이 이자, 비용(frais et débours)을 제외하고 2천 유로를 넘지 않는 경우 소액 사건에 관한 유럽 민사소송에 관한 규칙(procédure européene de règlement des petits litiges)을 제정하였다. 소법원은 민사사

9) 소송당사자에 관하여는 assignation, 증인에 대하여는 convocation이라는 용어가 많이 쓰인다.

건에서 이 규칙을 적용하도록 요청된 청구에 대하여 관할권을 가진다(법원조직법 제221-4-1조, 2011년 12월 13일 법률 제2011-1862호).

그 밖에도, 소법원의 특별 관할은 국사원(Conseil d'Etat)에서 정한 시행령(décret)에 의하여 확정된다. 예를 들면 개인의 과도한 채무의 상황과 종업원의 복직에 관한 절차에 관한 처리를 들 수 있다.

■ 소법원에서 수행하는 업무방식

소법원에서는 대심법원의 준비절차정리법관도 상사법원의 보고법관(juge rapporteur)도 없다. 필요하면 소법원의 단독판사는 그가 다음 변론기일에 고려하게 될 증거조사를 명령한다. 그는 법률 또는 사실상의 쟁점을 설명하고 증거서류의 제출을 명령하도록 당사자들을 호출한다.

변호사에 의한 대리는 강제되지 않는다. ; 그러나 변호사 대리는 가능하다. 당사자들은 홀로 수행할 수도 있고 소송에 관한 위임을 8촌까지 포함한 가족 구성원(부모, 형제, 배우자, 계약상 또는 비계약상 사실상의 배우자) 뿐만 아니라 자영업체 또는 기업에 속한 자에게 줄 수도 있다. 특별한 권한수여를 포함한 서면으로 가능하다. 다만 특별한 권한수여가 면제된 변호사 대리는 예외로 한다. 국가, 도, 시, 공공기관은 공무원 또는 행정대리인에 의하여 대리 또는 보조를 받을 수 있다(민사소송법 제828조).

절차는 간이하고 구두절차로 진행되며 임의적인 화해절차로 시작될 수 있다. 기일에서 화해가 실패하게 되면 사건은 즉시 판단을 받고, 사건이 즉시 판단받을 수 있는 상황이 아니라면 다음 기일에 회부된다. 원칙적으로 상대방에 대한 서면 제출이나 송달이 없다. 당사자들의 신청은 법원의 소송기록(dossier)에 편철되거나 소송기록(procès-verbal)에 기재된다. 그러나 실무상 당사자들은 그들이 사전에 상대방에게 전달하고(대심의 원칙의 측면) 법원에 제출하는 서면에서 자주 그들의 주장(신청) 내용과 공격방어방법을 요약한다. 이러한 송부의 기재는 법원의 소송기록(dossier)의 파일에 편철된다.

2. 지급명령

빠르고 경제적인 이 절차는 금전채권의 회수를 목적으로 하고 있다. 민사소송법은 제1405조에서 제1425조까지 이를 입법하고 있다. 변호사는 의무적으로 선임될 필요는 없다. 집행관 혼자 지급명령을 송달할 수 있을 뿐 판사에게 지급명령 청구를 할 수는 없다. 절차적인 계획에서 두 가지 상황을 구별해야 하지만 두 단계에서 채권자의 역할에 스스로 채무자라고 주장하는 자의 역할이 연결되어 있다.

■ 지급명령에 있어서 두 가지 절차

소송절차분담과 특정한 재판절차의 경감에 관한 2011년 12월 13일 법률(la loi n°2011-1862 du 13 décembre 2011 sur la répartition des contentieux et l'allégement de certaines procédures juridictionnelles) 제2011-1862호는 소법원(상사법원)에서 지급명령의 유럽재판소 절차(소액사건의 규율)의 관할에 관한 사항을 규정한다. ; 한편 이 법률은 대심법원, 소법원 또는 근린법원에서 합계액 4천 유로 및 1만 유로와 관계없이 민사채권의 지급명령에 관한 국내(프랑스권)의 절차에 관한 관할사항을 담당하고 있다.

a) 지급명령의 유럽재판 절차

2006년 12월 12일의 유럽 민사소송 규칙 1896/2006호는 소송절차를 간이화, 신속화하고, 민사·상사 사건에서 다툼의 여지가 없는 금전채권에 관한 국외 소송절차의 비용을 경감시키는 것을 목적으로 하는 지급명령의 유럽절차를 제정하였다.

상사법원의 관할권의 제한을 받는 경우에는 상사법원장(상법 제721-3-1조)과 소법원의 판사는 이 규정을 적용하도록 구성된 청구에 대하여 전속적으로(대심법원과 근린법원의 관할은 배제) 관할권을 가진다(법원조직법 제221-7조, 2011년 12월13일 법률 제2011-1862호에서 제정).

b) 지급명령에 관한 국내절차

예전부터, 지급명령의 모든 절차는 민사채권의 액수가 얼마이건 소법원의 관할로 되어 있었다(구 법원조직법 제221-7조). 2008년 겡샤르 보고서는 다음 사항을 비판하였다. 1만 유로 이상의 신청에 대하여 그리고, 결석재판에 대한 이의신청(opposition)의 경우 대심법원을 위하여 소송의 지연과 복잡화의 원인이 됨을 들어 피고는 소법원의 관할권이 없음을 주장할 수 있다. 그러므로 일반법의 적용으로 소법원은 4천 유로 이상, 1만 유로 이하의 합계액인 민사채권을 위한 관할권을 가지고 대심법원은 소법원의 본래적 관할을 제외하고 1만 유로 이상의 민사채권에 대한 관할권을 가진다(소비자 신용과 임대차 ; 2017년 1월 1일까지 연기된 근린법원은 4천 유로까지 지급명령에 대한 관할권을 가진다).

주석 : 변호사 대리에 의지하여야 하는 대심법원의 관할에 속하는 자에게 더 많은 비용이 드는 절차를 진행하지 않기 위하여, 소법원 또는 상사법원에서 이미 마련된 사례처럼 신청인 또는 신청인들의 대리인(mandataire)에 의하여 신청서가 제출될 수 있도록 규정되어 있다.

■ 채권자의 업무

신청에 의한 명령(ordonnance sur requête)과 같이, 1단계는 대심적 구조는 아니다. 판사는 채무자를 심문하지 않고 선고한다. 그러한 판사의 감독은 다음의 사항에 기초한다.

a) 채권의 발생원인

채권은 다음 네 가지의 근거에서 발생한다. ;

- 계약 원인과 확정된 합계액
- 확정된 금액으로 규약의 성격을 가지는 채무(예를 들어 단체에 대한 출연금)
- 환어음(lettre de change)의 인수(acceptation) 또는 발행(souscription), 약속어음(billet à ordre)의 발행, 이러한 유가증권(titre)에 대한 일방 또는 타방의 배서 또는 보증

- 화폐 및 금융법 제313-23조 이하에 규정된 것으로서 (일수 명세서) 양도된 직업적 채권의 인수

이러한 절차는 선급금 없는 수표에는 적용되지 않으며 선급금 없는 수표에는 특별한 절차가 존재한다.

b) 신청(requête)

채권자는 소법원에 청구를 한다. ; 민사채권의 지급명령에 대한 유럽민사소송절차 또는 민사채권의 지급명령에 관한 국내 절차는 그 합계가 4천 유로를 넘지만 1만 유로를 넘지 않는다. 그렇지 않고 채무자가 상인이거나 채권이 상업적 성격을 가진다면 그 합계액이 얼마이든 간에 대심법원의 장 또는 상사법원의 장이 관할하게 된다. 이 단계에서 법원의 집행관은 의무적으로 개입하지 않으며 변호사는 강제되지 않는다.

토지관할에 속하는 판사는 채무자가 거주하는 장소의 판사가 의무적으로 된다.

신청(requête)에는 채권자와 채무자의 신원, 소송의 원인과 채권의 정확한 합계액을 표시한다. 이 신청에는 판사의 지급명령을 승인하는 명령(ordonnance)과 함께 법원서기에게 제출되는 증거 서류가 같이 첨부된다. 그래서 피고는 거주지 판사의 전속적 토지관할에서 증거서류 및 판사의 명령을 열람할 수 있다.

c) 명령(ordonnance)

세 가지 경우가 있다.

- 판사가 신청을 기각한다. 상소의 방법이 없다. 신청인은 그가 원한다면 본안에 관한 절차를 이행(procéder) 할 수 있다, 다시 말하면 채권의 행사를 인정받기 위하여 일반법 절차에 따라 통상의 절차를 개시한다.
- 판사는 당사자를 위하여 (채권의 일부에 대한) 신청을 인정한다. 채권자는 확정된 금액(la somme ainsi retenue)에 대한 명령을 송달할 수 있다. 마찬가지로 채권자는 그 명령을 포기하고 전체금액에 대하여 일반법에 따른 절차를 진행할 수 있다.

- 판사는 전체 금액에 대하여 신청을 수리한다. 그 명령은 증거서류와 함께 법원서기에게 제출된다. 채무자는 그에 대하여 검토할 수 있다. 명령의 사본은 채권자에게 송부된다.

d) 송달

채권자는 채무자에게 집행관에 의하여만 송달되는 지급명령을 위하여 6개월의 기간을 가진다. 이 경우, 집행관은 채무자가 알도록 구두로 다양한 요소(민사소송법 제1413조에 언급되어 있는 채권자에게 지급하거나 이의신청하는 것 ; 법원서기에게 채권자에 의하여 제출된 서류를 검토하도록 하는 권능)를 전달해야 하고(송달은 전자적 방법에 의하여 실행되지 않는 한 민사소송법 제1414조가 적용됨, 2012년 5월 15일 혼합 시행령 제2012-366호) 절차의 방식은 송달증서에 기재된다.

■ 채무자의 업무

세 가지 경우가 있다.

- 채무자가 스스로 이행한다. 그는 채권자에게 지불해야 할 금액을 지급한다. 지급명령은 효력을 발생한다. ;
- 채무자가 부인한다. 그는 명령의 송달로부터 1개월의 불변기간 내에 법원서기에게 이의를 제기한다. 그러면 사건은 소법원 판사에게 송부된다. 또는 만약 사건이 상사사건이라면 상사법원에 송부되고 종전과는 달리 상사법원장에게 송부되지 않는다. 이 이의신청에 따라 채무자는 대심의 원칙이 적용되는 본안변론(débat)을 구속한다. 법원서기는 수령증명부 서류우편(lettre recommandée avec demande d'avis réception)에 의하여 기일에 당사자를 우편소환한다. 우편소환장은 당사자 모두, 필요한 경우 이의신청을 하지 않은 자에게도 송부된다. 법원서기에 의하여 변론기일에 된 우편소환은 소환 사건에서 사용되는 것과 유사한 방법으로 당사자들의 정보를 확보하도록 하는 형식적 규정(dispositions formelles)을 포함하고 있다. 대심의 원칙은 여기서도 고려된다. 그리하여 소환장은 다음의 것을 포함한다. 일자 ; 이의신청이

제기된 법원의 표시 ; 당사자들이 소환받은 변론기일의 일자 ; 당사자들이 대리 또는 보조될 수 있는 조건 ; 나아가(en outre) 피고에게 송부된 소환장에서 피고가 출석하지 않으면 상대방에 의하여 제공된 자료만으로 판결이 내려진다는 점을 피고에게 설명하였다는 점을 피고에게 명확히 한다. 이 사항은 기재되지 않으면 무효의 제재를 받는다(민사소송법 제1418조. 2012년 12월 28일 시행령 제2012-2015호). 대심법원에서 채권자는 15일 기간 내에 변호사를 선임해야 한다. 법원은 채권의 회수 청구에 대하여 판단을 하고 판결을 선고한다. 항소는 일반법에 따라 허용된다(채권이 4천 유로 이상의 합계액인 경우).

- 채무자는 대응하지 않는다. 1개월 이내에 이의신청이 없는 경우, 채권자는 판사로부터 명령에 집행문(formule exécutoire)을 첨부하여 취득한다. 채권자는 채무자에게 이의신청 하도록 부여된 1개월의 기간 내에 이 집행문을 요구하여야 하며 그렇지 않으면 명령이 무효가 되는 제재를 받는다.

명령(ordonnance)은 집행판결이 확인한 채무에 대한 강제집행(l'exécution forcée)을 하도록 명의인에게 권한을 주는 프랑스 공화국의 명의로 송달된 증서로서 집행판결(jugement exécutoire)의 효력을 가진다. 그러한 명령은 항소에 의하여 불복될 수 없다. 이는 채무자의 재산에 대하여 집행압류(les saisies exécutoires)를 허용한다.

3. 이행강제

신속하고 비용이 덜 드는 이 절차는 민사소송법 제1425-1조부터 제1425-9조까지에 규정되어 있다. 이행강제 절차는 소법원(또는 근린법원)으로부터 완전한 상인의 성격을 가지지 아니하는 당사자 사이에서 체결된 계약에서 발생한 채무와 동일한 성질의 현물로 된 이행을 취득할 것을 목적으로 한다(전문가적인 것보다는 협소한 개념).

이행의 효과는 절차의 수행에 대한 조건 성취 이후에 발생한다.

■ 다섯 가지 조건

1. 신청인은 본인의 채권자로서 "하는 채무"(obligation de faire)의 이행을 주장한다. 예를 들어 인도, 공급, 노무제공, 역무의 제공. 금전 합계액의 지급을 목적으로 하는 채무는 위에 언급한 지급명령이 적용된다.
2. 청구는 계약에서 약정된 채무와 동일한 성질의 현물로 이행함을 목적으로 하고 부차적으로 이행강제의 불이행의 경우 손해배상을 목적으로 한다.
3. "하는 채무"(obligation de faire)가 불이행되거나 종료되지 않아서 이로 인하여 절차가 진행되는 것은 계약을 근거로 해야 한다. 그 결과 법률(나무의 가지치기), 규약에 정한 상황(상공업 고용촉진 협회의 기금에 따른 급여 및 퇴직금 신고), 민사 고의불법행위(délit civil), 민사 또는 준계약의 과실 불법행위(quasi-délit)에 근거를 가지는 채무들은 배제된다.
4. 계약 당사자들은 모두 상인의 자격을 가지지 않는다. 법률행위는 상인 사이에 상행위를 배제하고, 민사상의 행위 또는 혼합된 행위로 일컬어진다.
5. 급부의 이행이 요구된 경우 그 급부의 가치는 소법원의 관할로서의 1만 유로의 금액을 넘지 못한다(4천 유로 이하에서 관할권은 2017년 1월 1일에 폐지된 근린법원 판사에게 속한다).

■ 비대심적 절차

이는 신청에 기초한 명령에 관계되어 있다.

a) 신청서

신청서는 다음에 언급된 자에 의하여 아래에서 언급된 법원서기에 제출되거나 송부된다(신청서는 다음의 사이트에서 특별히 자유롭게 인쇄하거나 다운로드 가능하다. http://vosdroits.service-public.fr):

- 채무에 대한 채권자 또는 용역에 수반된 당사자에 의하여 또는 부부, 동거

계약을 맺거나 맺지 않은 사실상의 배우자, 친인척에 의하여 또는 변호사(다른 수임인을 배제함 ; 집행관, 소송관리사무소...)에 의함

- 원고의 선택에 따라 피고가 거주하고 있는 지역의 소법원 또는 채무의 이행지의 소법원의 법원서기에게 제출 또는 송부

신청서는 민사소송법 제58조에 규정된 사항(당사자들의 신원..) 이외에 다음의 사항을 포함한다. ; 집행이 진행되도록 "하는 채무"의 본질을 명확히 하는 표시 및 이에 더불어 하는 채무의 법적근거, 경우에 따라서, 이행강제의 불이행의 경우 청구된 손해배상(민사소송법 제1425-3조, 시행령 제2005-1678호).

신청서에 증거서류가 첨부된다. 이는 법원서기에게 등록되고 시효를 중단시킨다.

b) 판사의 명령

만약 판사가 신청을 기각한다면 재판에 대하여 신청인은 불복할 수 없다. 다만 일반법에 따라 이행하는 신청인에게는 그러하지 아니할 수 있다. 신청서와 제출된 서류는 신청인에게 반환된다(민사소송법 제1425-9조, 2013년 12월 29일 시행령 제2013-1280호).

이행강제의 내용이 있는 명령은 다음과 같다 ;

- 어떠한 불복수단이 있지 않다.
- 채무의 대상, 이행의 기간과 조건을 확정한다.
- 비록 집행문이 부여되지 않았더라도 등기우편이 송달된 때부터 집행관이 부재인 경우에는 법원서기의 주도로 이행된다(2015년 3월 11일 시행령 제2015-282호).
- 신청서와 함께 원본은 법원서기과에 보존된다. 법원서기는 신청서에 기초한 증거서류 역시 잠정적으로 보관한다. 피고는 이들을 열람할 수 있다.
- 만약 원고가 명령이 이행되었다는 점을 법원서기에게 알리지 않았다면 명령은 소법원에 의하여 검토될 사건의 장소, 일시를 기재한다.

■ 아래의 세 가지 상황에 따라 살펴본 대심절차

다음의 세 가지 모습이 있다.

- 신청인이 채무의 이행을 법원서기에게 통지한다.

사건이 사건명부에서 제외된다. 기일은 열리지 않는다. 절차는 목적에 도달했다.

- 신청인이 아무 진술도 하지 않고 기일에 출석하지 않는다.

모든 절차는 명백히 무효가 된다. 원고는 새로운 명령절차(procédure d'injonction)로 들어가거나 일반법에 따른 소제기를 할 수 있다. 다만 무효가 되지 않도록 15일 이내에 원고가 신청인에게 적정한 기간에 원용할 수 없었던 정당한 이유를 증명하는 경우에는 그러하지 아니하다. 이 경우, 당사자들은 새로운 기일에 소환된다.

- 신청인이 출석하고 명령이 이행되지 않거나 일부만 이행된다.

소법원은 그 권한 내에서 당사자들의 화해를 시도한다. 화해하지 아니하고 진행한 대심적인 본안 변론 이후에 소법원은 주된 청구, 나아가 상황에 따라 부가적 청구, 반소 청구에 대하여 본안 판단을 한다. 관할권이 없는 재판의 경우에 사건은 관할권 있는 재판기관으로 이송된다(민사소송법 제97조에 규정된 내용에 의함). 판사가 청구에 정당성이 있다고 판단하면, 판결은 주된 명령(ordonnance initiale)을 대신한다. 청구 합계액이 4천 유로를 넘는다면 항소가 가능하고, 이 경우 상고는 직접 가능함이 명백하다. 채권자는 그에게 없었던 집행권원을 취득한다. 그 집행권원은 신청서 제출이후, 장래의 불이행이라는 우발상황에서 판사가 채권자에게 동의할 수 있었고 채권자가 요구한 손해배상으로 채권을 회복할 수 있도록 채권자에게 허용되어 있다.

주석 : 근린법원은 2002년 9월 9일 법률 제2002-1138호로 창설되었다(법원조직법 제231-1조 이하). 소송사건의 분배 및 특정 사법절차의 경감에 관한 2011년 12월 13일 법률 제2011-1862호는 대심법원에서 배석판사의 기능을 행사하고 소법원에서 재판기능의 책임을 부담하는 근린법원 판사를 그대로 유지하면서 근린법원을 폐지하였다(법원조직법 새로운 제121-5조). 그러나 상황이 바뀌었

다. 2012년 12월 24일의 법률 제2012-1441호는 근린법원이 폐지되는 2015년 1월 1일까지 근린법원을 유지한다. 그러나 페달을 반대로 밟는 셈이다. ; 근린법원은 2015년도의 재무관련 법률에 내용이 있는 2014년 12월 29일의 제2014-1654호 법률에 의하여 2017년 1월 1일까지 유지되었다. 그 결과 근린법원이 존속해 있는 기간이 얼마 남지 않았기 때문에(입법자가 여전히 견해를 바꾸지 않는다면), 현재의 업무는 이 연기된 재판기관에서 실질적인 발전을 가져오지 않는다. 원칙적으로 근린법원에 따른 절차는 거의 소법원(민사소송법 제827조 이하)과 같다. 다만 근린법원이 그 관할권에 기하여 판결하는 경우, 근린법원이 심각한 법적 난점에 부딪혀 모든 쟁점을 소법원에 이송하는 경우에는 그러하지 아니하다. 만약 근린법원이 레페레 절차와 신청에 기한 명령을 취급하지 않는다(ignore)면 근린법원은 민사사건에서 일반법의 관할의 합계액인 4천 유로까지 지급명령(국내법) 또는 이행강제 절차의 관할을 가진다. 2017년 1월 1일에 근린법원의 관할은 소법원에 양도될 것이다.[10)]

10) 근린법원(La Juridiction de Proximité)은 폐지되었다. Code de l'organisation judiciaire Version consolidée au 1 janvier 2020 참조.

CHAPTER 12 레페레와 신청에 기한 명령

법률이 필요한 조치를 즉각적으로 명령하는 권한을 본안을 맡지 않는 판사에게 부여한 경우에 레페레 명령(l'ordonnance de référé. 특히 민사소송법 제484조에서 492-1조)은 일방 당사자 및 출석하거나 소환된 상대방 당사자의 청구에 대하여 내려진 임시적 재판이 된다. 이는 흔히 사용되고 신속하면서 비용이 별로 들지 않는 소송절차와 관계된다. 레페레 명령은 신청에 기한 명령과는 달리 대심의 원칙을 존중한다.

신청에 기한 명령(l'ordonnance sur requête. 특히 민사소송법 제493조부터 제498조)은 사법기관의 장으로부터 나온 것으로서 대심적인 본안변론을 거치지 않고 단순한 신청서에 기하여 내려지는 비송재판을 구성한다.

두 가지 형식의 명령은 고유한 영역을 가지며 특별한 절차와 불복수단이 따른다. 진정한 레페레는 별론으로 하고, 최근에 "레페레 형식"의 절차(la procédure en la forme des référé) 또는 "레페레 사건 유사"의 절차(la procédure comme en matière des référé)가 도입되었다.

1. 영 역

특별한 절차로 불복할 수 있는 경우가 증가하였고 종류도 다양하다.

■ 레페레 명령의 영역

네 가지 경우에 레페레로 불복한다.

a) 긴급한 조치

법원의 재판이 합리적인 기간에 내려져야 한다(법원조직법 제111-3조. 2006년 6월 8일 제2006-673호의 법률명령으로 개정, 유럽인권협약 제6조). 모든 긴급한 경우에 사법기관의 장은 중요한 쟁점과 충돌하지 않는 조치로서 분쟁의 존재를 증명하여 그러한 조치를 명령한다. 예를 들어 판사가 임대인으로 하여금 매수인에게 임대차 계약서의 사본을 인도하라고 명령하는 경우를 들 수 있다.

주석 : 2005년 12월 28일 시행령 제2005-1678호는 이미 수많은 재판기관에서 실행 중인 "가교" 체제를 공식화하였다. 법문언은 다음과 같이 규정한다. 당사자 중 일방의 청구에 대하여 긴급성이 증명되면 레페레 사건을 맡고 있는 심급의 판사(민사소송법 제849-1조), 상사법원장(민사소송법 제873-1조), 농촌임대차 법원장(민사소송법 제849-1조)은 사건을 변론기일에 회부할 수 있고 그 판사 또는 법원장은 본안을 판단하도록 변론기일을 정한다. 그러나 판사 또는 법원장은 피고가 변호를 준비하기 위하여 충분한 시간을 가지도록 감독한다. 레페레 명령은 법원에 소 제기한 효과를 가져온다.

b) 보전조치 또는 원상회복(remise en état)

법원장은 중요한 쟁점이 존재하는 경우라도 급박한 손해를 예방하기 위하여 또는 명백하게 불법적인 분쟁을 중단시키기 위하여 부과하는 보전조치 또는 원상회복을 명한다. 예를 들어, 공유자의 전체 결정이 부재한 경우 부동산의 입구에서 디지털 도어락을 설치한 공유자의 경우가 이에 해당한다.

c) 모든 소송절차 이전의 사실에 관한 증거

모든 소송절차 이전에 보전하거나 증명할 정당한 이유가 있다면, 사실에 관한 증거(preuve de fait)에 따라 분쟁을 해결할 수 있는 경우로서, 증거보전조치 또는 증거개시절차와 같은 증거에 관하여 법적으로 인정되는 증거조사(이 경우에도 직무상 비밀을 준수되어야 함)는 레페레에서 이해관계인의 청구로 명령될 수 있다. 대심의 원칙이 적용되지 않는다면, 신청에 기한 명령에 따르게 된다. 이러한 증거조사는 깜짝 효과를 가져온다.

2008년 6월 19일 이후(시효규정 개정을 포함하고 있는 2008년 6월 17일의 제2008-561호 법률의 시행일), 판사가 모든 소송절차 이전에 제출된 증거조사의 청구를 받아들인 경우 시효는 중단된다. 그리고 시효의 기간이 증거조사(mesure)가 시행된 날로부터 6개월 이내의 기간 동안 다시 진행한다(신민법 제2239조 ; 상사임대차 사건에서 2년의 시효 연장 규정의 적용이 곤란하다는 점에 대하여는 파기원 제3민사부 2012년 9월 5일, 제11-19.200호).

d) 레페레 공탁금(provision)

채무의 존재가 심각하게 다투어지는 것으로 보이지 않는 경우에 법원장은 채권자에게 공탁금(표현이 올바른지 명확하지 않으나, 채권의 합계액)을 부여할 수 있다. 긴급성은 여기서 요구되지 않는다.

■ 신청에 기한 명령의 영역

두 종류의 조항이 이 영역을 한정짓는 역할을 한다.

a) 특별한 규정이 존재하는 경우

법원장(혹은 다른 판사)는 특별한 규정에 의하여 명확히 된 경우에 민사소송법 제812조 제1항의 대심법원장에 대한 신청에 따라 사건을 담당한다. 예를 들어 가족의 이익에 위험이 있는 것으로 보이는 경우에 취하게 되는 조치(민법 제220-1조, Juge aux affaires familiales, JAF의 관할) ; 임대차 경영에서 재산을 관리하기를 원하는 상인이 대심법원장(그렇지 않으면 상사법원장)으로부터 면제를 구하는 2년 기간에 관한 조건을 채우지 않는 경우(2004년 3월 25일의 제2004-274 법률명령에 의하여 수정된 상법 제143-3조에서 이어진 상법 제144-4조) 등.

b) 특별한 규정이 없는 경우 : 법원장의 일반적 권한

특별한 규정 이외에도 신청이 대심의 원칙을 충족하지 않는 상황이 발생하는 경우 판사는 신청에 의하여 긴급한 조치를 명령할 수 있다(대심법원장에 대한 민사소송법 제812조 제2항).

이는 다음과 같은 사항을 포함한다 :

- 취해야 하는 조치의 긴급성(레페레)
- 법원장이 지휘하는 사법기관의 관할에 속하는 조치
- 대심의 원칙과 거리를 두어야 할 필요성. 왜냐하면 잠재적인 상대방 당사자가 없고, 물색된 조치의 효과가 그 조치를 따르도록 소환된 당사자의 관점에서 기습적인 효과를 요구하기 때문이다. 예를 들어 보전조치를 위한 담보의 등록 또는 채무자의 재산에 대한 보전압류의 허가 ; 이혼을 목적으로 간통 확인을 작성하는 법원의 집행관으로부터 교부받은 허가 등을 들 수 있다. 상사법원장은 이러한 긴급한 조치가 대심의 원칙을 충족하지 못하는 상황이라고 판단하면 신청에 기하여 특별행정부(SAS, Section administrative spécialisée)의 사원총회 소집의 의무를 가지는 적절한(ad hoc) 대리인을 지정할 수 없다(파기원 상사부, 2014년 5월 25일 제13-16.089호).

주석 : 민사소송법 제812조 제2항에 기하여, 파기원은 노동권에 의하여 신청에 기한 명령(les ordonnances sur requête)을 내리는 규정이 부재한 경우에, 노동사건에서 신청에 기한 판결을 내리도록 대심법원장이 사건을 담당할 필요가 있다고 판시하였다.

2. 절차와 이행

레페레 담당 판사는 신청에 기한 명령을 담당하는 판사와 동일한 직무를 수행한다. 원칙적으로 재판기관의 장 또는 그에 의하여 유효하게 위임을 받은 판사로서 단독판사가 담당함을 의미한다. 대심법원장, 소법원장, 상사법원장, 농촌임대차법원장, 항소법원 수석법원장(파기원에서는 레페레가 없고 근린법원은 신청에 기한 절차와 레페레를 관할하지 않는다)이 위임을 할 자격을 가진다. 노동법원은 부별로 자율적으로 나뉘지만 사용자 위원과 근로자 위원으로 구성된 공통 레페레 담당부서(formation commune de référé)가 포함되어 있다(노동법 제1423-1조). 사무분담의 경우, 사건은 노동법원의 소재지에 위치한 관할 대심법원의 판사에 의하여 담당되어서 같은 레페레 부서로 이송된다(노동법 제1454-2조, 2015년 8월 6일 제2015-990호). 토지관할은 일반법에 속하게 된다, ; 피고의 주거지(주소와 거소 포함) 또는 사건발생지 또는 조치의 이행지에 속한다. 그러나 두 개의 절차는 근본적인 점에서 다르다 ; 레페레는 대심의 원칙을 충족시켜야 하지만 신청에 기한 명령을 득하기 위해서는 그러하지 아니하다.

■ 레페레 절차(procédure de référé)

레페레 심급(instance)은 레페레 명령(ordonnance)을 종국적인 목표로 한다.

a) 명령의 취득

청구는 "통상적인 레페레의 일시"에 열리는 기일에서 소환장의 방법으로 한다. 신속성을 요구하는 경우라면, 레페레 판사는 심지어 공휴일 또는 휴무일에도 지정된 시간에 소환하도록 허가할 수 있다(민사소송법 제485조, 2012년 1월 20일 제2012-66호에 의하여 수정).

기일에 당사자들은 홀로 출석하거나 변호사 또는 제3자의 조력을 받는다(대심법원에서는 의무적 변호사대리). 당사자들은 반드시 법정에 올 필요가 없고 타인으로 하여금 대리하게 할 수 있다. 판사는 양 당사자들을 최소한 심문하거나 소환시킨다. ; 절차는 대심의 원칙을 충족해야 한다. 이 점이 기본이 된다.

원칙적으로 법원장은 즉시 명령을 내린다. 사건이 까다로운 경우, 판사는 이 명령을 레페레를 판단하는 합의부에(다만 소법원에서는 항상 단독판사가 판결한다) "레페레 상태(en état de référé)"로 이송할 수 있다.

간략히 이유가 부기된 명령에서 신청된 조치와 소송비용에 대한 판단도 자주 내린다. 그 명령은 필요한 경우 청구된 아스트렝트(astreinte, 간접강제와 유사한 제도)로 선고된다. 레페레로 손해배상을 받을 수 없다. 원본은 법원서기과에 보존된다.

b) 명령의 성질

명령은 판사 업무를 종료시키지 않는다. 명령은 임시적인 성격을 가지며, 기판력을 가지지는 않는다. 이 명령은 나중에 본안을 담당할 수 있는 법원을 구속하지 않는다. 본안 법원도 그 명령에 구속받지 않는다. ; 그래서 명령의 임시적인 성격은 향후 "종국성" 논의에 연결된다.

명령은 원칙적으로 보증금 없이 임시 권원으로 집행된다. 필요한 경우 판사는 집행이 대기기간 없이 송달 이후에 원본만 검토하고 이루어지도록 명령할 수 있다. 그럼에도 불구하고 패소자가 항소를 제기하면 그는 항소법원장에게 레페레로 임시이행 또는 보증금을 그 임시이행에 부가시킨 판결을 내려 달라고 요구할 수 있다(solliciter).

■ 신청에 기한 명령 절차

이는 대략 두 가지 행위로 구성된다.

a) 신청

법원장에게 전달될 목적으로 두 통의 사본이 법원서기에게 제출된다. 서류 중 마지막 장은 절반 또는 4분의 3 분량으로 기재된다. 긴급한 경우 이는 판사의 주소지에 제출될 수 있다. 변호사가 출석한 경우 대심법원장에게 제출된다.

신청에는 이유가 부기되고 증거서류는 동봉된다.

b) 명령

판사는 그 명의로 신청(그 자체)에 기한 명령에 대하여 답변한다. 앞서 언급된 서류 마지막 장 하단의 공란에 작성된다.

명령은 기판력을 가지지 않는다. 다시 사건을 담당한 판사는 명령을 수정하거나 취소할 수 있다. 이는 비송재판의 성질을 가진다.

이 명령은 잠재적인 소송사건을 포함하고 있기 때문에 이 명령이 집행받는 자에 대하여 손해를 줄 수 있는 점을 고려하면, 판사는 이에 대하여 이유를 부기한다. 사본은 법원서기과에 보존되며, 복사본은 신청인에게 제출하고, 필요한 경우 이의신청의 대상이 된 잠재적인 상대방에게 전달된다. 명령은 원본만으로 집행된다.

3. 상소의 수단

절차의 형태에 따라 상소의 수단이 다르다.

■ 레페레 사건

명령으로 인하여 손해를 받은 제3자는 제3자 이의의 소(tierce opposition)로 명령에 불복할 수 있다.

항소가 불가능한 사실심의 종심(dernier ressort)에서 결석 상태로 선고되는 명령은 그 송달로부터 15일 이내에 제3자 이의의 소의 대상이 될 수 있다.

명령에 대한 항소는 항소법원장이 아니라 항소법원의 3인 합의부에 회부된다. 항소는 패소자에게 명령의 송달이 된 때로부터 15일 이내에 제기된다. 4천 유로가 넘지 않는 소액의 레페레 공탁금 또는 청구의 대상이 됨으로 인하여, 항소법원의 수석 법원장의 명령에 대한 항소도, 사실심의 종심에서 선고된 명령에 대한 항소도 어렵다.

레페레를 선고한 항소심 판결에 대한 상고는 2개월 이내에 일반법 절차에 따라 명백히 가능하다. 그리고 의견서 제출 기간은 긴급 절차(procédure d'urgence)의 기간에 따른다.

다른 절차와 마찬가지로 상고는 항소심 판결의 집행을 중단시키지 않는다.

■ 신청에 기한 명령 사건

두 가지 모습이 있다.

a) 신청이 기각된 경우

명령은 기판력을 가지지 아니하기 때문에 신청인은 항상 새로운 청구를 할 수 있다. 그러나 새로운 사실이 아니라면, 판사는 어제 기각한 사항을 오늘 인용할 가능성이 매우 적다.

15일 이내에 제소하여 비송사건처럼 형식을 갖추고 심리하고 판단하는 항소가 있다. : 이 경우 제1심 판사는 사건을 환송받아 취소한다(취소의 수단). 사건을 다시 심리하거나 반대로 상고심에서 항소인이 청구 금액을 인상(변경의 수단)하는 재판을 할 수 있도록 항소인에게 통지하는 기간을 한 달로 규정하고 있다.

b) 신청이 인용된 경우

예를 들어 압류권자에게 의무가 없다고 생각함에도 보전압류를 당한 당사자와 같이 명령이 피해를 입힌 상대방은 특별한 불복수단인 이의신청(opposition)의 방법으로 명령의 정당성을 다툴 수 있다.

그 상대방은 법원에 본안 사건이 계속 중임에도 불구하고 그 명령에 대하여 명령을 내린 판사에게 레페레 신청을 한다. 예를 들어 보전압류(saisie conservatoire)[1]를 집행압류(saisie exécutoire)[2]로 전환시키기 위하여 사건을 신속히 진행하려는 신청인이 이에 해당한다.

이 경우 상소는 레페레 소환장에 의하여 실행되는데 소송사건을 본질로 하는 대심주의가 적용되는 심급을 발생시킨다. 처음으로 제3자의 진술을 청취함으로써 판사는 그 명령을 취소할 수 있다. 새로 내려진 재판은 본질적으로 소송사건으로서 제1심의 레페레 명령이 된다. 이 재판은 통상적인 레페레 조건을 충족하면 항소법원에서 항소의 대상이 된다. 상고는 레페레 절차에 따라 항소를 잇게 된다.

1) 채무자가 그의 재산을 채권자의 담보로부터 침탈할 목적으로 처분 또는 은닉하지 않도록 신속히 잠정적인 제한함을 목적으로 하는 압류로서 목적물을 법원의 관리 하에 두는 것을 목적으로 하는 절차이다. 山口俊夫, 前揭書, 534頁.

2) 압류재산의 강제매각을 목적으로 하는 절차이다. 山口俊夫, 前揭書, 535頁.

4. "레페레 형식" 또는 "레페레 유사 사건"의 절차

2011년 9월 1일 제2011-1043 시행령은 2011년 9월 3일부터 레페레 절차에 기한 아래와 같은 절차를 마련한다. 다만 몇몇 유보조항이 있다.

■ 개념

진정한 레페레는 별론으로 하고, 다양한 법전에서 규정된 조항을 이유로 레페레 유사 사건으로 불리는 절차(예를 들어 중재에 관련되어 분쟁을 해결하기 위한 법원장의 담당사건, 민사소송법 제1457조) 또는 레페레 형식이라 불리는 절차(예를 들어 가사사건에서 판사의 사건, 민사소송법 제1137조 ; 양도된 회사의 권리의 가치를 확정하기 위한 법원장의 사건, 2014년 7월 31일 제2014-863호 법률명령에 의하여 수정된 민법 제1843-4조 ; 유가증권(titres financiers)에서 투자자 보호 단체가 제소한 법원장의 사건, 금융화폐법 제452-1조 제6항)가 각각 규정되어 있다.

레페레 유사 사건 절차 또는 레페레 형식 절차에서 선고된 이러한 사법 재판은 모두 특별한 어떠한 조항도 규정되지 않았다. 법문언의 틀이 없이도 이러한 재판은 래페레 명령의 규율에 따르지 않는다는 법 해석이 나오게 되었다. 그리하여 이러한 재판은 임시판결로서 정당한 집행권(plein droit executoires par provision)이 있지는 않고(파기원 사회부, 1985년 4월 24일 Bull. civ. V, n°252; 파기원 민사3부, 1973년 1월 4일 D. 1973, p.398) 이러한 재판은 레페레 명령의 계열에 속하지 않는 본안 재판을 구성한다(파기원 민사2부, 1988년 6월 29일, 제87-12.228)라고 판단되었다.

■ 규율체계(réglementation)

신민사소송법 제492-1조(제2011-1043호 혼합 시행령)는 부분적으로 레페레 절차에서 레페레 형식 또는 레페레 유사 사건의 절차를 진행하는 절차로 제도를 변형하고 있다. 다음과 같이 규정한다. ; 이 두 절차는 진정한 레페레를 규율하는 민사소송법의 네 조항의 적용을 받는다.

- 제485조. 이 규정은 청구(la demande)가 소환장의 수단으로 통상적인 레페레의 일시에 이러한 목적으로 열린 기일에 제기되는 것을 정한다.
- 제486조. 이 규정은 소환된 당사자가 그의 변호를 준비할 수 있도록 판사가 소환과 기일 사이에 충분한 기간을 주도록 판사에게 지시한다.
- 제487조. 이 규정은 판사가 날짜를 정한 기일에서 사법기관의 합의부에서 레페레를 할 수 있는 상태로 판사가 사건을 이송할 권능(faculté)을 가지는 것으로 규정한다.
- 불복신청(voie de recours)에 관한 제490조 : 명령이 항소법원 수석법원장에서 발령되거나 청구의 합계액이나 청구의 대상으로 인하여 사실심의 종심에서 선고되지 않는 한 그 명령은 항소심에서 다투어질 수 있다. ; 결석상태에서 사실심 종심에서 선고된 명령은 이의신청의 대상이 될 수 있다. ; 항소 또는 이의신청의 기간은 15일이다.

다른 관점에서 보면 "레페레 형식" 또는 "레페레 유사 사건"의 절차에서 선고된 명령은 판사가 달리 재판하지 않는 한 임시적·잠정적 집행권원이 된다. 다시 말해 이러한 명령은 항소심에서 다투어진다고 하더라도 집행될 수 있다(민사소송법 제492-1조 제3호).

그러나 본안에서 기판력을 가지지 않는 레페레의 명령에 비하여 상대적으로 "레페레 형식" 또는 "레페레 유사 사건"의 명령은 명령이 해결하는 분쟁에 있어 기판력을 가진다는 점이 특징이다. 제492-1조 제2호는 이를 명확히 하고 있다 ; 판사는 본안에 관하여 재판을 하는 권한(pouvoir)을 행사한다. 즉 판사는 임시조치를 명하는데 국한되지는 않는다는 의미이다.

법원의 재판

PART 4

판사의 소송행위를 고려한다면 모든 것이 판결로 연결되지는 않는다. 사법기관의 장이 금요일 오후에 기일을 열기로 결정한 경우, 법원의 공공 서비스에 있어 적극적인 관리인 자격으로 한 행위이고 판사의 자격으로 한 행위는 아니다. 이런 재판은 사법 행정 조치를 구성하는 것이지 불복수단에 속하는 것은 아니다. 예전에 소송이 아닌 사건을 담당하는 판사는 소송사건에서 재판을 하지는 아니하였다. ; 이를 소송 아닌 절차인 비송사건이라고 부른다. 이러한 재판에서 사법적 성격을 인정하는 것과 관계되는 경우 이를 바라보는 이론은 나뉜다. 판사의 행위를 매우 다양하게 볼 수 있다. 어떤 이들은 사법적 행위의 성격을 가진다고 하고, 어떤 이들은 그렇지 않다고 하며, 또 다른 이들은 중간쯤에 위치한다고 한다. 법원의 재판을 분류하는 일은 재판의 정교한 법리와 재판의 다양한 효과로부터 발생했다.

CHAPTER 13

법원 재판의 분류

법원의 재판을 지칭함에 있어서 동의어가 아닌 다수의 표현이 사용된다. 제1심 판결(jugement), 제2심 판결(arrêt), 명령(ordonnance), 결정(décision), 평결(sentence).

넓은 의미로, 판결(jugement)이라는 용어는 심급의 진행 또는 종료시 사법기관에 의하여 선고되는 모든 재판에 적용된다. 여기서는 여러 종류의 판결 가운데 중요한 사항만 소개할 것이다.

1. 대심의 원칙 또는 결석에 따른 판결

이 분류는 당사자가 출석하거나 출석하지 않는 경우에 따른다.

■ 기준

네 가지 분류를 할 수 있다.

- 당사자들이 법원에 적절한 방법에 따라 스스로 또는 수임인에 의하여 출석하는 경우 그 판결은 대심의 원칙의 적용을 받는 판결(jugement)이다.
- 만약 정당한 이유 없이 원고가 출석하지 않는다면, 피고는 대심의 원칙에 따른 본안 판결(jugement sur le fond)을 요구할 수 있다. 다만 판사에게 사건

을 다음 기일로 회부하는 권능이 있어, 출석하지 아니한 자를 다시 소환할 시간이 있는 경우에는 그러하지 아니하다. 마찬가지로, 출석한 이후에 당사자 일방이 요구된 기간 내에 소송행위를 전혀 수행하지 않는다면, 판사는 그가 가진 자료를 검토하여 대심의 원칙에 따른 판결을 내린다. ;

- 재판이 항소될 수 있고 소환이 당사자에게 송달되었음에도 피고가 출석하지 않는 경우 그 판결은 간주대심(réputé contradictoire)판결로 불린다.
- 피고가 출석하지 않는 경우, 재판이 사실심 종심에서 선고되고 소환이 당사자에게 송달되지 않았다면 그 판결은 결석(par défaut)판결로 불린다.

■ 실익

결석판결에 대하여만 특수한 상소인 결석판결에 대한 이의신청(opposition, 민사소송법 제571조에서 제578조까지)이 허용된다. 사실상, 법률상 다시 판단하기 위한 통상 상소(recours ordinaire, 이 상소는 이의신청이 허용되는 경우에는 제출되지 아니함)에서는 결석 중 판단되었다는 점에 대하여 같은 법원에서 취소의 수단으로서 다시 판단 받을 수 있도록 재심리 된다. 이의신청은 대심주의와 간주대심이라 불리는 대심적 판결에서는 배제된다. 마찬가지로 항소가 허용되면, 이의신청은 허용되지 않는다.

2. 사실심 초심 또는 종심 판결

이 분류는 바람직한 사법의 보장을 위한 재판의 2단계와 관련되어 있다.

■ 기준

청구금액 합계가 4천 유로 이하인 경우 대심법원, 소법원, 상사법원은 종심으로 재판한다. 2005년 10월 1일부터 이 금액은 4천 유로로 확정되었음에도(2005년 9월 20일 시행령 제2005-1190호) 노동법원의 종심에 대하여 관할을 위한 금액을 정하는 것은 특별한 규정에 따른다. 상급 법원의 평가가 예정되어 있는 경우 선고된 판결은 초심으로 불린다. 그럼에도 불구하고, 몇몇 사건들은 항상 초심에서 판단되며 그 경우 초심의 대상은 상소의 원인이 될 수 없다. 예를 들어 친자소권, 주거임대차 해지 및 임차인 퇴거청구를 들 수 있다.

■ 실익

초심에서의 판결은 항소에 의하여 법률관계 또는 사실관계가 다시 구성될 수 있다. 이러한 통상 상소(상소가 허용되는 경우에 제출되지 아니함)는 상고(판결이 결석상태에서 선고된다면 이의신청에 의하는 경우)만 가능한 종심이라 불리는 판결에 대하여 행사될 수 없다.[1)]

3. 종국판결 또는 중간(혼합)판결

특히 이 분류에 '본안이 해결되는가?'라는 의문이 제기된다.

■ 기준

"종국(définitif)"이라는 것은 본안에 관한 권리 또는 절차의 부대청구에 관한 쟁송을 종결짓는 판결을 의미한다.

"중간(avant dire droit)"이라는 명칭은 절차의 본안을 판단하기 전에 판사가 어떠한 사전조치를 재판에 의하여 명한다. 중간판결은 증인, 감정인 진술을 청취하기 위한 신문 등과 같은 증거조사 또는 계쟁 중인 재산의 공탁, 임시관리인의 선임과 같은 임시조치를 명령한다. 중간판결이 있다고 하여 판사가 재판을 종결하지는 않는다.

증거조사 또는 임시처분을 모두 명할 수 있는 혼합형인 혼합판결은 증거조사

1) 역자주 : 일반적인 경우 초심을 항소하여 종심에서 판단되므로 종심이 다시 항소될 수는 없는 것으로 보인다. 반면 일반적인 경우 종심은 상고가 가능하다.

또는 임시조치를 명하면서 계쟁 중인 본안의 쟁점에 관하여 종국적으로 판단한다. 예를 들어 법원은 어떤 운전자로 하여금 사고에 책임이 있다고 확인하지만 증거서류에 충분한 자료가 없는 경우 피해자의 정확한 신체손해를 평가하기 위하여 의료감정인 선임을 명한다.

■ 실익

종국판결에 비하여 중간판결은 특별한 경우를 제외하고 원칙적으로 즉시항소(appel immédiat)의 대상이 될 수 없다. 혼합판결의 복합적 속성은 본안판결의 상황에서 판결을 가능하게 한다. ; 혼합판결은 즉시항소의 대상이 될 수 있다.

중간판결은 증거조사 또는 임시조치를 명하는데 그치기 때문에 이는 본안의 주된(au principal) 종국적인 판결과는 달리 기판력을 가지지 않는다.

4. 집행판결과 비집행판결

선고로부터 민사법원의 재판은 기판력을 가지지만 재판이 즉시 집행력을 가지지 않는다.

■ 기준

임시적 집행권원의 판결로서 법률 또는 판사는, 상소기간의 종기를 기다리지 않고 또는 집행정지 신청(항소 또는 이의신청 유사)에도 불구하고, 즉시 그 판결을 집행하도록 하는 권리를 승소한 당사자에게 부여한다. 예를 들어 2012년 10월 25일 시행령 제2012-1190호로 수정된 2009년 12월 28일의 시행령 제2009-1661호로 개정된 상법 제661-1조를 들 수 있다 ; "법원의 적절한 위임, 화해, 구조, 갱생과 청산 사건에서 선고된 판결과 명령은 임시적 권리로서 정당하게 집행된다." 위와 같은 경우 이외에는 몇몇 예외를 제외하고 법원의 재판은 집행가능하지 않다고 한다.

■ 실익

관보의 공시 대상인 법정이자율은 2014년 8월 20일 법률명령 제2014-947호로 개정된 화폐 및 금융법 제313-2조에 적시된 기준에 따라 6개월마다 계산된다. 그리하여 2016년 하반기에 이 이율은 2016년 6월 24일 결정에 의하여 확정된다. 법원의 재판에 의하여 금전지급 판결이 선고되는 경우(상법 제313-3조), 공탁금에 의한 것이라고 할지라도 법원의 재판이 집행력을 가지게 된 날로부터 2개월 기간의 만료일에 법정이자율은 5포인트[2] 가산된다. 그럼에도 불구하고 집행법원의 판사는 채무자 또는 채권자의 청구 및 채무자의 상황을 고려하여 채무자에 대한 가산액을 면제하거나 합계액을 감액할 수 있다.

법문의 적용은 집행력 있는 법원의 재판을 3가지 종류로 구분하도록 한다.

- 공탁금에 의한 집행 재판 ; 선고된 집행판결(1심 또는 2심) 선고일로부터 2개월.
- 소멸되는 집행정지 신청이 가능한 재판 ; 항소 또는 이의신청이 가능한 판결. 상소기간의 만료일로부터 2개월.
- 비집행정지 신청이 가능한 재판 ; 본질적으로 상고에 의하여 다툴 수 있는 재판에 관계된다. 이러한 판결(1심 또는 2심)은 선고된 후 집행된다. 법정이자율에 비교해서 선고일로 2개월.

---

2) 역자주 : 5퍼센트로 추정됨. 원문에는 cinq points라는 용어를 사용.

법원 재판의 효력

CHAPTER 14

법원의 재판은 결말이지만 정확한 범위는 무엇인가?

법원 재판의 주된 관심사는 판결이 분쟁을 종결시키는 사실에 있다. ; 그래서 판사에 의하여 이루어진 해법은 소송당사자에 의하여 실행되며, 필요한 경우 공권력으로 실행된다. 그 점에서 법원의 재판은 집행력을 가진다. 그러나 법률실무와 사법적 현실에서는 엄격한 조건에 따르게 된다.

사법행위와 판결은 네 가지 기본적 효력을 발생시킨다. 판결의 선고(sentence)에서 판사는 다음과 같이 판시한다. ; 그는 주관적인 권리를 확인하거나 형성한다. 판사의 명령이 집행력을 가지기 위하여 재판은 집행문을 부여받는다. 사회적 안정이 지속될 수 있도록 판결은 판사 자신이 재판에서 견해를 변경하는 것에 제한을 가하는 기판력을 가진다.

1. 확인판결 또는 형성판결(le jugement déclaratif ou constitutif)

형성판결은 현재와 미래를 위하여 효력을 가지고, 확인판결은 소급적 효력을 발생시킨다.

■ 확인판결

법률을 선언하는 권한이 있는 판사는 당사자의 신청에서 제출된 것으로서 선재하는 법률을 승인하고 확인하는데 그친다. 판결은 승소자의 권리(물권, 채권, 무체재산권)를 공고히 하지만 실제로 다시 승소자에게 권리를 부여하지는 않는다. 이는 자연적인 부자관계를 확인하거나 재판상 갱생 또는 청산의 범주에서 정지기간(une période suspecte)을 면제하는 것처럼 판결이 소급적인 효력을 가진다는 점에서 확인적 효력이라고 일컬어진다(상법 제632-1조와 제632-2조).

■ 형성판결

다른 경우 판결은 새로운 사법상태를 창설한다고 일컬어졌다. 이혼, 행위무능력(후견 tutelle 또는 보좌 curatelle), 지급정지(파산)에 관한 불복 판결은 이 범주에 속한다. 이 형성판결은 장래만을 위하여 새로운 법률상태를 형성하지만 소급효는 가지지 않는다(최소한 원칙적인 경우에는 그러하다).

2. 집행력(la force exécutoire)

모든 집행권원과 같은 성질인 집행력은 강제집행의 방법을 허용한다. 이는 송달된 집행권원은 확정력으로 적용되고 집행문을 부여받는 점을 전제로 하게 된다.

■ 확정력(la force de chose jugée)

법원서기에 의하여 송부된 집행정본(예전에 집행정본 증서로 기재된 판결)을 갖춘 승소자로서, 재판상 저당권(hypothèque judicaire)[3]의 수익자는 강제집행 단계에서 불복할 수 있다. 판결은 채무자가 집행이 연기되는 유예기간을 획득하지 않는 한 판결이 확정력을 획득한 날 집행가능하게 된다. ; 반대로 승소자가

3) 채무자에 대하여 유책판결 또는 집행력이 있는 중재판정의 집행을 확보하기 위하여 일정한 행정적 강제수단을 수반하는 저당권. 山口俊夫, 前掲書, 269頁.

가집행(exécution provisoire, 민사소송법 제501조)을 하는 경우 집행은 선행된다.

확정력으로 인하여 판결은 집행에 있어 집행정지의 대상이 될 수 없다. 항소와 이의신청과 같은 통상적인 불복 수단은 이행되고 그렇지 않으면 통상적인 불복수단을 진행하기 위한 기간이 진행한다.

다음 단계 : 재판이 프랑스 법에 존재하는 파기환송, 제3자 이의의 소, 재심과 같은 불복의 대상이 더 이상 되지 않는 경우, 이를 취소할 수 없다(irrévocable)고 한다.

■ 집행문(la formule exécutoire)

법을 선언하는 권한을 입법자로부터 받은 판사는 행정부의 위임에 의하여 명령할 수 있는 권한도 가지고 있다. ; 주권(imperium)이란 다음과 같은 표현으로 1947년 6월 12일의 시행령 제47-1047호에 의하여 규정된 집행문에 관한 법원의 재판에 대한 첨언(apposition)에 의하여 표현되어 있다. ;

<따라서, 프랑스 공화국[법원은 프랑스 인민의 이름을 따른다. 그렇기 때문에 임기직 판사를 포함하여 모든 판사가 외국인이 아니라 프랑스인임을 충족해야 함]은 모든 법원이 현재의 판결을 집행하는데 필요한 사항에 대하여 집행관에게 다음과 같이 통지하고 명령한다. ; 고등 검사장(procureur général)[상급 사법기관에 대한 검사(ministère public] 또는 대심법원의 관할에 상응하는 공화국 검사장(procureur de la République)이 주재하는 절차에서 집행에 주의를 기울인다. ; 모든 공권력의 지휘업무수행자(commandement), 법원공무원(officier)에게 집행에 필요할 경우 협력을 준비하도록 한다. 상기한 바에 의하여 현재의 판결문에 서명한다.>

어떠한 판결도 소송행위 증서(송달된 증서)도 집행문이 있는 등본(실무에서 집행정본(grosse)이라 명명된 집행사본에 의하여 자격이 부여됨)의 제출에 기하여만 집행될 수 있다. 이에 대하여는 법률이 달리 규정할 수 있다.

3. 기판력(l'autorité de la chose jugée)

한쪽에서 판사가 한 번 선고된 재판을 다시 시작할 수 없다면, 다른 쪽에서 당사자들은 사건을 다시 판단하도록 판사에게 요구할 수 없다. 민사소송법 제480조 제1항은 해석을 요한다.4)

■ 개념과 원리

모든 판결은 선고일부터(dès prononcé, 따라서 송달과 확정력의 취득 전) 기판력을 가진다(emporter). 승소자는 이를 이용할 수 있다(적극적 효력) ; 패소자는 사건을 다시 시작할 수 없다(소극적 효력). 기판력은 법원에 대한 개인적 열망과 법적 안전에 대한 사회적 요구 사이에 영구적으로 발생하는 충돌을 해결한다. 법률은 판단된 것이 정당하다고 생각할 것을 요구한다. 공적인 평화는 설치된 사법권에 대한 존중의 측면에서 사법권의 "절대적인" 추구를 희생시킨다. 각자와 전체 사회의 안정은 정의로워 보이는 것 뿐만 아니라 종결되었다고 선언하는 것에 근거를 두고 있다. 단기간에 이행되어야 하는 상소 수단은 기판력의 문제에서 유일한 불복수단이 되며 재판이 확정력을 가지지 않도록 한다.

■ 조건과 효과

절차적인 면에서 기판력은 이미 선고된 대상에 대하여 동일한 모든 신청구를 수리불가능하게 한다. 기판력은 소송불수리사유(fin de non-recevoir)를 구성한다. 그렇게 되기 위하여 新청구는 다음 세 가지 요소에 관하여 동일성을 나타내어야 한다.

---

4) Article 480 Le jugement qui tranche dans son dispositif tout ou partie du principal, ou celui qui statue sur une exception de procédure, une fin de non-recevoir ou tout autre incident a, dès son prononcé, l'autorité de la chose jugée relativement à la contestation qu'il tranche. 당사자의 처분권 범위에서 주된 청구의 전부 또는 일부를 판단한 판결, 절차 항변, 소송불수리 사유 또는 다른 부대청구에 관하여 판단한 판결은 판결 선고시부터 판결이 판단한 소송의 대상에 관하여 기판력을 가진다.

- 당사자(같은 자격으로 행위 하는 같은 당사자)
- 대상(예를 들어 동일한 재산의 소유권)
- 소인(동일한 계약 또는 권리의 원인이 되는 동일한 사실)

민법 제1355조(2016년 2월10일 혼합 법률명령 제2016-131호)은 기판력의 제한적인 상대적 효력의 원칙을 재확인한다. ; 이 조항은 판결의 대상에 관하여 발생한다. 청구된 사항이 같아야 한다. ; 청구가 같은 소인에 근거하여야 한다. ; 청구가 같은 당사자 사이에 있고 그들 사이에 형성되어야 하며, 같은 자격을 가진 당사자를 상대로 형성되어야 한다.

상대적 기판력은 절차에서 상속과 같이 당사자들과 권리를 가지는 당사자들 사이에서만 형성되므로, 몇 가지 예외를 제외하고(예를 들어 2005년 7월 4일 제2005-759호 혼합 법률명령으로 개정된 민법 제324조는 잠정적이지만 절대적 효력을 규정한다) 제3자들이 소송당사자에게 제3자 이의의 소로서 획득된 권리를 다투는 것을 방해하지 아니한다.

4. 판사로부터 이심(dessaisissement)

당사자가 판사에게 사건을 다시 재판해 줄 것을 청구할 수 없다면, 몇 가지 예외를 제외하고 판사는 스스로 사건을 재검토하기 위하여 사건을 다시 시작할 수 없다.

■ 원칙

판결이 선고되면 판사는 재판을 종료한다. 판사의 권한은 그가 재판을 선고할 때 소멸한다. 다시 말해, 판결은 선고된 이후에 판사가 결단을 내린 소송의 대상(쟁점, contestation)으로부터 판사는 벗어난다(민사소송법 제481조). 판결주문으로부터 추후 다시 시작된 모든 것은 기판력에 대한 침해가 된다. 사건을 종결한 판사는 후회스럽더라도 수정, 삭제, 추가를 할 수 없다. 선고된 판결은 더 이상 해당 판사의 업무가 아니다.

■ 특징

아래의 원칙에도 불구하고 몇 가지 특징으로 인하여 판사가 그 결과물을 다음과 같이 수정할 수 있다 ;

- 판사는 취소(rétraction)라 불리는 이의신청, 제3자 이의의 소, 재심과 같은 상소의 수단에 의하여 그가 사건을 담당할 경우 사건을 다시 관할한다. ; 마찬가지로 우선 비송사건에서의 항소(예를 들어 신청에 기한 명령)는 사본을 재심리(réexaminer)하도록 소환된 법관에게 사건을 회부한다. ; 재판의 재심리를 거부하면 항소법원에서 사건을 맡는다.
- 중간판결이 있다고 하여 판사는 사건을 종결하지 않는다(예를 들어 감정인 권한의 확대).
- 판사는 판결을 항소로 다투지 않고 해석하거나 경정할 수 있다. 그러나 통상 상소(recours ordinaire) 수단(항소)의 행사는 재판에 있어 소급적인 모든 개입(intervention)을 박탈하고 1심 판사로 하여금 사건을 종결시키도록 한다.

사법 해석(interprétation judicaire)을 통하여 여러 가지로 해석되는 조항이 있는 판결과 같은 경우에 판결의 모호함을 바로 잡는다.

심지어 확정력이 적용되는 것으로서 재판에 영향을 줄 수 있는 실질적인 착오 또는 누락이 있는 경우에, 재판을 선고한 사법기관 또는 재판이 회부된 사법기관은 드러난 증거서류 또는 증거서류가 없으면 명령이 나온 이유를 검토하여 착오 또는 누락을 치유할 수 있다.

더 과감하게도 민사소송법 제463조는 판결사항을 누락한 재판기관에게 그 조항에 근거하여 그 판결의 보충요구를 허용한다.[5] 청구하지 않은 사항 또는 청구한 것 이상의 사항에 대하여 이러한 개입이 선고한 판사에게 허용된다.

---

5) Article 463 La juridiction qui a omis de statuer sur un chef de demande peut également compléter son jugement sans porter atteinte à la chose jugée quant aux autres chefs, sauf à rétablir, s'il y a lieu, le véritable exposé des prétentions respectives des parties et de leurs moyens. 청구사항에 대하여 판결을 누락한 재판기관은 당사자 각자의 신청서와 그에 기한 공격방어방법에서 진술한 사실을 바로 잡는 경우를 제외하고 필요한 경우 다른 청구사항에 관하여 판단한 사실을 침해하지 않는 범위에서 판결을 보충할 수 있다.

PART 5

상소수단

오늘날, 불만이 있는 소송당사자는 판사와 더 이상 다투지 않는다. 그는 주된 수단으로 알려진 다섯 가지의 불복수단 중 하나에 의하여 재판을 다툰다. 이 책의 제한된 지면으로 인하여 항소무효(appel-nullité)라고도 불리는 취소청구와 같은 특수한 수단은 논의하지 않는다. 왜냐하면 항소가 불허되는 경우 1심 판결의 취소는 항소심에서 요구되는데 최근 항소를 엄격히 금지하는 것을 완화하도록 하고 있고, 실체법상의 도산 절차에서 특별히 발전하고 있기 때문이다.*

민사소송법 제527조부터 제636-4조는 상소의 수단 전체에 공통적인 규정과 각 수단에 적합한 특별 규정을 마련하고 있다. 이 수단들은 다음과 같이 분류된다.

- 변경의 수단(항소: 상고와 유사하나 같은 것은 아님 – 취소(annulation)의 수단임) 또는 취소(rétractation)의 수단(이의신청, 재심, 주된 제3자 이의의 소) ;
- 법률의 규정으로 허용된 특별한 수단(파기, 제3자 이의의 소, 재심) 또는 법률로 규정하지 않은 통상 수단(이의신청, 항소) - 민사소송법 제527조. 이 연구서(summa divisio)는 상소를 광범위하게 허용하고 있다는 점을 바탕으로 한다 ; 통상 상소는 법률이 달리 정한 경우를 제외하고 모든 경우에 허용되며 반면 특별 상소는 법률에서 정한 특수한 경우에만 허용되고 통상 상소의 수단이 소멸된 경우에만 행사될 수 있다. ;
- 집행정지 효과가 있는 상소(항소, 이의신청) 또는 집행정지의 효과가 없는 상소(파기, 제3자 이의의 소, 재심).

* annulation은 취소, 무효선고로 번역된다. 민사법상으로는 관계당사자에 따른 법률행위 또는 소송행위의 취소를 의미한다. 법원에 의해 하자있는 법률행위의 무효 선고 또는 항소심에서 초심의 재판을 취소하는 것을 의미한다. 반면 rétractation은 소송법상으로 판결 취소의 신청을 의미한다. 민법상으로는 편면적 행위 또는 일반적 의사표시를 내린 본인이 과거 또는 장래를 향하여 일체의 효과를 상실시키는 의사표시(철회)를 의미한다. 山口俊夫, 前揭書, 29, 525頁.

CHAPTER 15

항 소

항소는 2단계로 구성된 사법권에서 중요한 역할을 하는데, 민사소송법 제542조부터 제570조에 의해 규정된 바에 따라, 토지관할에 따른 초심 (1단계 사법권)에 의해 선고된 판결을 항소법원(Cour d'appel)에서 변경, 취소하는 것을 목표로 한다.

드물게 항소법원을 관할로 하지 않는 항소들이 있다. 예를 들어 (파산과 같은) 집단적인 절차와 관련된 수명법관의 명령에 대한 항소는 상사법원을 관할로 한다.

소송수리가능성의 조건을 갖추면 항소의 효과가 발생한다.

1. 항소의 수리가능성 조건

항소권은 객관적 조건과 주관적 조건을 포함하고 있다.

■ 항소의 대상이 되는 재판

a) 원칙

항소란 일반적으로 인정되는 절차로서 본래(a priori) 모든 재판은 원칙적으로 항소의 대상이 된다. 따라서 항소가 인정되지 않기 위해서는 특별한 법 조항이 그에 관하여 규정하고 있어야 한다.

항소법원 민사부는 대심법원과 소법원의 관할에 대한 항소를 담당한다(근린 법원이 항소를 재판하는 경우, 법원조직법 제231-3조 제2항 및 시행령 제21303 제2항). ; 항소법원 상사부는 상사법원 판사의 재판에 대하여 항소 관할을 가진다(게다가 상사법원 관할에서 선고된 중자판정에 대하여도 마찬가지) ; 항소법원 사회부는 노동법원, 농촌임대차법원과 사회보장법원에 대하여 제기된 항소를 검토한다.

모두 초심 판결 선고에 관한 것으로, 원고 청구 금액이 4천 유로 이상인 경우, 산정되지 않은 경우, 산정되기 어려운 경우이다. 항소는 일정 금액 이상의 명령에 대해서도 인정되는데, 총 4천유로 이상의 레페레 명령(사실심리생략판결, 약식판결)에 대해서도 항소가 인정된다. 인정된 합계액은 소송의 마지막 문서까지에 나타난 금액을 포함한 액수이다.

주된 청구와 반소청구의 경우 두 청구 중 하나의 청구의 소가가 4천 유로를 초과하는 경우(charge d'appel에 해당하는 경우), 항소가 가능하다.

b) 예외

반대로 종심에서 선고된 재판, 다시 말해 소송당사자가 소법원, 대심법원, 상사법원, 농촌임대차법원, 사회보장법원에서 4천 유로 이하 액수의 청구를 다투는 경우 항소의 대상이 될 수 없다. ; 종심으로서의 관할이 되기 위한 4천 유로의 상한선은 2005년 10월 1일(2005년 9월 20일 시행령 제2005-1190호)부터 노동법원에 제기된 사건에도 적용된다.

마찬가지로 지급명령 사건(만약 판사가 신청을 기각하거나 판사가 채권자의 상대방을 위하여만 신청을 재개한다면, 그 재판은 채권자에 대하여 불복수단이 없게 된다, 다만 채권자에게 민사소송법 제1409조와 같은 일반법의 수단에 따라 진행되는 경우에는 그러하지 아니하다) 또는 이행강제(민사소송법 제1425-9조) 사건에서 항소는 수리가능하지 않다. 이는 소가의 합계액이 얼마더라도 마찬가지이다.

항소 금지에 관한 엄격성을 완화하기 위하여 특히 도산 절차의 법리와 같은 특정 영역에서 항소무효 법리가 만들어졌다. 그에 대한 연구는 이 책에서 범위의 한계로 인하여 다루지 않는다.

■ 항소인

이들이 항소권의 주체이다.

a) 1심에서의 당사자

항소에서 처음으로 개입할 수 있는 자동차 보증금 사건과 "파산(faillte)"사건에서 검사(ministère public)를 제외한다면 항소인은 1심에서 당사자의 자격을 가지고 항소의 이익(상실했더라도 최소한 일부분)을 증명하여야 한다. 항소심 판사는 소송절차를 지연시키기 위한 목적으로 정당한 이유 없이 1심에 출석하지 아니한 이후 항소를 제기한 자에게 손해배상을 선고할 수 있다.

비송절차에서 판결이 송달된 제3자에게도 항소가 동일하게 인정되므로, 제3자에게 제3자 이의의 소가 허용되지 않는다.

계약사건 등과 같은 경우에, 당사자들은 미리 항소권을 포기하여서는 아니된다.

b) 항소인과 피항소인

항소를 제기한 자는 "항소인"이라고 불리고, 그 상대방은 "피항소인"이라고 불린다.

피항소인은 1심에서 당사자였어야 하고, 1심에서 항소인과 대립된 지위에 있지 않았다고 하더라도 (예를 들어 피항소인이 연대채무의 면제를 청구한 경우) 피항소인이 될 수 있다.

만약 두 당사자가 항소를 제기하면 처음 행사된 불복은 주된 항소(appel principal)로 불리고 그 다음에 행사된 불복은 부대항소(appel incident)로 불린다. 부대항소는 피항소인의 항소인에 대한 것이다. 피항소인은 "법정내 송달(acte du palais)"에 의하여 부대항소를 제기할 수 있다.

주된 항소가 지연되거나 남용된 경우, 항소인은 아직 손해가 없더라도, 최대 10,000유로까지 민사 제재금을 선고받을 수 있다(민사소송법 제559조, 2017. 5. 6. 개정).

주석 : 만약 소송의 진행에 따라 이를 요구한다면, 제3자의 임의참가 또는 강제참가는 항소심에서 처음으로 허용된다.

■ 기간

이하의 법리적 규율은 합리적인 기간 내에 항소를 허용하는 목적이지만 반대로 소송 지연을 제거하는 목적을 가진다.

a) 원칙

1) 소송사건

주된 항소를 제기하는 기간은 판결이 선고된 날이 아니라 패소자에게 판결의 집행정본을 집행관이 송달한 날 또는 법원서기가 송달한 날부터 1개월이다. 패소자가 판결송달을 받지 않는 한, 항소기간은 진행하지 아니한다.

2) 실권의 회복

만약 판결이 결석상태에서 선고되거나 간주 대심의 원칙에 따라 선고된 경우 만약 피고가 그의 과책이 없이 그 불복을 실행하기 위한 적절한 시간 내에 판결을 알지 못하였다면 또는 피고가 재판상 청구를 하는 것이 불가능하다면 법관은 피고로 하여금 기간의 소멸을 발생시키는 실권을 회복할 수 있도록 하는 권능(faculté)을 가진다. 실권의 회복은 당사자에게 첫 소송행위문서가 송달된 날부터 또는 그것이 없으면 채무자의 재산의 전부 또는 일부를 사용할 수 없도록 하는 효과를 가지도록 하는 첫 집행조치가 있은 날부터 2개월의 기간 내에 항소법원의 장에게 청구될 수 있다. 법원장은 "유사 레페레사건"을 담당한다. 법원장은 불복수단이 없는 선고를 한다. 만약 실권 회복 청구가 받아들여진다면 항소기간은 재판일(la date de sa decision, 판결선고일)로부터 진행한다. 다만 법원장이 기간을 단축하거나 소환장이 그가 정한 날에 이루어지도록 명령한 경우(민사소송법

제540조, 2011년 9월 1일 제2011-1043호 혼합 시행령) 그러하지 아니하다.

주의 : 절차의 항변, 소송불수리 종결 또는 다른 모든 부대사항에 관하여 판결하여 모든 주된 사항을 정하거나 또는 심급을 종료하는 판결이 판결 선고일로부터 2년의 기간 내에 송달되지 아니하면, 출석한 당사자는 이 2년의 기간 후에 주된 권원에 대하여 상소권을 행사하여도 더 이상 소송수리되지 아니한다.

b) 예외

항소기간은 때때로 재판의 선고일부터 또는 판사가 법원서기에게 판결문을 제출한 때로부터 진행한다. 예를 들어 파산 사건에서 몇몇 수명법관(juge-commissaire)의 명령(ordonnance)을 들 수 있다.

항소기간은 "거리에 따른 기간"(민사소송법 제643조, 제644조 2008년 5월 13일 시행령 제2008-452호로 수정)을 이유로 확장되거나 반대로 특별한 규정에 의하여 단축된다. 레페레와 비송사건에서 15일, 도산 절차에서 10일이고 재판상 갱생 또는 청산에는 특별한 규정이 있다.

결국 피항소인에 의한 부대항소는 항소심의 진행 중에 제기된다. 다만 의도적 지연으로 뒤늦은 항소에 대한 손해배상의 선고는 그러하지 아니하다.

부대항소는 혼합판결에 대하여 즉시 항소(appel immédiat)될 수 있는 반면, 중간판결은 본안에 관한 법원의 판결과 동시에만 항소로 다투어 질 수 있다. 다만 감정 사건 또는 중간 판결이 심급을 종결시키지 않는 한 그러하지 아니하다.

- 감정 사건 ; 감정(expertise)이 거부되었다면 즉시 항소는 인정되지 않는다 ; 즉시 항소는 감정이 동의되면 허용되지만 항소법원 장의 허가 이후에만 가능하다(민사소송법 제272조). ; 마찬가지로 감정이 레페레에서 허용되면 즉시 항소는 가능하다;
- 심급을 종결시키는 부대사항(incident) ; 민사소송법 제776조는 다음과 같이 규정한다. ; 대심법원 준비절차정리법관의 명령은 그것이 심급을 종결시키는 부대사항에 기하여 선고되는 경우 그 송달로부터 15일 내에 항소될 수 있다. 이때 그 명령이 심급을 종결시키는 경우만을 의미하는 것은 아니다.

결국, 부대사건을 인용하지 않는 명령은 본안에 관한 판결을 독립적으로 항소심 판사에게 맡겨질 수 있게 한다. 심급을 종결시키는 부대사항은 민사소송법 제384조 제385조에 열거되어 있다. 보조적 권원으로서 소권, 즉 당사자의 사망으로 양도 불가능한 소권의 화해, 인낙, 취하에 관계된 것이고, 주된 권원으로서, 심급의 소멸(péremption)·취하(désistement), 소환의 무효(caducité de la citation)에 관계된다. 이러한 부대사항은 소권의 수리불가능성에 의하여 제재되지는 않지만 우발사건, 당사자의 의사 또는 부주의로 인한 심급의 소멸에 의하여 제재된다. 이는 추인될 수 없다. 기판력은 종료된 심급을 확인하는 재판 이후에 제기된 소권에 대항할 수 있다.

■ 항소의 신청

항소 신청에 대하여는 소송사건 뿐만 아니라 비송사건에 관하여 항소심에 관한 특별규정(Titre VI : Dispositions particulières à la cour d'appel)을 두고 있는 민사소송법 제899조 이하에 있고, 상세한 항소심 절차는 대부분 2012년 5월 3일 시행령 제2012-634호에 의하여 개정되었다. 그에 대한 완전하고 상세한 연구는 다른 책에 맡긴다.

결국 항소심에서 당사자들이 관련될 것이다. 다만 의무적 대리가 없는 절차에서 변호인 선임에 관하여 이에 상반되는 규정은 그러하지 아니하다.

농촌임대차 법원, 사회보장 법원, 파산사건에서 집행판사 사건과 같이 의무적 대리가 없는 경우 항소신청은 법원의 서기에게 봉인된 등기우편으로 이루어져 송달된다. 항소 신청에는 다투는 재판서의 사본을 첨부한다. 법원의 서기는 최소한 15일 전에 미리 본안의 변론기일에 당사자들을 소환한다. 본안변론을 원하는 당사자들은 스스로 변론한다.

매우 드물지만 의무적 대리인 소송사건에서 항소는 공동신청 또는 선임된 변호사에 의하여 서명된 일방의 신청에 의하여 형성되고 피항소인의 수만큼 사본을 첨부하여 법원의 서기에게 제출한다.

법원서기는 곧바로 보통우편으로 변호사를 선임하는 의무의 표시와 함께 신청서 사본을 각 피항소인에게 송달한다. 송달 서면을 법원서기에게 반송하는 경우 또는 피항소인이 송달 서면의 발송으로부터 1개월의 기간 내에 변호사를 선임하지 않는 경우 법원서기는 항소 신청의 송달수단에 의하여 변호사가 업무를 수행하도록 항소인의 변호사에게 이러한 사항을 통지한다. 변호사가 선임된 이후에, 피항소인의 변호사는 항소인의 변호사에게 선임 사실을 알리고 법원서기에게 선임계 사본을 전달한다. 항소법원 수석법원장은 사건이 배당될 부서를 지정한다.

결국 항소인은 서면 제출을 위하여 항소신청으로부터 3개월의 기간을 가진다. 그 기간을 지키지 아니하면 항소신청은 법원의 직권에 의하여 무효가 되는 제재를 받는다. 그리고 나서 피항소인은 서면 제출과 필요할 경우 부대항소를 제기하기 위하여 항소인의 서면을 송달받은 때부터 2개월의 기간을 가진다. 그 기간을 지키지 아니하면 법원의 직권에 의하여 수리불가능의 제재를 받는다. 다음의 점을 주의하여야 한다. 변호사의 소송행위 증서는 전자적 방법에 의하여 사법기관에 제출되고 만약 그 증서가 다른 이유로 소송을 수행하는 자에게 전자적 방법에 의하여 전달될 수 없다면 그는 인쇄된 종이로 작성하여 법원서기에게 제출한다. 이러한 점을 지키기 아니하면 법원의 직권에 의한 소송불수리의 제재를 받는다.

■ 가집행에 부합하는 1심 재판의 집행

민사소송법 제526조를 개정한 2005년 12월 28일의 시행령 제2005-1678호에서 마련된 규정에 관계된다.

가집행에 관한 법률 규정이 있거나 법원의 명시적인 명령이 있는 경우, 항소법원 수석법원장 또는 사건을 담당한 이후의 항소심 준비절차정리법관은, 항소심에서 항소인이 항소를 다투는 재판(또는 선고의 합계액)을 집행하지 않았음을 증명하였다면, 피항소인의 청구와 당사자의 견해를 수령한 이후에 사건의 말소를 결정할 수 있다.

그러나 집행이 명백히 과도한 결과를 초래하는 경우 또는 항소인이 재판을 이행하는 것이 불가능한 경우에는 그러하지 아니하다.

따라서 사건의 말소는 잠정적인 성격을 가진다. 중지 중인 사건은 진행 중인 사건의 순서에서 이탈한다. 항소 대상이 된 1심 판결이 집행되었음이 증명되면 사건은 다시 사건 명부에 재등록될 수 있으나, 심급의 소멸 (2년 기간의 종료로 심급의 소멸)의 경우에는 그러하지 아니하다.

따라서 1심 법원에서 선고된 가집행이 실질적으로 문제된다. ; 만약 가집행이 명령된다면, 판결에 대한 항소심절차는 말소되고 마찬가지로 2년 이내에 집행을 하지 않으면 종국적인 1심 재판을 말소한다. 시행령 제2005-1678호는 소송당사자로 하여금 남용 항소로 지연전술을 하지 못하게 함을 목적으로 한다. 이는 재판의 집행을 지연하는 목적으로만 항소의 수단을 이용하는 패소 당사자를 견제하는데 관련되어 있다. 판결의 수익자가 강제집행의 비용을 책임지는 것을 원하지 않는다면 실제로 이전에 가집행에 부합하여 선고된 판결은 항소심에서 패소자에 의하여 자발적으로 집행되지 않는 경우, 효력이 없다. 왜냐하면 너무 시간이 많이 들고(혹은 많이 들거나) 비용이 많이 들기 때문이다. 예를 들어 외국에만 적극재산을 가진 당사자를 생각해 볼 수 있다.

제도 개선이 있다고 하더라도 그 목적에 반하여 예측될 수 있는 수많은 소송을 증가시켜 결과적으로 소송을 지연시키는 역효과를 초래할 수 있다. ; 집행에 대한 방해 또는 재판이 집행되지 않음 ; 집행의 가능성 또는 불가능성 ; 뚜렷이 과도한 결과 또는 집행의 불이행 등과 같은 역효과가 있다. 이 메카니즘은 파기원에서도 유효하게 된다(민사소송법 제1009-1조와 다음의 제18장 : 상고). 그러나 이 파기원에서는 매우 다른 점이 있는데 다투어지는 재판이 원칙적으로 집행력이 있는 항소심의 판결이라는 점이다. 상고심은 1심의 재판에 대한 항소와는 달리 집행정지 효과를 가지지 않는다. 다만 이혼사건과 같이 종국적인 것은 제외한다. 이에 더하여 사건의 말소에 전체적으로 적용되는 민사소송법 제383조는 사건의 말소가 사법적 행정조치이기 때문에 상소의 대상이 되지 않는다고 규정한다. 그리하여 항소 또는 상고의 사건명부에서 말소된 재판은 다투어질 수 없다.

2. 항소의 효과

일반적으로 항소는 한번 제기되고 최소한 네 가지 효과를 발생시킨다.

■ 사건의 사전절차

원칙적으로 매우 복잡한 사건은 사건이 배당된 부에 속한 법관(magistrat)의 감독 하에 심리된다. 통상적인 절차는 대심법원의 장기순환절차(circuit long)에 따른다. 항소심 준비절차판사는 변론준비절차판사의 기능을 한다. 사건을 심리하고, 서면과 증거서류의 교환을 수령하는 법관은 변론준비절차 종결일과 본안전 변론기일 등을 확정한다.

더 간이하고 신속한 특별 절차는 항소를 제기하는 기간이 단축(예를 들어 15일)될 수 있는 다수의 경우에 적용된다. 공동신청 또는 "확정일의 소환장(긴급한 경우)"에 의하여 담당 사건이 있는 경우 적용된다. 사건은 장기순환이 적용되지 않고 직접 본안 변론기일에 회부된다. 그래서 사건이 긴급한 특성을 가지거나 판단을 받은 상태이거나 항소가 레페레 명령에 관계가 있는 경우, 재판부의 장은 직권으로 또는 당사자의 청구로 당사자가 소환되는 변론기일을 단시일에 확정한다.

■ 집행정지의 효과

항소를 제기하는 기간(예를 들어 일반법에 따른 1개월)은 1심 판결의 집행을 유예한다. 항소심(항소법원이 판결을 선고하기 위하여 걸리는 시간)은 집행의 개시도 유예하고 집행이 시작하지 않도록 한다.

항소기간과 법원의 사건 담당(다만 검사(parquet)의 항소는 예외)에도 불구하고, 예외적으로 특정 사건(예를 들어 재판상 갱생 또는 청산)에서 1심의 재판은 즉시 집행된다. 게다가 1심 재판이 법률에 규정된 것이 아니라고 하더라도 가집행은 1심의 판사에 의하여 명령될 수 있다.

■ 이심의 효과

사법기관이 다시 사실상 법률상 쟁점을 판단하도록, 항소는 상급 사법기관에서 판단되는 사항을 이전한다. 이심은 항소가 몇몇 청구항목에만 국한되지 않을 경우 적어도 전부에 대하여 행하여진다. 반대의 경우에, 항소인이 명시적 또는 묵시적으로 다투는 부분 및 항소의 범위에 속하는 부분만이 이심된다.

소환된 만큼만 귀속된다는 원칙(항소의 한도에서 이심한다)으로부터 새로운 청구는 항소심에서 금지되는 결과가 나온다. 예외적으로 다음의 사항은 가능하다. ;

- 소송계속중 피해액의 증가의 경우 신청액수를 늘리는 것
- 항소심에서 처음으로 재판상 상계를 요구
- 새로운 증거 또는 새로운 쟁점을 제기하고 청구와 다른 법적 기초를 제공하는 것

다른 예외(entorse) : 항소법원은 이관(évocation)을 받을 권한이 있다. 법원이 증거조사를 명령한 판결을 한 경우 또는 법원이 심급을 종료시키는 절차의 항변(exception de procédure)에 기하여 판결을 내리는 경우, 법원은 필요한 때 스스로 증거조사를 명령한 이후 사건의 종국적인 해결을 하는 재판권 행사를 할 수 있다고 평가한다면 법원은 판단하지 않은 점을 이심 받을 수 있다. 결국 소송경제를 위하여 사법권의 2단계 원칙은 후퇴할 수 있다.

■ 항소심 판결

항소심은 새로이 사실상, 법률상 쟁점을 판결하기 위하여 항소심 재판기관에 판단된 사항을 재검토한다. 따라서 항소심 준비절차판사에게 증거조사를 명령할 수 있었던 법원은 적절한 재판을 선고할 의무가 있다. 항소심 판결의 입안(élaboration)과 선고(prononcé)는 일반법에 따른다(민사소송법 제430조 이하). 다만, 같은 사안에서 1심 단계에서 재판한 판사는 항소심 판사의 판단을 받을 수 없다는 것을 명확히 한 경우에는 그러하지 아니하다(공평성 원칙, 유럽인권협약 제6조 제1항).

항소심 판결은 그것이 1심이 판단한 재판을 모든 관점에서 반복하는 경우 원심판결을 확인하는 것으로 불린다. 항소심 판결은 항소심 판결이 대체하는 1심 판결을 소멸시키는 경우 원심판결을 무효화시킨다고 한다.

양자 사이에서 항소심 판결은 확인적 성격, 무효선언적 성격을 부분적으로 가진다고 할 수 있다 ; 법원은 어떤 사항에 기하여(예를 들어 채권자가 약정 이자를 주장할 수 없다는 점) 판결을 변경하면서 다른 사항(예를 들어 차용금의 상환)에 기하여 판결을 인정한다.

이의신청

CHAPTER 16

이의신청은 상고와 대비하여 볼 때 해당 법률의 규정이 없으므로 항소처럼 통상적이라 불리는 일반법상의 상소수단이 된다. 불출석한 당사자는 이의신청으로 결석재판을 선고한 법원에 불복하면서 대심적 변론 이후에 이 재판을 취소할 것을 청구한다. 사건은 취소를 위하여 소환되어 같은 법원에서 개시한다. 따라서 노동법원 사건에서 이의신청은 판결을 내린 부에 직접 이송되고 조정부와 진로지도부에 송부되지는 않는다(노동법 제1463-1조).

때때로 취소의 수단이 지연적 성격을 갖는다는 이유로, 이 시대의 입법자는 이의신청이 허용되는 범위를 축소했다. "신청서가 없는" 그리고 "유효하지 않은 이의신청에 대한 이의신청"(결석에 의하여 두 번째 판단되는 것은 새로운 이의신청을 구성하도록 허용되지 않는다)과 같은 이의신청은 더 이상 없다. 마찬가지로 특별한 규정을 근거로 한, 다음과 같은 이의신청은 존재하지 않는다. ; 대심법원 판사와 항소심 준비절차 판사의 명령(ordonnance), 사회보장법원의 판결, 중재 판정, 파기원에 의하여 선고된 결석 판결, 그리고 대심판결, 대심적이라 불리는 판결, 간주 대심판결이다. 이는 소환장이 피고에게 직접 연락되기 때문이다. 결국 이의신청은 1심 관할에서 선고된 판결의 경우로서 항소심이 허용되는 경우 허용되지 않는다. 논리적으로 추론 해보면, 이의신청은 결석판결로 선고된 종심 관할의 판결에 대하여 인정된다. 피고가 당사자가 아니라 주소에서 소환장을 받는 경우 또는 피고가 집행관 사무실에 제출되어 보관된 심급 개시신청을 취소하지 않고 피고가 절차에서 출석하지 않거나 대리되지 않는 경우 이의신청의 전제인 결석이 있게 된다.

1. 이의신청의 기간

이의신청의 기간은 1개월이지만, 반대되는 특별 규정과 실권의 회복의 경우는 예외로 한다.

■ 1개월

항소와 같이 이의신청을 제기하기 위한 기간은 1개월간 지속된다. 다만 거리(민사소송법 제634조 제644조)를 이유로 한 연장 또는 입법자의 의사에 의하여 단축되는 경우는 그러하지 아니하다. 예를 들어 이의신청의 기간은 레페레 명령에 대하여 15일이다, 민사소송법 제490조 제3항, 파산사건 또는 특별한 규정이 없는 한, 이의신청은 특별위임(mandat ad hoc), 화해, 법률구조, 재판상 갱생 또는 청산, 적극재산의 부족에 대한 책임, 개인파산(faillite personnelle)[1] 또는 기업경영의 금지 사건에서 재판의 선고로부터 10일의 기간 내에 법원서기에 대한 신청에 의하여 선고된 재판에 대하여 허용된다(상법 제661-2조).

다투어진 재판의 송달일은 개시점이 된다. 따라서 이의신청 기간이 만료되면 그때부터 상고기간이 진행한다.

■ 실권의 회복

2011년 9월 1일 시행령 제2011-1043호에 의한 민사소송법 제540조는 판사로 하여금 기간을 도과한 이의신청인에 대한 실권의 회복을 허가해주도록 하고 있다. 다음과 같은 의도를 가지고 있다.

---

1) 기업갱생절차상의 제재조치로서 개인파산

- 레페레유사 사건의 이의신청에 대한 재판권을 가지고 있는 판사에게 신청인이 사건을 제소한다.
- 당사자에게 첫 소송행위 증서(premier acte)가 송달된 이후, 또는 채무자 재산을 전부 또는 일부를 처분할 수 없도록 선고하는 첫 집행조치 이후 2개월 내에 신청인이 이 사건을 제소해야 한다.
- 신청인은 그 불복수단을 실행하기 위하여 적절한 시간에 판결을 알지 못하였다는 점을 증명해야 한다.
- 신청인은 마찬가지로 이의신청을 제기할 수 없었음을 증명해야 한다.
- 그리고 신청인측에 어떠한 과책(faute)이 없어야 한다.

실권의 회복에 대한 법원의 재판은 상소가 허용되지 않는다.

그 재판이 신청을 인정한다면. 이의신청의 기간은 그날로부터 진행한다. 다만 판사에게 기간을 단축하거나 소환이 그가 정한 날에 이루어지도록 명령하는 경우는 그러하지 아니하다.

2. 이의신청의 형식

출석하지 않은 자만이 아래의 두 가지 방법으로 이의신청을 할 수 있다.

- 이의신청은 재판을 선고한 법원에 재판상 청구를 위하여 규정된 형식, 즉 이 재판기관에 통상적인 사건담당의 형식으로 이루어진다. : 집행관의 영장, 회신용 수령증이 동봉된 등기우편에 의한 소환장
- 대리가 의무적인 재판기관에서는 대심법원의 경우, 이의신청은 - 집행관 송달에 의한 경우를 제외하고 - 변호사 사이에 송달, 다시 말해 법정내 송달(민사소송법 제573조 제2항)의 형식으로 이루어질 수 있다. 이의신청인의 변호사는 상대방 당사자의 변호사에게 그의 선임과 그 의뢰인의 이의신청을 송달한다. 이 경우, 이의신청은 이의신청이 허용되는 날이 속한 달의 말

일로부터 1개월 기간 내에(민사소송법 제575조, 2012년 5월 3일 시행령 제2012-634호) 출석하지 않는 자에 의하여 선임된 변호사에 의하여 재판이 선고된 재판기관의 법원서기에게 신청(전자신청)되어야 한다.

모든 경우에 이의신청은 출석하지 않은 자의 공격방어방법을 포함한다. : 이의신청은 이유가 기재되어야 한다.

주석 : 이의신청으로 의무적 대리가 되지 않는 절차(농촌임대차 법원, 사회보장법원... 사회부의 소송사건)에 의한 사건에서 결석판결로 선고된 항소심의 재판을 취소시키려 하는 경우, 이의신청은 당사자 또는 모든 수임인이 판결을 선고하는 법원의 서기에게 등기우편으로 송부하는 것을 신청함으로써 이루어진다. 논리적으로 다음과 같이 연결된다. : 이의신청은 의무적 대리가 없는 절차에서 항소법원에 적용되는 규율에 따라 심리되고 판단된다.

3. 이의신청의 효과

다툼의 대상이 되는 재판을 선고한 재판기관에서 적용되는 법원리(règles applicables)에 따라 심리되고 판단되는 이의신청은 결석상태에서 선고된 판결을 취소함을 목적으로 한다. 다시 시작한 심급에서 통상적인 규율에 따라 최초의 청구와 관련하여 원고와 이의신청인 각자의 신청에 대한 수리가능성이 평가된다. 이의신청과 함께 심급이 다시 시작한다면 모든 것은 아직 판단되지 않은 상태이다.

■ 집행정지 효과

가집행은 이의신청이 있음에도 명령되었다면 그러한 경우를 제외하고, 이의신청을 하기 위한 1개월의 기간과 이의신청에 대한 절차 기간은 집행정지 효과를 가진다. 다투어진 판결은 집행이 정지된 기간 동안 강제집행의 대상이 될 수 없다. ; 이는 집행력을 가지지 아니한다.

■ 이심의 효과

이의신청은 결석상태에 의한 판결 절차 전체를 문제 삼는다. 취소(rétractation)라는 측면에서 같은 판사에게 다시 회부된다. 그러나 상대방은 결석했던 자가 이미 패소했던 신청서를 승계할 수 없다 ; 상대방은 새로운 서면을 제출할 수 있다. 이의신청은 출석하지 않는 자에게만 허용되므로 출석하지 않은 자에게 이익이 된다. 결석 상태에서 판결이 선고된 다수의 불출석자가 있는 경우 단 한 사람에 의하여만 이의신청이 이루어졌다면 그 이의신청은 다른 자들에게 이익이 되지 않는다. 이를 상대적 효과라 부른다. 그럼에도 신청이 신청의 이유에 의하여 결합되고 분리하여 판단될 수 없으며, 절차를 분할할 수 없다면, 전체에 대해 다시 판단한다.

■ 판결에 관한 효과

이의신청은 같은 판사에게 심급의 승계를 가져온다. 이의신청인은 다시 최초의 피고가 된다. 이의신청인은 본안에 대하여 소를 제기하기 전인 소송 개시시(in limine litis) 법원의 사물관할 또는 토지관할이 없다는 주장과 같이 절차항변을 제기할 수 있다. 이 경우 판사가 직권으로 결석 상태의 절차에서 사물관할 또는 토지관할이 없음을 주장할 수 있음은 별론으로 한다. 이의신청에 기한 심급은 다음과 같은 두 가지 상황에 대한 재판권을 가진다.

- 판사는 우선 이의신청의 수리가능성을 판단하고, 필요한 경우 이의신청의 기각판결을 선고한다. 이는 첫 재판의 유지를 가져온다. 따라서 처음 판결은 그것이 선고된 날에 모든 효력과 모든 효과를 보존한다.
- 반대로 만약 판사가 본안의 이의신청 절차를 인용한다면 그는 본안에 대하여 다시 심판한다. 그는 재량으로 처음의 판결을 대신하여 이를 소급적으로 소멸시키는 두 번째 판결을 내린다.

CHAPTER 17 제3자 이의의 소

특별 상소수단은 타인에게 피해를 야기하거나 불법행위를 가한 다른 당사자에게 관계된 재판에 대하여 제3자에게 허용된다. 결석한 상태에서 판단된 것으로서 피고에게 허용되는 이의신청과 제3자 이의의 소와 혼동되어서는 안 된다.

양측 소송당사자와 관련된 재판에 연결된 상대적 기판력은 제3자에게 효력이 미칠 수 있다. 사실, 판결이 소송당사자(상대적 효력)에 관계된 새로운 법률적 상황을 창설한다면, 모든 사람에게 대항력을 가진다(s'oppose à tous). 그래서 필요한 경우 제3자를 보호할 필요가 있다. 예를 들어 만약 채무자가 법률구조, 재판상 갱생 또는 재판상 청산을 허용하는 판결절차를 이용하여 단지 자신의 계약상 의무만을 벗어나려고 한다면(예를 들어 파리 항소법원 2010년 2월 25일 제09-22756호, ch. 5-9) 채권자는 그러한 판결에 대하여 제3자 이의의 소를 제기할 수 있다(금전적 곤란에 처한 기업. 상법 제5권 제661-2조, 제661-1조 1-1°). 거기에 일반 법규범의 적용이 있게 된다. : 일반 채권자는 부정하게 그들의 권리를 침해하여 선고된 판결에 대하여 제3자 이의의 소를 제기할 수 있다(민사소송법 제583조).

제3자는 판사에게 자신의 입장을 앞세우기 위해 소송계속 중 임의적으로 참가할 수 있다. 심급 이후에 제3자에게는 민사소송법 제582조부터 제592조에 의하여 규율되는 제3자 이의의 소가 남게 되고, 제3자 이의의 소에 수리가능성의 조건, 절차의 양태와 그 효과를 제출하여야 한다.

1. 행사의 조건

제3자 이의의 소의 수리가능성은 4가지 조건의 결합을 전제로 한다.

■ (제3자에게) 이익이 있을 것

이익이 없으면 제3자 이의의 소도 없다. 물질적 또는 정신적 이익을 원용해야 한다. 예를 들어, 친자부인을 수용하는 판결의 사실에서 조부의 자격을 박탈하는 이의신청을 한 제3자를 들 수 있다. 이 이익은 최종적으로 판사에 의하여 평가되거나 최소한 판례가 인정하는 바에 따라 손해의 위협이 있다고 평가되어야 한다. 제3자인 채권자는 사법상 재산의 분할을 선고하는 판결에 대하여 제3자 이의의 소를 제기할 금전적 이익이 있다. ; 위장 결혼을 통하여 공동체에서 결혼을 하기에 이른 부부는 그들의 채권자의 권리를 기망하려고 한다. 제3자 이의의 소를 제기한 제3자는 다투어진 재판이 소위 오류 재판 즉, 잘못 선고된 것이라는 점을 밝혀야 한다(파기원 민사 제1부, 2014년 3월 19일 제11-22.194).

■ 제3자가 될 것

다시 말해 제3자가 되기 위하여 원고 당사자 또는 피고 당사자의 자격도 없어야 한다. 마찬가지로 결석판결을 받은 자(일반적인 권리승계인은 당사자본인을 승계한다)도 아니어야 하고 위임인을 위한 약정대리인 또는 무능력자를 위한 법정대리인으로서 심급 대리인의 자격도 가지지 아니하여야 한다. 채권자와 권리승계인은 그들의 권리를 기망당하여 선고된 판결이 있는 경우 적절한 공격방어방법을 원용하여 제3자 이의의 소를 제기할 수 있다. 마찬가지로 대리된 자들은 제3자 이의의 소라는 수단에 의하여 다음 사항을 도출할 수 있다.

- 기망 : 사원은 회사의 업무집행자와 상대 당사자 사이에 부정한 공모에 의하여 취득한 재판에 대하여 제3자 이의의 소를 제기할 수 있다.
- 또는 대인권(droit personnel)의 행사 : 임대차의 공동임차인은 다음과 같은 결과를 얻는다. 임대차의 공동임차인인 부부 중 일방은 임대차 관련 재판에

서 자신의 배우자를 대리하지 않고 자신의 독자적인 권한(임차권)을 가지기 때문에 제3자이의의 소를 제기할 수 있다

논리적 연계 : 1심에 당사자이었던 자였지만 항소심에서 당사자가 아닌 자는 항소심 판결에 대하여 제3자 이의의 소를 제기할 수 있다.

게다가, 비송사건에서 제3자 이의의 소는 재판이 송달되지 않았던 제3자에게만 허용된다. 왜냐하면 이러한 제3자는 송달을 받은 자와는 반대로 항소할 수 없었기 때문이다. ; 제3자 이의의 소는 송달받지 못한 제3자가 제기할 수 있다. 왜냐하면 그러한 판결은 항소심에 속하지 않는 종국성을 가지기 때문이다.

■ 다투어지는 재판

원칙적으로, 모든 사법재판(1심 판결, 항소심판결, 레페레 또는 준비절차정리법관의 명령...)은 법률에 달리 규정되지 않았다면 제3자 이의의 소에 의하여 다투어질 수 있다. 법률은 다음과 같이 제3자 이의의 소에 대하여 별도로 규정한다.

- 파기원의 판결 : 또는 파기원에 상고를 다시 제기하여 항소심 판결을 다투어야 하는 경우 ; 또는 파기원이 파기하여 환송된 항소심의 판결을 다투어야 하는 경우
- 당사자의 상태에 관한 사건. 지정된(attireé) 소권이라고 불리는 소권의 행사는 특정인에게 유보되어 있다. 그래서 제3자는 이혼 또는 별거, 친생부인 사건에서 선고된 재판에 이의를 제기할 수 없다. 그러나 제3자 이의의 소는 판결이 이해관계 있는 제3자들에게 공통적으로 선고되도록(제3자 이의의 소가 그들에게 허용되지 않지만 항소는 허용됨) 판사가 이해관계 있는 제3자(잠재적인 상속인 등)를 심급에 소환하지 않으면 다른 친자관계 절차에서 수리된다. 예를 들어 재혼한 모에 의한 친자관계 부인을 들 수 있다.
- 비송사건(예를 들어 양자사건...) ; 제3자 이의의 소는 재판의 송달을 받고나서 항소하기 위한 기간(민사소송법 제546조, 제583조)을 가진 자에게 허용되지 않는다.

- 프랑스 중재판정의 집행명령(exequatur)을 승인 또는 거부하는 명령. 반대로 제3자 이의의 소는 외국의 사법재판의 집행명령에 대한 판결을 다투기 위해 수리된다(**주석** : 2015년 1월 10일 유럽연합 민사 및 상사 사건에서 소멸된 집행명령, 그러나 집행 승인에 대한 거절은 이의되어 제동이 걸릴 수 있다 ; 2012년 12월 12일 유럽연합 규칙 1215/2012).

결국 제3자는 그들의 이익을 변호하기 위하여 항소심에 참가할 수 있으므로 항소심에서 판결을 다투는 제3자 이의의 소에 의하여 다투는 것은 수리불가능하다.

■ 기간

민사소송법 제586조는 다음과 같이 다른 점을 규정한다.

- 법률이 달리 규정하고 있지 않는 한 원칙적으로 주된 제3자 이의의 소를 제기하는 기간은 30년으로 고정되어 있다. 다른 모든 절차와는 별개로 제3자 이의의 소가 독립적인 수단으로 보이는 경우 이는 '주된 제3자 이의의 소'라고 한다. 보다 더 단기 기간도 있다. : 부부의 재산에 관한 법정분할 사건에서는 1년(민사소송법 제1298조) ; 도산(채권결재)절차(상법 제6권) 사건에서는 10일 ; 제3자 이의의 소는 재판의 선고로부터 10일로서 이의신청과 같은 형태와 같은 기간에 의하여 법률구조, 재판상 갱생 또는 청산사건에서 선고되는 재판에 대하여 제기된다.
- 부대 제3자 이의의 소는 어떤 기간 내에서도 구속되지 않는다. 이는 기간의 제약이 없이 허용될 수 있다. 이러한 논리적 해결에 따르면, 상소의 수단을 행사하기 위한 기간은 재판의 송달일로부터만 통상적으로 진행하기 때문이다 ; 그러나 이 경우에 제3자에게 어떤 송달도 있지 않다. 부대 제3자 이의의 소는 심급의 계속 중에 상대방이 이전에 선고된 법원의 재판에 이의하고, 다른 심급의 계속 중, 그들이 당사자가 아닌 심급의 경우에는 "부대"한다고 불린다. 다투어지는 판결이 제출된 사법기관은 상황에 따라 사건을 진행하거나 연기할 수 있다.

30년이라는 장기간의 제소기간을 회피하기 위하여 민사소송법 제586조는 제3자에게 책임을 물을 수 있는 소송사건 또는 비송사건에서 법원의 재판을 받은 자로 하여금 그 재판을 제3자에게 송달할 수 있다고 규정한다. 이 경우 제3자는 송달일로부터 2개월 이내에 제3자 이의의 소를 제기하여야 한다. 이는 제3자가 신속히 제3자 이의의 소를 제기할 수 있기 위한 규정으로서 사전 예방 원칙의 일환이다. 제소기간 내에 제3자 이의의 소를 제기하려면 제3자에 대한 송달에는 명시적으로 제3자 이의의 소를 제기할 수 있는 기간과 상소가 제기될 수 있는 방법이 기재되어야 한다.

2. 절차의 양태

보통 시행되는 절차는 일반법에 따른 절차임에 비하여 주된 또는 부대 제3자 이의의 소에 따라 관할은 달라진다.

■ 관할

단순성 : 주된 제3자 이의의 소는 다투어진 재판을 선고한 재판기관에 제기된다. 이는 취소의 수단과 관계된다. 재판은 동일한 법관에 의하여 선고될 수 있다.

복잡성 : 부대 제3자 이의의 소에서 논의되며 다음 사항에 관계된다.

- 사법기관의 위계(hiérachie) : 사건을 담당한 사법기관이 동등하거나 상급기관이면, 이 기관은 스스로 변경의 수단으로서 스스로 판결을 선고할 수 있다. 예를 들어 항소법원에서 심급이 계속 중에 대심법원에 의하여 선고된 판결은 다툼의 대상이 된다. 반대로 만약 사건을 담당한 사법기관이 하급기관이면 대심법원의 사건 중 항소심 판결에 의문이 있는 경우 취소의 수단으로 다툼의 대상이 된 재판을 선고하는 사법기관에 이송해야 한다.
- 사법기관의 성질(nature) : 사건을 담당한 사법기관이 다투어진 재판과 같은

심급이라면(모든 사법기관이 초심이라고 전제), 공공질서에 관한 관할 규정에 반하지 않는 한 부대 제3자 이의의 소는 아래처럼 해당 재판기관이 재판권을 가진다.

- 대심법원은 원칙적으로 부차적인 자격으로서 상사법원의 판결에 대하여 제3자 이의의 소를 관할한다.
- 노동법원은 부차적인 자격으로서도 대심법원, 상사법원 또는 농촌임대차법원 등의 판결에 대하여 제기된 제3자 이의의 소를 관할 할 수 없다.

■ 절차

제3자 이의의 소의 절차는 심급의 개시신청과 같은 방법으로 제기된다. 예를 들어 주된 제3자 이의의 소라면, 소환장에 의하여 제기된다. 부대 제3자 이의의 소에 대하여도 마찬가지일 뿐만 아니라 제3자 이의의 소가 다투어진 재판을 선고한 원래의 재판기관과 제3자 이의의 소에 의하여 재판을 다투는 중에 절차가 진행되는 원래의 재판기관이 아닌 다른 재판기관에서 제기된다고 하여도 소환장에 의함은 마찬가지이다.

만약 부대 제3자 이의의 소가 진행 절차의 담당 재판기관에 제출된다면 이는 변호사가 변호사에게 전달하는 서면 증서의 교환에 의하여 이루어진다.

3. 효과

■ 집행정지 효력이 없음

항소, 이의신청, 게다가 특정한 상고(예를 들어 이혼)에서의 소송행위와 달리 제3자 이의의 소는 집행정지 효력이 없으므로 제3자 이의의 소의 소송행위는 스스로 다투어진 판결의 집행을 정지시키지 않는다(민사소송법 제579조). 다만 이 상소를 담당하는 판사가 집행정지에 대하여 달리 결정하면 그러하지 아니하다. 주된 제3자 이의의 소이든 부대 제3자 이의의 소이든 불문하고 법관은 제3자 이의의 소의 대상이 되는 판결의 집행을 항상 정지할 수 있다.

■ 제3자 이의의 소에 기하여 선고된 재판의 효과

두 가지가 가능하다.

- 제3자 이의의 소가 기각된 경우. 다투어진 판결은 당사자뿐만 아니라 제3자 이의의 소를 제기한 제3자에 대하여 전부 효력을 유지한다. 또한 제3자 이의의 소가 부당하게 지연되거나 남용 수단으로 사용되는 경우, 제3자 이의의 소를 제기한 제3자는 그 제3자 이의의 소를 담당하는 법원에서 손해 증명이 없더라도 최대 1만 유로의 민사제재금을 선고받을 수 있다.
- 제3자 이의의 소가 인용된 경우. 그 대상이 되는 판결은 제3자 이의의 소에 의해 취소된 부분이더라도 소송당사자에게는 여전히 효력이 있다. 다만 이로써 그 제3자에게 대항할 수 없다. 예를 들어 판결이 다른 보증인에게 이익이 되도록 제3자 이의의 소에 의해 취소되었음에도 불구하고, 연대보증인(caution solidaire)은 여전히 그 판결에 의해 선고된 연대보증채무를 부담한다. 예외적으로 재판이 불가분의 성격(예를 들어 사람의 상태에 관한 사건)을 가진다면 제3자 이의의 소에서 판단된 사항은 모든 사람에 대하여 효력을 가진다. 이 불가분성은 서로 모순되는 두 가지 재판의 집행이 불가능한 점에서 기인한다. 예를 들면 친자관계와 같이 재판이 불가분적인 경우, 당사자 간에는 효력을 유지하면서 제3자에게는 대항할 수 없도록 하는 것이 불가능하다. 그리하여 소유권의 절대적이고 배타적인 성격을 이유로 제3자 이의의 소에 기하여 재산에 대한 반환청구(예를 들어 소유자의 자격을 증명하여 이의신청을 한 제3자)를 가지는 것으로 선고된 재판은 모두에 대하여 효력을 가진다. 결국 제3자 이의의 소에 기하여 선고된 판결은 그 판결이 나온 재판기관의 재판과 동일한 상소의 효력을 가진다.

그리하여 그 판결은 경우에 따라 항소 또는 상고의 대상이 될 수 있다. 그러나 제3자 이의의 소가 기각된 경우 원판결에서 당사자들은 어떤 소제기의 이익이 없다는 사실을 감안할 때 제3자 이의의 소를 제기한 제3자만 기각의 재판에 대하여 상소를 할 수 있다.

CHAPTER 18
상 고

파기원의 첫 번째 임무는 분쟁의 실체를 판단한 판사(1심법원과 항소법원)에 의한 법적용을 통제하고 법리의 통일성을 유지하는 것이다. 하급 재판기관은 상급 재판기관에서 판단된 소권으로 선례적인 효과를 받게 된다.

동일한 법계열 체계 내에서, 새로운 법률문제가 심각한 어려움을 드러내고 수많은 소송에서 제기되는 경우, 민사 사법체계상의 재판기관은 불복이 불가능한 결정으로 파기원의 의견(avis de la Cour de cassation)을 구한다.

게다가 파기원의 부는 다른 부의 관할과 전문성에 속하는 법적인 쟁점에 관하여 다른 파기원의 부에게 의견을 구할 수 있다.

결국 파기원은 법률의 위헌성의 항변을 한 사건에서 합헌성 우선의 원칙(QPC)의 범주에서 헌법위원회의 사건담당에 이를 수 있도록 여과장치의 역할을 하게 되는 셈이다.

이런 점에서 "최고법원"은 세 번째 단계의 사법기관의 역할을 담당하는 것은 아니다. 세 번째 단계는 법률적 문제에 관한 것이고 사실관계 문제에 관한 것은 아니다.

상고는 파기원에 의하여 종심에서의 판결 또는 항소심에서의 판결에 있어서 모순적인 법리를 파기한다. 다음에서는 상고의 수리가능성의 조건, 부의 구성, 파기원의 특별한 구성을 살펴보기로 한다.

1. 상고의 수리가능성의 조건

상고가 허용되려면 세 가지 조건이 필요하다.

■ 처리 방식

다투어진 1심 혹은 항소심 판결은 사법법원 체계 내의 재판기관에서 나와야 하고 국사원을 거친 사건과 같은 행정법원 체계 내에서 나와서는 안 된다.

상고한 자에게 불리한 규정은 그 상대방에게 이익이 되지 않는다고 하더라도 상고의 본인, 즉 반드시 본안의 실체를 판단한 판사의 심급에 있던 당사자는 상고의 이익을 증명해야 한다. 비송사건에서 상고는 상대방이 부재 중이더라도 수리가능하다.

통상 상고와 독립적으로 검사(ministère public)는 주된 당사자로서 상고를 할 수 있고, 검사(parquet)는 특별상고를 할 수 있으나(민사소송법 제639-1조 이하) 이 책의 지면의 제한으로 하여 다루지 않는다.

상고인은 2개월 기간 내에 상고를 제기한다. 다만 반대되는 규정이 있으면 그러하지 아니하다(민사소송법 제612조). 이 기간은 어떤 경우 단축되고(부부의 약정을 승인하고 상호 동의에 의하여 이혼을 선언하는 재판을 선고한 날로부터 15일), 어떤 경우 연장된다(민사소송법 제643조 거리를 이유로 하는 기간의 연장 ; 프랑스 영외 해외 영토에 거주하는 당사자를 위하여 1개월 연장된다. : 외국에 거주하는 당사자를 위하여 2개월 연장된다). 원칙적으로 기간은 다투어진 재판의 송달 일부터 진행한다. 결석 재판의 경우, 이의신청 기간이 만료하여 이의신청이 불가능한 날로부터 진행한다(민사소송법 제613조). 위 상소제기 기간과 파기원의 상고 심리기간은 집행정지 효력이 없다. 다만 이혼과 별거의 경우는 그러하지 아니하다.

상고의 신청은 파기원의 법원서기과(secrétariat-greffe)에 신청서를 제출함으로써 이루어지며 이 경우 상고에서 피고가 2명 이상 있는 경우 그 수만큼 사본을 제출한다. 다만 대리가 의무적이 아닌 경우 파기원 사회부에서 국사원과 파기원의 "위원회 변호사(avocat au Conseil)"로 불리는 변호사의 조력을 받아 그 변호사가 신청의 일자와 서명을 하여 상고하여야 한다(2014년 11월 6일 제2014-1338호의 혼합 시행령). 이러한 변호사를 선임할 때 주소지로 선택한다. 법원서기는 상고에서의 피고에게 통지하고 그에게 위원회 변호사를 선임할 의무가 있음을 상기시킨다. 마찬가지로 의무대리가 아닌 특정 사안에서(민사소송법 제983조부터 제995조), 상고는 다투어진 재판을 선고하는 재판기관의 법원서기에게 제출할 수 있다. 예를 들어 선거사건에서 사건이 계속 중인 법원에 의하여 선고된 재판에 대한 상고가 그러하다.

부대상고의 경우 부대항소에 관한 수리가능성 규정을 준용한다(제15장 항소 참조). 상고인은 상고 신청일로부터 4개월 이내에 상고이유서(memoire)를 작성하고, 그 상고이유서를 법원서기에게 제출하고 피상고인(autres parties)의 변호사에게 송달하여야 한다. 그렇지 않으면 실권의 제재를 받는다. 만약 피상고인이 변호사를 선임하지 않았다면, 상고이유서는 위 기간이 만료된 달 안에 송달되어야 한다(2014년 11월 6일 제2014-1338호 시행령으로 수정된 법률 제978조). 상고를 뒷받침하는데 원용된 증거서류와 상고심에서 당사자들이 다투어지는 재판을 한 재판기관에 제출한 최후서면의 사본 뿐 만 아니라 의견서는 다투어지는 재판에 대하여 원용되는 법률상 공격방어방법을 포함한다. 피상고인은 위 송달일로부터 2개월 내에 파기원의 법원서기에게 위원회 변호사의 서명이 기재된 답변 취지의 의견서를 제출하고, 상고인의 변호사에게 그 의견서가 변호사 사이의 송달 방식(법정내 송달 방식)으로 송달하여야 한다(민사소송법 제982조, 시행령 제2008-484호). 상고심 대상이 되는 재판과 관련하여 피상고인이 특정 쟁점을 다툴 필요가 있다면 위 의견서를 통하여 "부대상고" 형식으로 피상고인 역시 다툴 수 있다. 부대상고는 의견서의 형식으로 이루어지고, 피상고인의 의견서와 같은 증서를 포함하여야 한다(민사소송법 제1010조. 2010년 12월 28일 시행령 제2010-1647호). 그렇지 않으면 직권으로 소송불수리가 선고된다.

상고는 파기원에 의하여 모든 사건에서, 법률 규범의 정합성을 유지하기 위하여 분쟁의 실체를 판단한 판사의 재판을 파기함을 목적으로 하므로, 사실문제에 대한 모든 다툼을 배제한 채 법률적용에 대한 다툼만 수리가능성을 가진다. 그렇지 않으면 직권으로 수리불가능성이 선고되는 제재를 받는다. 사실관계는 분쟁의 실체를 판단한 판사에 의하여 배타적으로 평가되고 확인되며, 이 점에 대하여 영향을 미치는 모든 다툼은 최고법원에서 명백하게 수리불가능하게 된다. 상급법원이 법률문제의 통제를 실행할 수 있도록 상고인은 법원서기에게 의견서 제출 기간에 다음 자료를 제출하여야 하고 그렇지 아니하는 경우 그 상소는 직권으로 불수리되는 제재를 받는다. ; 다툼의 대상인 재판서(예를 들어 몇 일자의 파리항소법원의 판결문)와 송달증서의 사본, 다툼의 대상이 되는 재판에 의하여 인용 또는 파기된 재판(파리 대심법원의 판결)의 사본. 뿐만 아니라 의견서 내의 공격방어방법(또는 그 구성요소)은 상고사유로 허용되는 경우에만 실행되어야 하므로 그렇지 아니할 경우 수리불가능성의 재재를 받을 수도 있다.

■ 상고사유

각각의 공격방어방법(또는 그 요소)은 다음 사항이 명확해야 한다.

- 다툼이 있는 재판에서 다투는 당사자
- 이 재판이 다툼이 된 이유
- 상고사유의 원용

"파기원은 상고심에서 법률문제로 다투어지는 판결의 부정합성을 파기한다."(민사소송법 제604조, 이 조문의 형식에 의하여 상고는 아래 열거된 상고사유 이외의 경우에도 가능하다). 상고인의 상고심 대상 재판에서 법령에 관한 공격방어방법은 모두 실무상 상고사유가 되는 것이다. 모든 것이 법률위반으로 귀착된다. 이는 특히 다음과 같은 사항에 관계된다. ;

- 실체관계 법률의 위반(분쟁의 실체를 판단한 판사가 민법 조항을 잘못 적용한 경우)
- 판결을 선고한 사법기관의 실질적으로 관할, 드물게는 토지관할이 없는 경우
- 권한의 초과(판사가 입법권 또는 행정권을 침해한 경우 - 극히 드문 경우)

- (엄밀한 의미로 절차규율에 있어서) 형식의 불준수. 불이행시 무효가 되는 것으로 규정됨.
- 법적 근거의 결여(파기원에게 그 통제를 이행하도록 하는 이유의 부재 또는 불충분 ; 판결의 주문과 이유 사이의 모순이 있는 경우)

민사소송법 제978조는 상고의 근거로서 상고인으로 하여금 "상고사유의 원용"을 명시적으로 주장하도록 한다. 상고사유는 종국적으로 모든 사항을 평등과 법논리에 도달하도록 재정립시킨다.

■ 파기원의 파기(censure)를 받는 재판을 이행할 의무

상고는, 이혼 선고와 같이 드물게 법률이 달리 정하는 경우를 제외하고, 종심에서 선고된 재판에 대해 이루어진다. 재판은 상고가 있어도 여전히 집행력이 있다. 만약 상고인이 그가 다투는 재판을 이행하지 않았다면, 판결선고에서 피상고인은 사건명부에서 사건이 말소(민사소송법 제1009-1조, 2014년 11월 6일 제2014-1338호 시행령 ; 이에 대하여 언급된 제15장 항소에서 항소의 정지상태에 관하여 2005년 12월 28일 제2005-1678호 시행령의 결과인 민사소송법 제526조)되는 이익을 받는다. 그러기 위해서 피상고인 또는 피상고인의 위원회 변호사는 파기원의 수석재판관에게 사건 명부에서 그 상고를 말소하도록 요구하는 신청을 해야 하며, 그 신청서는 피상고인이 답변 취지의 의견서를 제출하는 기간이 만료되기 전에 제출되어야 한다. 물론 상고이유서가 송달되자마자 제출할 수도 있다. 그렇지 않으면 소송불수리의 제재를 받게 된다. 그러나 상고인(항소심 패소 당사자)은 재판을 이행하는 것이 불가능하거나, 그러한 이행이 명백히 과도한 결과를 초래하는 성질을 갖는 등의 법률상 이유를 들어 그 상고 대상이 되는 재판이 집행되지 않아야 한다고 주장할 수 있다. 수석재판관 또는 수명재판관은 불복할 수 없는 명령으로 - 사법행정 조치의 성격을 가지는 사건 명부에서의 말소(radiation)(민사소송법 제383조)를 선고한다.

여기에 두 가지의 요소가 있다.

- 사건명부에서의 철회가 명령된다면, 정지된 상고는 심사될 수 없다. 사건명

부의 말소에 관한 재판은 주된 그리고 부대된 상고의 심사를 금지한다. 그래서 상고인은 집행을 위한 사건의 말소를 명령하는 재판의 송달로부터 2년의 기간을 가진다. ; 그렇지 않으면, 심급이 소멸하게 된다. ; 피상고인은 상고를 불허하는 재판과 같은 효과를 가지는 명령에 의하여 이러한 심급의 소멸을 확인하도록 수석재판관에게 청구할 수 있다.

- 만약 심급의 소멸 이전에 상고인이 다툼이 대상이 되는 재판을 이행한다면 수석재판관 또는 수명재판관은 다툼의 대상이 된 재판의 집행을 증명하는 것을 조건으로 소송 중인 사건명부에 사건을 재등록하는 것을 허가한다.

2. 일반 재판부의 판결

상고인이 의견서를 제출하면 사건은 파기원의 부 중 하나에 배당된다.

■ 제한 또는 확장된 부의 구성

상고인이 의견서를 제출한 이후, 사건은 파기원의 부에 배당되는데(민사소송법 제1011조), 다시 말해 사건의 본질에 따라 정해지는 파기원의 부에 보내어 진다. 파기원은 다음과 같이 6개의 부로 구성된다. : 3개의 민사부, 1개의 상사·경제·금융부, 1개의 사회부(혹은 넓은 의미로 다섯 개의 민사부), 그리고 1개의 형사부. 노동사건에서 법률문제의 상고는 사회부에 속하고 원칙적으로 당사자들의 법률문제에 관한 상고는 제1민사부에서 담당하며, 민사상 고의 및 과실로 인한 불법행위 책임 사건의 상고는 특별한 예외를 제외하고는 제2민사부로 송부된다.

사건이 배당된 부의 장에 의하여 보고법관의 자격으로 임명된 파기원 재판관은 사실관계 및 절차에 관계된 사항을 보고하기 위하여 소송기록의 심리를 진행한다(민사소송법 제1012조). 검사(ministère public)가 서면을 작성하고 변론기일에 구두로 의견을 주기 위하여(민사소송법 제1019조) 소송기록은 고등송무관들(avocats generaux) 중 하나에게 대리권한을 수여하도록 일반검사(parquet general)에게도 송부된다. 본안 변론은 공개된다. 다만 재판의 공개로 인하여 사생활의 비밀을 침해하는 결과가 초래되거나 모든 당사자가 비공개를 요구하거나 성질상 법원의 공정성을 흔드는 무질서를 초래하여 재판관의 부에서 사건을 비공개로 판단하도록 하는 예외가 있는 경우 그러하지 아니하다.

제한부(la formation restreinte)는 3인의 판사로만 구성된다. 상고이유서(memoire)가 제출되었다면 제한부는 수리불가능한 상고를 허용하지 않거나 파기를 통하여 상고의 공격방어방법에 대해 본안판단하지 않을 것을 선고한다. 이러한 제한된 부는 상고를 통한 해결이 강제되는 경우 해결해야 하는 법률적 문제에 관한 단순한 사건에도 판결을 선고한다.

반대의 경우, 파기원의 수석재판관, 관련된 부서의 재판관 또는 위임을 받은 부서의 재판관은 직권으로 또는 일반검사 혹은 당사자 중 일방의 청구에 의하여 이유부기가 되지 않은 재판에 따라 적어도 5인의 재판관이 참석하는 부의 변론기일로 직접 사건을 회부할 수 있다.

보고법관(conseilleur rapporteur)이 제출한 보고서 이후에 변호사가 원한다면 진술할 수 있다. 당사자 역시 수석재판관에 의한 진술의 허가 이후에 진술할 수 있고 법원은 검사(ministère public)의 의견(avis)을 청취한 이후 판결한다. 판결은 공개적으로 선고된다. 원칙적으로 판결은 즉시 선고되는 것이 아니라 변론기일 이후 4-6주 사이에 선고된다. 통상 파기원의 판결은 간략하며 파기원의 신성한 평판을 유지하기 위하여 판결에 필요하지 않은 것은 판시되지 않는다.

만약 파기원이 상고는 수리가능하지 않다거나 파기에 충실한 방법으로 본안판단을 하지 않으면, 파기원은 이유부기 되지 않은 재판에 의하여 상고가 허용되지 않음을 확인하고 그 재판은 상고 기각의 재판과 같은 효과를 초래한다. 파기원은 위와 같이, 기각판결의 경우에 승소당사자가 법원에서 변호하기 위하여 소비한 비용 명목으로 패소한 당사자로 하여금 승소한 당사자에게 배상액을 지급하도록 하는 판결을 선고할 수 있다. 게다가 파기원이 상고 남용이라고 판단한 경우, 파기원은 상고인에게 최대 1만 유로의 민사제재금을 선고할 수 있고, 또 피상고인에게 유리하게 배상금을 선고할 수 있으며, 배상금은 민사제재금과 동일한 금액일 수 있다.

다른 경우 상고의 대상이 되는 재판의 전부 또는 일부에 대하여 상고를 기각하거나 파기하기 위하여 파기원은 이유가 설시된 판결을 선고한다. 판결은 파기의 이유가 되는 법령을 대상으로 한다. 원칙적으로 파기가 선고되면, 파기원은 예를 들어 항소법원과 같이 같은 심급과 예를 들어 상사법원과 같이 같은 성질을 가진 다른 재판기관 또는 다르게 구성된 같은 재판기관에 사건의 심리를 위하여 환송시킨다. 파기원은 환송하지 않고 파기자판도 할 수 있다.

■ 파기자판(cassation sans renvoi)

파기원의 부가 재판을 파기하는 경우, 통상적으로 파기된 원심판결과 동일 심급 (1심 또는 항소심), 동일 성질 (민사, 상사, 사회...)의 재판기관으로 사건을 환송하여 사실문제와 법률문제에 관한 새로운 판단을 받도록 한다. 상급 재판기관은 예외적으로 파기자판(破棄自判)한다. 이러한 파기자판의 권능(faculté)은 파기원의 모든 부에 인정된다. ; 일반재판부, 혼합재판부, 전원합의체. 특히 파기자판은 다음과 같은 경우 할 수 있다.

- 판단할 것이 남아 있지 않으므로 파기가 다시 본안에 관하여 판단되어야 함을 의미하지 않는다. 예를 들어 소권을 행사하는 기간이 소멸되었거나 원고소제기 할 수 있는 권한을 가지고 있지 않거나(예를 들어 법인격이 없는 집단) 기간이 지나서 제기된 항소가 수리불가능한 경우, 재판은 파기된다.
- 파기원은 적절한 법적 규범을 적용할 수 있다 ; 분쟁의 실체를 판단한 판사에 의하여 최종적으로 확인되고 평가된 사실관계는 파기원으로 하여금 적절한 법률관계의 규율을 적용하도록 한다. 파기원은 법률문제에 관하여 입장을 정리한다. 예를 들어 파기원은 불법행위책임을 계약책임으로 바꾸거나 약정이자율을 법정이자율로 바꾼다. ; 파기원은 채무에서 연대채무에 속한 채무자를 면제한다.

3. 특별 재판부

파기원에는 부서의 각 구성원(전원합의체) 또는 최소한 3개 부의 구성원과 파기원 부서의 수석 재판관 또는 선임 재판관에 의하여 주재되는 부서를 포함하는 비영구적인 성격의 특별 재판부가 있다. 이 특별 재판부들은 특히 분쟁의 실체를 판단한 판사와 파기원 사이의 법률해석의 차이(전원합의체) 또는 각 부서 사이의 법률해석의 차이(혼합 재판부)가 있는 사건을 관할한다.

■ 혼합 재판부

여섯 개의 각 부서의 사물관할은 전문화의 범주에 따라 규율된다. 그럼에도 불구하고 예를 들어 같은 법률문제에 기하여 불일치가 세 개의 민사부와 상사 또는 형사부 사이에서 나타날 수 있다. 법률해석의 일치를 보장하기 위한 책임을 부담하는 파기원에서도 이러한 법리적 견해 차이가 있는 사건을 어느 부서가 맡는다면 혼합재판부의 판결에 따른다.

사건이 원칙의 문제 또는 다수 부서에 속하는 문제인 경우 또는 그 해법이 재판의 장애를 일으키는 경우(법원조직법 제431-5조), 그 사건은 혼합재판부에서 처리된다.

오늘날 혼합재판부는 반드시 최소한 3개의 부서의 대표들로 구성된다. : 예를 들어 의견불일치에 있는 두 개의 부서와 중립적인 한 개의 부서(법원조직법 제421-4조, 2006년 6월 8일의 법률명령 제2006-673호). 혼합재판부에서 선고된 판결은 파기원의 연간보고서에 공시되어 법학을 연구하는데 도움이 된다.

■ 전원합의체

재판이 파기되어 원심 법원과 같은 심급, 같은 성질의 법원으로 다시 환송되었다가, 재차 파기원으로 상고된 경우 파기원은 반드시 전원합의체를 소집하여야 한다. 6개 재판부의 19명의 판사가 있다. 다시 말해 수석재판관, 재판관 그리고 부서의 선임재판관과 각 부서의 재판관(법원조직법 제421-5조, 법률명령 제

2006-673호)으로 구성된다. 전원합의체에서 선고된 판결은 환송심의 새로운 재판기관에 법률문제의 해법을 준다. 소송에서는 자주 10년~12년 혹은 그 이후에서야 절차가 종국적으로 종결된다.

만약 사건이 원칙에 대한 문제를 제기하고 특히 분쟁의 실체를 판단한 판사 사이 또는 그 판사와 파기원 사이(예를 들어 성전환자의 성변경에 기하여 같은 날에 선고된 두 개의 전원합의체 판결, 1992년 11월 11일 제91-11900호 제91-12.373호) 다양한 해법이 있다면 파기원의 조정이 더 신속하게 그 지위를 맡게 하도록, 파기원(일반부)은 상고 이후 전원합의체 소집을 할 수 있다.

사건을 담당한 부서의 판결에 의하거나, 본안변론이 이루어지기 이전에 파기원의 수석재판관의 이유가 기재되지 않은 명령에 의해 환송이 결정되거나, 또는 고등 검사장(procureur général)이 환송을 요청하면, 전원합의체에서 사건이 직접 환송된다. 이는 혼합재판부에서 사건이 환송되는 것과 같다.

파기원이 재판을 파기하는 경우 환송받은 재판기관은 법률적 관점에서 상급법원의 판결의 해법을 따를 의무가 없다. 다만 환송이 전원합의체에서 선고된 경우에는 그러하지 아니하다. 파기원에서 가장 권위있는 부서에 의하여 선고된 이러한 전원합의체의 판결은 파기원의 연간보고서에 공시되고 법학을 연구하는데 도움이 된다.

재심청구

CHAPTER 19

재심청구는 적절한 규율에 따라 형사사건과 행정사건에서 존재한다. 민사사건에서(초심에 선고되었는지 종심에 선고되었는지는 중요하지 않다) 오류를 범한 같은 재판기관에 의하여 취소의 수단으로 사실문제와 법률문제에 관하여 다시 판결하기 위하여 부정하게 취득되어 기판력을 받는 판결을 취소시킨다. 그렇다고 항소, 이의신청과 같이 집행이 정지되는 불복수단은 아니다. 새로운 상황에서 취소되거나 변경될 수 있는 레페레 명령은 배제된다. 재심은 재판이 사실관계와 법률 적용과 관련하여 새로이 판결될 수 있도록 그 재판을 아예 취소하기 때문에, 파기원에서 다루어지지 않는다.

재심의 대상은 알려져 있으므로 재심의 조건과 효과를 통하여 재심의 범주와 체계를 알아볼 필요가 있다.

1. 조건

재심의 조건은 재판할 수 있는 판사, 재심사유 및 준수해야 할 절차의 존재이다.

■ 재판할 수 있는 판사

민사사건에서 취소의 수단으로서 재심은 다툼의 대상이 되는 판결을 선고한 판사의 관할에 속한다. 예외적으로 중재판정의 재심은 판정이 선고된 종심에 대해 항소법원에 이르게 된다. 재심은 판결에서 당사자의 자격을 가진 자 또는 대리인에 의하여만 청구될 수 있다.

■ 재심사유

재심청구, 특수한 불복의 방법은, 재심사유라 불리는 다음의 요인 중 하나에 의하여만 허용된다.

- 판결 이후에, 재판에서 의도적으로 판사를 기망하여 재판이 선고되었고 재판이 당사자의 결정적인 사기에 의하였다는 점이 드러나게 된다면, 판결은 거짓말을 하는 셈이 된다.

- 판결 이후 승소당사자 또는 승소당사자와 공모한 제3자에 의하여 자의적으로 억류된 결정적인 증거를 재발견한 경우
- 재심청구가 인정된 결정적 증거(그 증거를 이용한 당사자의 자백) 또는 판결 이후에 재판상 거짓 증거(그러나 재심청구에 선행하여야 함)에 기하여 판단된 경우
- 서면에 의하여 제출된 증언인 증언진술, 증인이 선서를 준비한 이후 법정에서 한 증언 또는 재판상 선서(décisoires)가 판결 이후 거짓으로 인정된 경우

어떤 경우에도 본인이 그의 과책없이 재판이 확정력을 가지기 이전에 그 본인이 원용한 소인을 주장할 수 없었던 경우에만 불복은 받아들여진다.

■ 절차

재심청구의 기간은 2개월로 정해져 있다. 이 기간은 재심청구의 이익을 증명해야 하는 당사자가 그가 원용(민사소송법 제596조)한 재심의 이유를 알게 된 날로부터 진행하고 재심을 발생시킨 날로부터 진행하지는 않는다.

모든 당사자들은 사건을 지배하는 기망적 사실로 인하여 소송에 소환되고 거

기다 검찰에게 소송자료를 전달한다. 형사사건에 후속하는 우발사건을 그 예로 들 수 있다.

원칙적으로 재심청구는 주된 수단으로 행사되고 소환에 의하여 심리된다. 그럼에도 재심청구가 부대청구로 제기된다면 다툼의 대상이 되는 판결은 같은 재판기관과 같은 당사자 사이에서 다른 소송절차의 계속 중에 내려진다. 변호 수단의 제출을 위하여 규정된 양식을 따른다. 즉 서면제출의 수단이 따르게 된다(민사소송법 제598조 제2항).

2. 결말

불복의 수리가능성과 불복의 정당성은 별개의 문제이다.

■ 수리가능성

재심청구는 집행정지의 효과를 가지지 않는다. 반대로 재심청구가 사실상, 법률상 다시 판결될 수 있도록(법 제593조) 판단된 사항에 대하여 의문을 가지도록 하므로 재심청구는 이심의 효력을 가진다. 그러나 다른 것들은 법조항의 항목에 구애되지 않는 반면 재심청구는 하나의 조항(항목)에 한정될 수 있다.

1심 뿐만 아니라 항소심에서 재심의 수리가능성은 재심의 정당성과는 거리가 있어 보인다. 수리가능성은 다툼의 대상이 되는 재판의 취소를 포함하지 않는다. 형식상 수리가능한 재심은 본안에서 기각될 수 있다.

■ 취소(rétractation)

재심 대상이 된 재판이 재심에 의해 취소된다면, 취소된 재판을 따르거나 그 재판이 적용된 모든 결정은 결과적으로 취소되어 무효로 된다(annulation). 게다가 이와 유사하게 취소되어 다툼이 대상이 되는 재판에 대한 상고는 대상이 없게 된다. 만약 재심이 하나의 항목으로만 판결을 정당화한다면, 다른 것들은 법

조항의 항목에 구애되지 않는 한 그 하나의 항목이 재심의 대상이 된다.

결국 재심청구의 대상이 된 판결은 재심에 의하여 더 이상 다투어질 수 없다. 다만 후에 발견된 다른 재심사유가 있으면 그러하지 아니하다. 마찬가지로 재심청구에 기하여 선고한 판결은 그 역시 재심에 의하여 다투어 질 수 없다. 반대로 재심청구에 기하여 선고된 재판은 항소, 상고와 같은 일반법의 법리에 따라 허용된 불복수단에 따른다. 그에 따라 종심에서 선고된 재판과 관련된 재심청구를 선고하는 판결은 항소의 대상이 되지 않는다.

※ 용어정리

Parquet[1]는 검사라고 번역되는 경우가 많은데 일반적으로는 파기원, 항소법원, 대심법원 등 각 단위 법원에서 공소관(ministère public)의 직무를 수행하는 사법관의 집합을 말한다. 대심법원에는 지방법원 검사장(procureur de la République)과 이들로부터 지휘 또는 위임을 받는 공소사법관(substitut)이 있다. 항소법원에는 고등검사장(procureur général)이 고등송무관(avocat général)과 고등 공소사법관(substitut général)이 있다. 파기원에는 고등검사장(procureur général), 수석송무관(premier avocat général), 고등송무관(avocat général)이 있다. 이 경우 항소법원과 파기원의 검사장은 명칭은 같지만 상호간에 지휘관계가 없다.

Ministère public[2]은 공소관 또는 검사로 번역된다. 일정한 법원에서 법률의 적용을 요구하고, 사회 일반의 이익을 감시하는 임무를 수행하는 직업사법관을 총칭한다. 민사에 있어서 검사는 주된 당사자 또는 공동당사자가 된다.

---

1) 법제연구원, 프랑스법령용어집, 2008. 578면.

2) Raymond Guillien; Jean Vincent,「フランス法律用語辭典」Lexique de termes juridiques, 第2版. 三省堂, 2002. 205頁

제2권

프랑스 민사소송법의 특수문제

제1부 프랑스 민사소송법상 대심의 원칙에 관한 소고

제2부 프랑스 민사소송법상 합의에 기초한 분쟁해결 규정이 주는 시사점

제3부 프랑스 민사소송법상 몇 가지 주제에 관한 검토

제1부

프랑스 민사소송법상 대심의 원칙에 관한 소고[1)]

Ⅰ. 서론

프랑스 민사소송법은 우리나라에서는 아직까지 생소한 분야이다. 우리나라의 소송법이 일본과 독일의 영향을 강하게 받아서 그다지 연구의 필요성을 느끼지 못했을 수도 있고, 체계가 상당히 이질적이기 때문에 우리나라에 시사점을 주는 측면이 적다고 느꼈을 수도 있다. 그러나 소송을 분쟁을 종국적으로 종결시키는 제도라고 본다면 대륙법계의 큰 축인 프랑스법을 연구하여 시사점을 도출해 내는 것도 의미가 있다고 생각한다. 분쟁을 해결하는 지혜는 어느 법계에나 있기 마련인데 아직 프랑스법계에서 얻을 수 있는 시사점에 대한 연구는 미진한 실정이기 때문이다. 이 글에서는 프랑스 민사소송법의 기본원리 중에서도 대심의 원칙(le principe de la contradiction)에 관하여 검토해 보고자 한다. 프랑스 민사소송에 관한 구체적인 절차를 살펴보기 전에 법 전반에 흐르고 있는 기본원리를 먼저 살펴보는 것이 향후 프랑스 제도의 연구와 이해에 도움이 될 것으로 생각했기 때문이다.

먼저 프랑스 민사소송법전에 나와 있는 대심의 원칙에 대하여 살펴보고자 한다. 프랑스 민사소송법전의 내용을 참조하면서 프랑스에서 논의되고 있는 해석

1) 이 장은 역자의 다음 논문을 기초로 작성하였다. "프랑스 민사소송법상 대심의 원칙에 관한 소고", 민사소송(한국민사소송법학회) 제22권 제1호, 2018.5. 323-364면.

론 및 판례를 소개하려고 한다. 그 다음으로 대심의 원칙이 우리나라에 어떤 의미가 있는지를 살펴보고자 하려고 한다. 단순히 제도의 소개에 그치지 아니하고 우리나라에도 영감을 줄 수 있는 부분이 무엇인지 검토하려고 한다. 외국법을 공부하면서 가장 경계해야 하는 점은 외국에서 시행되고 있는 제도가 좋으니 막연히 도입해 보자는 태도라고 생각한다. 외국의 제도를 도입하기 위해서는 그 나라의 법문화의 특성, 제도의 정착 과정, 전체적인 법체계, 시민 의식 등이 다층적으로 분석되어야 한다.

이 글에서는 프랑스 제도에는 있으나 우리나라에서는 미처 깊게 생각하지 못한 부분 또는 검토가 미진한 부분에 관계된 부분을 서술하고자 한다. 프랑스 민사소송법을 살펴보기 위해서는 부득이하게 일본에서의 논의도 참고할 수밖에 없었다. 국내에서 논의된 바가 거의 없기 때문에 일본학자들이 생각하고 있는 부분을 참고할 필요가 있었던 것이다. 이 점을 바탕으로 시사점을 살펴볼 부분은 대심의 원칙과 감정(鑑定)제도의 관계라고 할 수 있다. 일본학자가 대심의 원칙을 일본의 관점에서 논의한 것을 살펴본 이후 우리나라에 주는 시사점을 살펴보려고 한다. 프랑스 민사소송법에 도입된 이른바 참여절차(procédure participative)에서 전문가에 대한 청원(recours)이 있는데 이 경우 전문가(technicien)도 대심의 원칙을 준수하도록 하고 있다. 이 점에 관하여도 우리나라에 주는 시사점이 없는지 검토하였다.

Ⅱ. 프랑스 대심의 원칙의 주요내용

1. 프랑스 민사소송법을 이해하기 위한 배경

가. 프랑스 사법개혁의 연혁

다른 대륙법 체계와 유사하게 법원에서 절차가 어떻게 수행되어야 하는지를 확정하는 프랑스의 규범은 성문법에서 찾을 수 있다. 좀 더 구체적으로 보면, Code de Procédure라고 불리는 민사소송법과 Code de l'Organisation이라고 불리는 법원조직법이 있다. 전자가 후자보다 오래되었다. 프랑스 민사소송법은 1806년에 제정되었고 1975년과 2007년에 개정되었으며, 법원에서 실질적인 절차수행에 관하여 규정하고 있다. 반면 프랑스 법원조직법은 1978년 제정되고 나서 2006년에 개정되었고 일반적인 법원의 조직과 법원들 사이의 업무와 기능의 분배에 관하여 규정하고 있다.

민사소송에서 개혁은 사법행정에서 더 많은 효율성을 추구하는 광범위한 개혁운동의 일환으로 도입되었다. 그래서 2000년에 프랑스 법부무는 국사원(Conseil d'État) 최고 법관인 폴 부쉐(Paul Boucher)를 임명하여 사법접근권에 대한 보다 광범위한 맥락에서 프랑스의 법률구조체계를 검토하고 평가하도록 하였다.

폴 부쉐가 이끈 '권리와 사법에 대한 접근성 개혁 위원회'(Commission de Réforme de l'Accès au Droit et a là Justice : 판사 2인, 개업변호사 1인, 사회문제 컨설턴트 1인 합계 4인으로 구성)는 2001년 4월 정부에 보고서를 제출하였다.[2)] 이 자문보고서(Rapport de la commission de réforme de l'accès au droit et à la justice)에, 위 위원회는 판사, 변호사, 법무부 공무원과 같이 사법행정에 직접적으로 관계된 다수의 다양한 개인과 조직뿐만 아니라 보험회사, 소비자단체, 노동조합 및 제반단체와 같이 간접적으로 관계된 개인과 조직으로부터도 의견을 청취하였다. 사실 이 영향력이 있는 자문보고서는 종래 민사소송에 관한 고찰과 제안(Réflexions et Propositions sur Procédure Civile)이라고 명명된 1996년 쿨롱(Coulon) 보고서를 업데이트한 것이었다. 쿨롱 보고서에는 파리 대심법원장인 장-마리 쿨롱(Jean-Marie Coulon)이 프랑스 민사법원의 체계에 대하여 다양한 권고안을 제시하였고 그 중의 일부는 법원구조, 법률구조, 대체적 분쟁해결방식의 측면에서 민사소송법을 개정한 1998년 12월 29일 시행령에서 시행되었다. 이러한 민사소송절차의 계속적인 개혁의 맥락에서 2002년 또 다른 민사소송법에 대한 개혁이 있게 된다.[3)]

절차의 신설, 항소심절차, 소액사건과 같은 영역에서 입법상의 변화가 있게 되었다. 그리하여 사르코지의 집권 기간에 프랑스의 사법지도(carte judiciaire)에

2) 이 보고서의 정식 명칭은 다음과 같으며, 아래의 인터넷 사이트에 공개되어 있다.
http://www.pierregenevier.eu/npdf2/rapport-AJ-bouchet-5-2001.pdf (2018. 5. 22. 최종방문)

3) Eva Steiner, 「French Law - A comparative approach」, Oxford, 2009. p.277.

대한 큰 영향을 가져왔던 개혁은 국가에서 법원의 위치에 대한 지역적 배분을 합리적으로 조정하고, 18세기 말부터 있었던 변화의 요구를 반영하기 위하여 일어나게 되었다. 다수의 법원들은 그들의 존재를 정당화하기 위하여 충분한 활동을 하지 않았고 그 결과 문을 닫게 되었다. 이러한 변화가 인기가 없었음에도 불구하고 효율성의 목적은 여전히 존재하였고 2010년까지 476개 중 178개의 소법원(Tribunal d'Instance)이, 2011년까지 181개 중 23개의 지역 대심법원(Tribunal de Grande Instance)이 폐쇄되었다.[4]

2008년에 다시 겡샤르(Guinchard) 보고서에서 제기된 새로운 권고안이 제안되었는데 그 목적은 다음과 같다. 사법시스템의 다양한 요소들을 감안하여 소송업무량에 관한 보다 균형적인 배분, 전문화된 법원서기에게 특수한 절차를 위탁함으로써 법원의 업무량을 경감, 기존의 대체적 분쟁해결방식의 심도있는 발전, 새로운 참여절차의 도입으로 사법절차 내에서 분쟁을 화해로 해결하는 문화를 추구 등이다.[5] 참고로 참여절차(procédure participative)란 미국식 사법제도에서 차용되어 소송당사자사이에 계약적 합의에 기초하여 당사자들이 합의에 의하여 분쟁을 해결하는 것을 의미한다.[6] 단순히 분쟁 전에 합의를 해놓는 수준이 아니라 먼저 분쟁을 해결하기로 약정을 체결하고 분쟁이 발생하면 당사자들이 변호사의 조력을 받아 합의를 통하여 분쟁을 해결한 후 그 내용을 판사에게 승인받는 형태(합의가 성립하지 않으면 판결절차로 이행)이다. 참여절차는 우리나라의 민법상 화해계약과 소송상 화해(또는 조정)절차를 결합한 형태로 평가할 수 있지 않는가 한다.

나. 프랑스 민사소송법의 성격

(1) 일반론

프랑스에서와 같은 대륙법계의 절차법 체계에서 두드러진 특징은 일반적으로 법원이 규문주의(직권주의, inquisitorial) 체계로 불리는 제도에서 작동한다는 점

---

4) Eva Steiner, op. cit., p.277.

5) Serge Guinchard, “L'ambition raisonnée d'une justice apaisée”, La Documentation française, 2008., 이 보고서 13면 이하에는 65개의 건의 사항이 정리되어 있다.

6) Serge Guinchard, op. cit., p.169. ; 최광선, “프랑스 민사소송법상 합의에 기초한 분쟁해결 규정이 주는 시사점”, 민사소송(한국민사소송법학회) 제21권 제1호, 2017년 5월.

이다. 반면 영미법계에서는 당사자주의적인 색체가 일반적으로 드러난다. 규문주의적 절차는 절차의 수행에서 판사에게 보다 능동적인 역할을 부여하는 반면 당사자주의 절차는 당사자에게 주도권을 준다. 영미법계 법원과 프랑스 법원의 절차를 비교해 보면 법원의 기일에서 사실이 확정되는 방법, 증인진술 및 전문가 증거에 대한 선택과 고려, 판사와 변호사 사이의 역할분담이 법원의 세세한 절차에 반영되는 방법의 측면에서 사실상 거의 유사점이 없다.[7] 예를 들어, 프랑스에서 심리를 위하여 사건을 준비하는 대부분의 업무는 기일을 주도하는 판사에 의하여 수행된다. 반면 영미법계에서 그러한 업무는 판사가 대리인과 함께 한다. 프랑스에서 심리는 영미법계 국가보다 짧은 편인데 그 이유 중 하나는 특히 가장 심각한 범위반이 배심원에 의하여 심리되는 중죄원(Cour d'Assises)과 같은 형사절차를 제외하고는 증인이 거의 교차신문되지 않기 때문이다.[8] 규문주의 접근방법이 형사절차에 보다 적합한 반면 당사자주의 접근방법이 민사절차에 보다 적합하다는 점이 자주 이론가들에 의하여 주장된다고는 하지만 어느 접근방법인지에 따라 진실을 발견해 가는 방법이 달라질 뿐이라는 점에서 분쟁해결이라는 목적에 본질적인 차이점이 있는지는 의문이다.

당사자주의와 규문주의를 비교하면 다음과 같다.[9] 당사자주의는 절차 진행 중에 당사자와 대리인에 의하여 보다 많은 역할이 수행되는 반면 판사는 사건을 진행함에 있어 보다 소극적이다. 시민법 체계가 직업법관에 더 무게를 두고 있는 반면, 법관과 배심원의 구성에서 비전임자(lay personnel)의 관여도가 높다. 증거능력에 부여된 한계가 큰 만큼 서면증거에 비하여 구두증거에 대한 선호도가 높다. 그러나 세계시장의 단일화, 유럽의 통합, 개개의 재판권에서 사법체계의 현대화, 합리화에 대한 요구는 당사자주의와 규문주의가 혼합된 절차법적 체계를 구축하도록 요구한다.

(2) 프랑스 모델 - 혼합체계

역사적 측면에서 보면, 당사자주의 절차는 반드시 영미법의 성격만 있다고 보

7) Eva Steiner, op. cit., p.278.
8) Eva Steiner, op. cit., p.278.
9) Eva Steiner, op. cit., p.279.

는 견해는 잘못되었다고 할 수 있다. 사실 규문주의적 절차는 이미 존재하고 있었던 봉건적 당사자주의 하에서 만연하던 총칼로 하는 복수로 분쟁을 해결하는 것을 종결시키기 위하여 12세기부터 종교법원에서 도입되었으며 봉건사회에서 기소는 절차의 수행에서 중심적인 역할을 하는 원고에 의하여 개시되었다고 한다.[10] 그러나 종교법정의 규문주의적 절차는 이미 사용되고 있던 봉건적 당사자주의적 방식만큼 억압적인 것으로 증명되었다.[11] 이러한 종교법원에서 자백은 매우 자주 고문의 사용을 통해 얻어졌고 혁명기간 동안 사법체계의 전반적인 재고(再考)가 일어나던 상황이었기 때문이다.[12] 그리하여 개혁된 체계가 1789년 프랑스 대혁명 시기에 도입되었다. 그 시기에는 규문주의 체계의 일반적인 구조를 유지함에도 무죄추정의 원칙 및 배심재판의 도입, 피고인을 조력하는 변호사에 관한 규정과 같은 당사자주의적 요소가 추가되었다.[13] 오늘날 사건에 대한 당사자들의 권리와 사법의 효율성에서 국가의 이익을 조율하는 목적으로 개혁이 진행되고 있는 결과, 민사와 형사사법 시스템은 절차에서 당사자주의와 규문주의의 모습을 모두를 가지고 있게 되었다.[14]

민사절차에서 지금까지 프랑스의 절차법이 규문주의에 따른 특징이 부각된다는 점은 판사의 증거조사, 구체적으로 증거의 공개에 관한 규정으로서 판사의 역할을 규정한 프랑스 민사소송법 제10조, 제11조로부터 알 수 있다.[15] 위 제10조에서 판사는 전문가를 선임하거나 법원에 당사자를 출석하도록 소환하는 것 같이 적법한 증거조사를 재량으로 명할 수 있다. 나아가 위 제11조에서는 당사자들이 증거조사의 시행에 협조해야 할 의무를 부담하고 있고, 판사는 증거조사를 회피하거나 거절하는 경우에도 결론을 이끌어 내도록 허용되어 있다는 점을 구체적으로 규정한다. 게다가 일방 당사자가 증거자료를 가지고 있는 경우, 사건의 상대방 당사자의 신청에 의하여 판사는 일방 당사자에게 그 증거가 공개될 때까지 금전제재(아스트렝트, astreinte)[16]를 지속적으로 부과할 수 있으며 이

10) Eva Steiner, op. cit., p.279.

11) Eva Steiner, op. cit., pp.279-280.

12) Eva Steiner, op. cit., p.280.

13) Eva Steiner, op. cit., p.280.

14) Eva Steiner, op. cit., p.280.

15) Eva Steiner, op. cit., p.280.

규정은 정당한 이유가 없는 제3자가 소지한 모든 증거서류의 공개에 관하여 적용된다.

그러나 프랑스 민사소송법 제12조를 고려하면 민사절차는 어느 정도 당사자주의적인 색채를 가지고 있다. 이 조항을 보면, 법률문제는 사건에서 적용되는 법규정에 따라 분쟁을 해결해야 하는 판사에 의하여 구분됨에 비하여 사실문제는 사건에서 대립하는 당사자의 전권사항으로 고려된다.[17] 사실 당사자주의적 접근에 부합하도록 판사는 당사자들이 분쟁의 범위를 확정한 사실을 토대로 결정의 기초를 삼는다. "판사는 청구된 사항에 대하여만 규율할 수 있다. 청구의 대상과 범위는 각 당사자에 의하여 확정된다(프랑스 민사소송법 제4조, 제5조)". 주장된 사실이 진실인지에 대한 평가에 관한 한 법률적 문제는 법원이 사실이 쟁점으로 남아 있는지를 검토하거나 사전에 동의한 사실인지를 문제로 삼는다. 이러한 측면에서 파기원(Cour de cassation)은 당사자들 사이에 동의된 사실은 재검토되어 판사의 결정에 사용될 수 있고, 그렇게 함으로써 규문주의적 방법으로 다시 회귀한다고 판시하였다[18]. 그러므로 사건의 특수한 환경으로 말미암아 분쟁상태에 있지 아니함에도 프랑스에서 판사는 진실성에 대하여 의문을 제기할 수 있고, 판결에서 사전에 동의된 사실을 재론하여 사용할 수 있다.[19]

2. 프랑스 민사소송법에서의 대심의 원칙

가. 서설

프랑스 민사소송법은 제1권에서 모든 법원의 공통규정(disposition communes a toutes les juridictions)[20]을 마련하고 있다. 제1권 제1편(Titre)에서는 권두규정을

16) astreinte에 관하여는 Roger Perrot·Phililppe Théry, 「Procédure civiles d'exécution」, Dalloz, 2013, pp.72-74. ; 우리나라에서 astreinte를 소개한 논문으로는 이무상, "프랑스법에서의 아스트렝트(astreinte)에 관한 소고-민사집행법상 간접강제와의 비교를 중심으로-", 「비교법연구」, 법조(Vol.660), 2011.9.

17) Eva Steiner, op. cit., p.281.

18) Cass. Civ 1, 4 juillet 1995, Bull Civ. I, 294

19) Eva Steiner, op. cit., p.281.

20) 프랑스 민사소송법상의 법원은 우리나라의 제1심 법원, 정확하게 제1심 법원의 합의부급에 해당하는 대심법원(Tribunal de Grandes Instances)을 중심으로 하여 소법원(Tribunal d'Instance),

마련하였고 그 제1편 제1장(Chapitre)에서 소송절차의 지도원리를 규정하고 있다.[21] 프랑스 민사소송법(이하 "프랑스 법"이라고 한다) 제1조에서는 "법률이 다르게 규정하는 경우를 제외하고 당사자들만이 소송절차(instance)[22]를 개시할 수 있다. 당사자는 판결 또는 법률의 효과에 의하여 소송절차가 종료되기 전에 소송절차를 종결할 수 있는 자유가 있다"라고 규정하고 있다. 제2조에서는 "당사자들은 그들에게 부여된 책임으로 소송절차를 진행한다. 당사자들은 필요한 형식과 기간 내에 소송행위를 수행하여야 한다."라고 규정하고 있다. 제3조에서는 "판사(juge)는 소송절차가 바람직하게 진행되도록(au bon déroulement) 감독한다. 판사는 기간을 정하고 필요한 처분(mesure)을 명할 수 있는 권한(pouvoir)을 가진다."이 규정만을 보면 우선 프랑스 민사소송법은 처분권주의를 기본으로 하며 판사 역시 재판진행에서 주도권을 가지고 감독할 수 있는 것으로 보인다.

또한 프랑스 민사소송법은 제14조부터 제17조까지 대립심리(對立審理, La contradiction)[23], 이른바 대심(對審)의 원칙을 규정한다. 제14조에서는 "어떠한 당사자에게도 심문 또는 소환 없이는 판결을 선고할 수 없다"라고 규정하고, 제15조에서는 "당사자들은 각자 상대방에게 변호(défense)를 준비할 수 있도록, 적

상사법원(Tribunal de Commerce), 사회보장법원(Tribunal des affaires de Sécurite sociale), 농촌임대차법원(Tribunal paritaire des baux ruraux)등을 포함하는 특수법원을 포함시키고 있다. 나아가 항소법원(la cour d'appel)과 우리나라의 대법원에 해당하는 파기원(Cour de cassation)을 규율하고 있다. 참고로 파기원은 민사, 상사, 노동, 형사 등에서의 최고법원이고 프랑스의 행정법원의 최고법원은 국사원(Conseil d'Etat)이 설치되어 운영되고 있다.

21) 프랑스 민사소송법의 번역 상황은 다음과 같다. 민사소송법 제1조부터 제248-1조까지 번역은 이무상, "프랑스 민사소송법전 - 제1권 번역(1) -", 단국대학교 법학연구소, 법학논총 40권 1호. 2016. ; 이무상, "프랑스 민사소송법전 - 제1권 번역(2) -", 단국대학교 법학연구소, 법학논총 40권 2호. 2016. ; 법제처, 「프랑스 민법전」, 법제자료 제87집. 1977. ; 제1528조부터 제1568조까지 번역(시역)은 "프랑스 민사소송법상 합의에 기초한 분쟁해결 규정이 주는 시사점", 민사소송(한국민사소송법학회) 제21권 제1호, 2017년 5월 : 近畿法学會, 「新フランス民事訴訟法典」, 40巻 2号, 1989. ; NICOLAS BROOKE, 「THE FRENCH CODE OF CIVIL PROCEDURE IN ENGLISH」, OXFORD UNIVERSITY EXPRESS, 2008. 참고로 프랑스 민법의 번역으로는 명순구, 「프랑스민법전」, 법문사. 2004.

22) 한국법제연구원, 「프랑스 법령용어집」, 2008. 458면에서 instance의 번역은 "심급"이라고 하고 있다. 또한 山口俊夫, 「フランス法辭典」, 東京大學敎出版會, 2002, 295頁에서는 ① (법원에서의) 소송절차 ② (상태로서의) 소송계속 ③ (확장적으로) 소송당사자의 법적지위를 의미한다고 한다. 여기서는 소송절차라는 표현이 자연스럽다.

23) contradiction을 어떻게 번역할 것인가에 대하여 山口俊夫, 前揭書, 122頁에서는 대심, 반론 등으로 번역하고 있으며, 소송당사자 대립의 상태 또는 소송에서 당사자간의 자유로운 주장을 위한 제원칙을 포함하는 개념이라고 번역하고 있다.

절한 시기에 신청을 뒷받침하는 사실관계의 주장, 증거자료 및 원용하는 법률상의 주장을 상대방에게 알려야 한다."라고 규정한다. 제16조에서는 "판사는 모든 상황에서 대심의 원칙을 준수하도록 하고 그 자신도 이를 준수하여야 한다. 판사는 당사자들이 원용하거나 제출한 공격방어방법, 설명 및 증거서류에 대하여 대심의 원칙에 따라 검토할 수 있는 경우에만 그것들을 재판(décision)[24]에 받아들일 수 있다. 판사는 사전에 당사자들에게 그들의 의견을 제출하도록 요청하지 아니하고서는 판사가 직권으로 문제 삼은 법률상 공격방어방법에 근거하여 판단할 수 없다."라고 규정한다. 제17조에서는 "법률이 허용하거나 필요성이 인정되어 당사자가 모르는 사이에 처분이 그에게 발령되는 경우, 그 당사자는 본인에게 손해를 주는 재판에 대하여 적절한 불복을 할 수 있다."라고 규정한다.

프랑스 민사소송법은 일반규정 외에도 대심의 원칙의 적용을 명문화 시켰는데 대표적인 규정이 제1549조이다. 이 규정은 참여절차에서 당사자들이 전문가에 의한 분쟁해결에 합의하면 그 전문가의 판단에 따르도록 한 제도이다. 이 경우 양 당사자들에 의하여 선임된 전문가는 대심의 원칙을 고려하여 양심적으로 성실하고 공평하게 업무를 수행하도록 되어 있다.

나. 프랑스 민사소송법에서 대심의 원칙과 관련된 일반원칙(le principe dispositif)

(1) 서설

프랑스 민사소송법 교과서에서는 민사소송의 일반원칙이 무엇인지에 대하여 논의의 일치가 있는 것 같지는 않다.[25] 이 부분에서는 대심의 원칙과 관련이 있는 처분권주의(le principe dispositif)[26]를 먼저 개략적으로 알아보고 대심의 원칙에 관하여는 항목을 나누어 설명한다.

우리나라에서 처분권주의라는 개념은 일반적으로 절차의 개시, 심판의 대상과 범위, 절차의 종결에 대하여 당사자에게 주도권을 주어 그의 처분에 맡기는

24) 한국법제연구원, 전게서, 482면 ; 山口俊夫, 前揭書, 142·315頁. décision은 판사에 의하여 내려진 모든 형태의 결정으로서 재판을 의미한다. 판사가 내리는 판결은 jugement이라고 하는데 이는 통상 1심 판결을 일컬으며 항소심과 상고심의 판결은 arrêt라고 한다.

25) Jean-Paul Branlard의 교재에서는 고전적으로 프랑스에서 논의되고 있는 지도원리를 다섯 가지(처분권주의, 탄핵주의, 소송의 불변성, 신속주의, 대심의 원칙)로 구분한다.

26) 山口俊夫, 前揭書, 173頁에서 처분권주의로 번역하고 있다.

입장이라고 정리되어 있다.[27] 처분권주의를 위와 같이 개념정의 한다면 프랑스에서도 마찬가지로 처분권주의는 중요한 원리로 기능한다. "절차는 당사자의 것이다(Le procès est la chose des parties)[28]."라는 명확한 문구로 설명되고 있다.

(2) 프랑스에서 처분권주의에 관한 해석론

첫째 당사자들만 사건의 절차를 개시하고 종결할 수 있다.[29] 당사자들만 절차를 이끌고 소송행위를 실행하고, 상소권을 행사한다(민사소송법 제1조, 제2조). 당사자들은 소취하를 할 수 있다. 제재인 사건의 말소[30]에 비하여 보면 당사자의 합의에 의하여 법원의 역할은 후퇴한다. 그러나 피고가 불출석하지 않는다면 사건은 계속되고 피고는 원고의 취하에 동의해야 한다. 피고가 상대방의 취하를 거부한다면 그는 본안에 관하여 판결을 요구할 수 있다. 그럼에도 원고가 취하할 때(민사소송법 제395조), 피고가 본안에 관한 어떤 변호나 소송불수리종결[31]을 주장하지 않는다면 판사가 완전한 취하를 선언할 수 있다. 반면 피고의 부동의가 정당한 이유에 근거를 두고 있지 않다면(민사소송법 제396조), 피고의 동의(acceptation)는 필요하지 않다.

둘째 당사자들은 절차의 범주를 확정한다.[32] 민사소송법 제4조는 소송의 대상(혹은 소송물 ; l'objet du litige)은 당사자들의 개별적인 신청(prétention)에 의하

27) 강현중, 「신민사소송법강의」, 박영사, 2015., 400면 ; 김홍엽, 「민사소송법」 제7판, 박영사, 2017., 390면 ; 이시윤, 「신민사소송법」 제12판, 2018., 317면 ; 정동윤·유병현·김경욱, 「민사소송법」 제6판, 법문사, 2017., 340면 ; 정영환, 「신민사소송법」, 세창출판사, 2009., 415-416면 ; 호문혁, 「민사소송법」, 제13판, 374면 ; 홍기문, 「민사소송법」 제7판, 대명출판사, 2016., 271면.

28) Jean-Paul Branlard, 「L'essentiel des Règles de procédure civile」, 7e édtion, Gualino, 2016. p.78.

29) Jean-Paul Branlard, op. cit., p.78.

30) 山口俊夫, 前揭書, 478頁. 사건의 말소(radiation d'une affaire)는 법정의 조건으로 소송당사자가 절차상 해태를 한 경우 제재를 하는 방편으로서 사건을 계속사건으로부터 제거하는 효과를 가진다. 여기에 당사자의 누구나가 요구된 기간 내에 소송문서를 작성, 제출하지 않는 경우에 재판관의 직권으로 할 수 있다. 그렇다고 곧바로 소송이 종료하는 것은 아니고 사건의 말소 후 소권이 소멸해야 소송이 완전히 종료된다.

31) 한국법제연구원, 전게서, 626면. 사법기관이 담당하는 소송 등에 있어서 채택 또는 거부를 위한 실체적인 본안심사를 하기 위하여 요구되는 요건을 충족하는 것을 재판청구의 수리가능성(recevabilité)이라고 한다. 반면 소송에서 본안을 심사받기 위한 전제로서 소송요건이 갖추어져 있지 않으면 소송불수리사유(fins de non recevoir)라고 한다.

32) Jean-Paul Branlard, op. cit., p.79.

여 확정된다고 규정한다. 구체적으로 보면, 판사는 청구된 모든 점에 대하여 판결을 내리되 청구된 점에 대하여만 판결을 내려야 한다는 점을 주의하여야 한다.[33] 판사는 원고의 청구액수보다 적게 판결(예를 들어 금전을 덜 지급하는 것을 인정)을 내릴 수 있어도 원고의 청구액수보다 더 많이 판결(예를 들어 더 많은 금액 또는 다른 것을 인정)을 내릴 수 없다.[34] 당사자들은 그들이 그들의 권리에 대하여 자유로운 처분을 한다면 변론에서 포함된 법적 성질을 결정(qualification)[35]할 때 판사를 구속한다. 프랑스에서도 소송의 당사자들은 판사로 하여금 중재계약에 기한 중재인(amiable compositeur)과 같은 역할을 기대할 수 있다. 소송의 당사자들은 엄격한 법률의 적용으로부터 벗어나 형평성 있는 판결을 선고하기 위하여 법관으로 하여금 법의 엄격한 규정을 회피하여 분쟁 권한을 판사에게 수여할 수 있다.[36]

그렇다고 판사의 역할이 단순히 당사자의 절차진행을 방관하는 역할에만 머물지는 않는다.[37] 특히 판사는 법률적용에 있어서 막강한 권한이 있는데 판사는 법률상 공격방어방법을 다른 것으로 대체할 수 있다.[38] 계약의 무효에 관하여, 판사는 현행 민법 제1137조의 사기(dol) 주장을 민법 제1132조의 착오(erreur) 주장으로 대체할 수 있다. 또한 판사는 계약 책임(responsabilité contractuelle)을 과실에 기한 불법행위 책임(responsabilité quasi-délictuelle)으로 대체할 수 있다. 그러나 대심의 원칙을 고려하여 판사는 결정을 내리기 전에 다시 변론을 허용해야 하고 당사자들에게 그들의 의견을 제출하도록 요청하여야 한다(프랑스 민사소송법 제16조).

판사는 진정한 법적 성질의 결정을 환원시킬 수 있고(예를 들어 판사는 고의

33) Gérard COUCHEZ·Xavier LAGARDE, 「Procédure civile」, 17e édition, Dalloz, 2014. p.258.

34) Jean-Paul Branlard, op. cit., p.79.

35) 山口俊夫, 前揭書, 473頁. 사실 또는 행위·문서에 관하여 시실문제가 아니라 법률문제에 관하여 법적분석을 내용으로 하는 지적작용을 의미한다. 이를 위하여 계쟁사실 또는 행위·문서에 관하여 판사는 당사자가 붙인 명칭에 구속되지 않고 정확한 법적성격을 부여하거나 당사자가 부여한 법적성격을 수정할 수 있다. 한편 사실심 판사에 의하여 전권적으로 수행된 사실인정에 기한 법적성질의 결정은 법률심으로서 파기원의 심사를 받게 된다.

36) Jean-Paul Branlard, op. cit., p.79.

37) Jean-Paul Branlard, op. cit., p.79.

38) Natalie FRICERO, 「procédure civile-MÉMENTOS LMD」, 13e édition, Gualino, 2017. p.103.

불법행위(délit)를 과실 불법행위(quasi-délit)로 판단할 수 있다), 사건이 진행 중에 있다고 하더라도 마찬가지이다. (계약의 법적 성질결정(qualification) 또는 재결정(requalification) : 매매(vente)를 가장증여(donation déguisée)로 바로 잡고, 조합계약(contrat de société)을 근로계약(contrat de travail)으로 새로이 자격을 부여하는 것도 가능하다).[39]

판사는 사실상의 공격방어방법을 주도하는 경우도 있을 수 있다 ; 판사가 유용하다고 판단한 모든 증거의 방법을 제출할 것을 명령하도록 할 수 있는 점(프랑스 민사소송법 제8조, 제143조, 제144조)에서 당사자들에 의하여 드러나지 않았던 사실을 강조할 수 있다.[40] 당사자들이 변론에서 사실의 공격방어방법을 주장하지 않았다면 판사는 변론자료 중에서 당사자가 자신들의 신청을 뒷받침하기 위하여 특별히 원용하지 않은 것도 고려할 수 있다(프랑스 민사소송법 제7조).

(3) 소결 - 대심의 원칙과의 관계

대심의 원칙과 관련하여 처분권주의를 논한 이유는 대심의 원칙은 처분권주의를 전제로 하기 때문이다. 다시 말하면 대심의 원칙은 소송의 개시, 심판대상의 확정, 소송의 종결이 당사자에 있음을 전제로 하여 당사자가 심문되거나 소환되지 아니하고는 결코 당사자에게 판결을 내릴 수 없음을 선언한 것이다. 다만 우리나라의 처분권주의와는 달리 법관의 개입여지가 더 많아 보인다. 우리나라에서는 석명권을 통하여 변론주의를 수정할 뿐인데 프랑스에서는 처분권주의라고 부르는 부분에서도 판사가 개입하여 법률상 또는 사실상의 공격방어방법에서 의사결정을 할 수 있다. 이런 점을 살펴보면 "le principe dispositif"를 일본에서는 처분권주의라고 번역을 하고 있지만 프랑스의 처분권주의는 우리나라의 처분권주의와 완전히 동일한 개념은 아닌 것으로 생각된다. 프랑스 민사소송법 제7조는 판사는 변론에 제출되지 않은 사실을 근거로 재판을 할 수는 없지만, 변론자료 중에서 판사는 당사자가 자신들의 신청을 뒷받침하기 위하여 특별히 원용하지 않은 사실도 고려할 수 있다고 하고 있다. 이를 보면 일응 변론주의를 원칙으로 한 것 같지만 판사의 직권이 광범위하게 인정되고 있음을 알 수 있다.

---

39) Jean-Paul Branlard, op. cit., p.79.

40) Gérard COUCHEZ·Xavier LAGARDE, op. cit., p.258.

특히 프랑스법에서는 탄핵주의로 번역되는 le principe accusatoire(le principe initiative)가 있다. 이 원칙은 당사자에게 절차의 주체성을 부여한 증거조사를 하도록 한 것인데 현재에는 준비절차정리법관(le juge de la mise en état)의 존재로 인하여 기능이 많이 상실되었다.[41] 준비절차정리법관은 사전절차(일종의 변론준비절차)에서 증인신문, 감정, 현장검증 등을 비롯한 증거조사, 쟁점의 정리, 당사자의 화해 등을 주재하는 판사로서 본안재판이 이루어질 수 있도록 준비절차를 담당하는 판사이다. 대심의 원칙은 준비절차정리법관의 증거조사 등의 재판작용에서도 적용된다.

다. 프랑스 민사소송법에서 규정하고 있는 대심의 원칙

(1) 대심의 원칙의 기본개념

대심의 원칙은 누구도 심문되거나 소환되지 아니하고는 재판받지 아니한다는 원칙이라고 할 수 있다(프랑스 민사소송법 제14조). 이는 매우 고전적인 의미에서 대심의 원칙[42]으로서 이 원칙은 당사자 및 판사에게 각각 적용된다. 프랑스 민사소송법 제15조는 당사자들로 하여금 상대방이 변호를 할 수 있도록 사실관계, 증거자료, 법률상 주장을 상대방에 알려야 한다고 규정하여 대심의 원칙을 당사자의 측면에서 규정한다. 프랑스 민사소송법 제16조는 판사로 하여금 판사 스스로, 당사자 모두 대심의 원칙을 준수하게 함과 동시에 당사자의 공격방어방법, 증거서류에 대하여 대심의 원칙에 따라 상대방까지도 검토할 수 있도록 하여야 재판에 받아들일 수 있도록 한다. 나아가 당사자의 요청이 없이는 판사가 직권으로 법률상 공격방어방법을 통하여 판단할 수 없도록 한다. 동법 제16조는 대심의 원칙을 판사의 측면에서 규정한다.

프랑스 민사소송법의 해석에 따르면 소송절차는 대심의 성격을 가져야 하고 적어도 모든 소송절차는 대심의 성격을 가지도록 행하여져야 한다.[43] 당사자가 각자가 그들의 주장을 할 수 있었고 상대방이 제출한 주장을 반박할 수 있었다

41) Jean-Paul Branlard, op. cit., p.81.

42) Serge Guinchard, 「DROIT ET PRATIQUE DE LA PROCEDURE CIVILE - DROIT INTERNE ET EUROPÉEN」, 9e édtion, Dalloz, 2016. pp.874-875.

43) Gérard COUCHEZ·Xavier LAGARDE, op. cit., p.266.

면 판결은 소송절차에서 당사자들 사이의 자유로운 변론 후에만 이루어질 필요가 있다. 이 원칙은 당사자들이 판사의 결정을 다투는 조치를 취하는 것을 조건으로 그 결정의 범위 내에서 다툴 여지가 있는 주장은 받아들여 질 수 있다는 원칙으로서 정의될 수 있다.[44] 대심의 원칙은 민사소송법의 독자적인 원칙으로 형사 민사, 행정 소송의 기반이 되는 형평법 절차의 구성요소이다.[45] 대심의 원칙은 변호권이라는 측면이 있으며, 변호권을 보장하기 위한 기술적 방법이기도 하다. 유럽인권재판소는 대심의 원칙이 전체 당사자로 하여금 유럽인권협약 제6조 제1항[46]에 따라서 부여된 형평성 절차를 형성하도록 하여야 한다고 판시하였다.[47]

대심의 원칙에 관하여 사용되는 용어는 다양하다고 할 수 있다. 법전에서는 contradiction이라고 표현되어 있고, contradictoire라고 표시하는 경우도 있으며, 마찬가지로 변호권의 존중(respect des droits de la défense)[48]이라는 전통적인 표현이 사용되기도 한다.[49] 변호권의 존중이라는 표현을 사용할 때에는 두 가지 사항을 고려해야 한다.[50] 첫째 애매함을 피하기 위하여 관련된 변호권은 피고만을

44) Gérard COUCHEZ·Xavier LAGARDE, op. cit., p.266.

45) Yves Strickler, 「Procédure civile」, 6e édition, larcier, 2016. p.197.

46) Toute personne a droit à ce que sa cause soit entendue **équitablement**, publiquement et dans un délai raisonnable, par un tribunal indépendant et impartial, établi par la loi, qui décidera, soit des contestations sur ses droits et obligations de caractère civil, soit du bien-fondé de toute accusation en matière pénale dirigée contre elle. Le jugement doit être rendu publiquement, mais l'accès de la salle d'audience peut être interdit à la presse et au public pendant la totalité ou une partie du procès dans l'intérêt de la moralité, de l'ordre public ou de la sécurité nationale dans une société démocratique, lorsque les intérêts des mineurs ou la protection de la vie privée des parties au procès l'exigent, ou dans la mesure jugée strictement nécessaire par le tribunal, lorsque dans des circonstances spéciales la publicité serait de nature à porter atteinte aux intérêts de la justice

47) Yves Strickler, op. cit., p.197.

48) défense을 어떻게 번역할 것인가. 山口俊夫, 前揭書, 146頁에서는 방어, 변호의 의미를 둘 다 가지는 것으로 되어 있다. 반면 德田和幸, 「フランス民事訴訟法の基礎理論」, 信山社, 1994, 256頁에서는 방어권의 존중으로 번역이 되어 있다. 사견으로는 방어보다는 변호가 보다 나은 표현이라고 생각한다. 대심의 원칙은 피고 뿐만 아니라 원고에게도 적용되는 원리이기 때문에 주로 피고에게 적용되는 방어권에 부합하지 않는다고 생각하기 때문이다. 대심의 원칙에는 원고와 피고 모두 자신의 권리를 주장할 수 있는 기회가 보장되는 측면이 있으므로 변호라고 번역하는 것이 타당하다고 생각한다.

49) Gérard COUCHEZ·Xavier LAGARDE, op. cit., pp.266-267.

50) Gérard COUCHEZ·Xavier LAGARDE, op. cit., p.267.

위한 것이 아니라는 점이 우선 명확하게 인정되어야 한다. 그 표현은 당사자들 각자가 변호를 하기 위한 권리임에 초점이 맞추어져 있다. 둘째 변호권의 존중이라는 표현이 대심의 원칙과 순수한 동의어로서 자주 사용되고 있음에도 그 표현은 대심의 원칙이 적용되지 않는 영역(예를 들어 비송절차)까지도 포함할 수 있다. 즉 비대심절차의 영역에서도 판사의 재판이 정당화되려면 적어도 당사자의 변호권이 충분히 보호되어야 한다는 점이다. 변호권의 존중은 대심의 원칙을 포함하고 있지만 정당한 재판뿐 아니라 변호인의 조력 또는 항소권의 효과적인 행사와 같이 바람직한 사법의 보장에도 관련성이 있다.

(2) 대심의 원칙에 관한 프랑스에서의 해석론

대심의 원칙은 민사절차에서 각별한 지위를 차지하고 있다. 이는 기본적인 가치를 나타내고 있으며 공공의 질서로서 고려되어야 한다. 이 원칙이 정당한 이유는 이중으로 이루어진다. 우선 소송당사자 사이에 상황에 관한 형평성을 보증하는 목적을 가진다. 당사자 각자에게 쟁송 사건에서 같이 변론하도록 하는 것이 가능하도록 구성되어 있기 때문에 당사자 사이에 균등한 기회를 통하여 판사의 재판을 받을 수 있도록 한다는 점에서 무기평등으로 불리는 원칙의 중요한 발현 내용이 된다고 한다.[51] 다음으로, 대심의 원칙은 당사자 사이에서 절차의 충실성의 규율을 표시한 것만이 아니다. 이는 변론에서 대화와 이 원칙의 준수를 포함하는 분명한 증거의 교환이 사건의 특성, 진실한 사실, 정확한 법률에 따른 결정을 획득하기 위한 최선의 방법을 설정하는 점에서 법원의 활동과 불가분의 관계에 있다고 한다.[52] 다시 말해 대심의 원칙은 당사자뿐 아니라 법원도 구속하는 원칙이 된다.

(가) 대심의 원칙과 당사자

ⅰ 소송절차의 시작

상대방에 대하여 제기된 절차가 있다는 점을 그 상대방에게 알려줄 필요가 있다는 점은 프랑스 민사소송법 제14조에 규정되어 있다. 어떤 당사자에 대하여

51) Gérard COUCHEZ·Xavier LAGARDE, op. cit., p.268.

52) Gérard COUCHEZ·Xavier LAGARDE, op. cit., p.268.

도 심문되거나 소환되지 아니하고서는 판결을 선고할 수 없다. 이 문언은 기본적인 규정을 표시한다. 만약 사건을 담당하고 있는 판사가 어느 정도의 심증을 가졌다면 판사가 소송당사자 각자의 견해를 알고 이해하는 것은 필수적이다.

대심의 원칙은 분명히 모든 당사자가 그들의 주장을 알도록 하고 상대방의 주장을 반박하고 심문하는 것을 전제로 한다.[53] 모든 것이 대심의 원칙을 허용하도록 행하여져야 하지만 심문을 받도록 소환되었음에도 당사자들 중의 하나가 소환에 응하지 않는 경우가 발생할 수 있다. 같은 소송의 당사자는 모두 같은 판결을 받을 수 있어야 하므로 상대방이 그의 주장을 유효하게 하도록 소환(assignation)[54]되어야 한다. 이러한 요구는 최소한 대심원칙이라고 부를 수 있는 점에서 매우 강한 구속력을 가진다. 마찬가지로 파기원도 19세기부터 이 규정은 자연법에서 구속력을 끌어낼 수 있다고 명확히 판시하였다.[55] 자연법인 변호권은 당사자는 소환되지 아니하고 판결을 받아서는 아니되며 당사자 스스로 변호하도록 요구한다.

대심주의 원칙은 소송계속의 초기에 출석기간을 부과하도록 한다.[56] 사건이 소환장의 송달 이후에 곧바로 판단되는 점을 인정하지 않는다면, 소환된 당사자는 변호권을 정비하기 위하여 일정한 기간을 가져야 하기 때문이다. 예를 들어 대심법원에서 일반적인 절차의 범주에서 피고는 소환장이 송달된 날부터 15일의 기간(변호사를 선임하기 위한 기간, 프랑스 민사소송법 제752조)을 보장받는다. 다만 법원은 재판절차 중에서 피고가 출석하지 아니한 경우 상대방이 제출한 자료만으로 판결이 내려질 위험에 노출될 수 있다는 점을 지적해야 한다(프랑스 민사소송법 제56조).

ii 소송계속의 진행(déroulement)

당사자들이 그들의 신청의 근거가 되는 모든 요소를 판사에게 알리는 자유는

53) Gérard COUCHEZ·Xavier LAGARDE, op. cit., p.268.

54) 윤홍근, “프랑스 민사소송에 있어서의 준비절차에 대하여”, 재판자료 제66집. 1994. 415면. 여기서는 소환영장으로 번역하고 있다. 법률에 정해진 필수적 기재사항을 적시한 후 집행관을 통하여 집행관의 명의로 송달하는 것을 일컫는다.

55) Cass, Civ. 7 mai 1828, S. 28. Ⅰ, 93.

56) Gérard COUCHEZ·Xavier LAGARDE, op. cit., p.269.

본질적인 문제이다. 이러한 자유는 사실 실질적인 대심의 원칙에 따른 모든 변론의 전제가 되는 조건이고, 그 자유는 경우에 따라 사전절차의 종료 결정시까지 또는 본안변론의 종결시까지 행사될 수 있어야 한다.[57] 게다가 이러한 자유는 재판상 면책특권(immunités judiciaires)으로 보장된다.[58] 그 자유로부터 법원에 진술된 변론 또는 제출된 서면은 명예훼손, 모욕의 경우에도 어떤 소권의 대상이 되지 아니한다는 결론에 이른다.

이러한 자유는 당사자들이 사실상 특정 의무에 구속되는 일정한 한계를 가진다. 최소한 충실의 원칙을 준수하여야 하는 의무를 소송당사자들이 부담한다. 그러나 이 의무는 진실을 말해야 하는 의무처럼 이해되어야 하는 것은 아니다. 민사소송법에 명시적으로 규정되어 있지 않다고 하더라도 이러한 의무는 대심의 원칙에 내재하고 있는 것으로 해석된다.

그런데 이 의무가 명시적으로 법전에 규정되어야 하는 것이 아니냐고 생각해 볼 수 있다. 프랑스 민사소송법 제24조는 "당사자들은 사법제도에 대하여 존중의 태도를 갖추어야 한다"라고 규정한다. 신청을 근거로 원용된 주장에 관계되었다면 당사자들 또는 그들의 대리인들은 제출된 서면 또는 구술된 진술의 범위에서 판단을 받게 된다. 이 존중 의무를 위반했을 경우에 제재에 관하여도 민사소송법 제24조가 규정한다 ; 위반의 중대성에 따라 판사는 직권으로 금지명령의 선고(prononcer des injonctions), 기록의 삭제(supprimer les écrits), 무고의 선언(les déclarer calomnieux), 판결문의 출력과 게시 명령(l'impression et l'affichage de ses jugements) 등을 할 수 있다.

당사자들은 각자 자신의 변호를 준비할 수 있도록 적절한 시기에 그들의 신청이 기초하는 사실상의 공격방어방법, 제출하는 증거자료, 원용하는 법률상의 공격방어방법에 대하여 상대방이 알도록 하여야 한다(프랑스 민사소송법 제15조). 당사자가 그 신청을 인용받기 위하여 사용하는 다양한 사실 및 법률상의 증거자료를 상대방에게 전달하는 의무는 분명히 자유로운 대심원칙에 있어 필수

57) Gérard COUCHEZ·Xavier LAGARDE, op. cit., p.269.

58) Gérard COUCHEZ·Xavier LAGARDE, op. cit., p.269.

불가결한 조건이 된다.[59] 이 의무의 이행은 상대방에게 일반적인 방법으로 답변하도록 허용하는데 이 경우 변호를 준비한다는 위 제15조의 문구를 근거로 한다. 전달이 적시에 이루어졌다면 변호의 준비는 자연스럽게 가능할 수 있어야 하므로 지연된 서면 또는 증거제출을 배척하는 것은 논리적인 귀결이라고 해석된다.[60]

상대적으로 증거의 전달에서 당사자들의 의무는 소송계속 중에 사용된 자료들과 관련된 것에 대하여만 존재한다.[61] 이는 위 민사소송법 제15조의 문구를 근거로 한다(당사자들이 제출한 자료, 당사자들이 원용한 공격방어방법). 증거서류의 전달과 관련하여(특별히 프랑스 민사소송법 제132조에서 규정) 증거서류를 인용한 당사자는 소송계속 중인 모든 다른 당사자에게 그것을 전달해야 하는 의무를 부담한다(프랑스 민사소송법 제132조).

(나) 대심의 원칙과 판사

대심의 원칙은 판사에 의하여 보장된다. 그는 변호권의 보호에 관하여 감독해야 한다. 판사는 전술한 규정이 잘 준수되고 필요한 경우 개입한다는 점을 보장하는 사실에 비추어 이 보장은 소송계속 중에 즉시 기능한다. 판사에 의한 대심원칙의 보장은 다른 방식으로는 대심절차가 기능하지 않는 경우에도 허용되는 상소의 존재에 의하여 발현된다.

ⅰ 대심의 원칙을 존중하는 판사에 의한 즉각적인 보장

프랑스 민사소송법 제16조에 따라 판사는 모든 상황에서 대심의 원칙을 준수시키고 스스로도 준수하여야 한다. 따라서 판사는 당사자들로 하여금 우선 대심의 원칙을 준수하도록 감독한다. 그는 당사자들이 앞선 문단에서 원용된 의무를 이행하도록 보증해야 할 것이다(예를 들어 절차가 존재한다는 정보에 관한 요식행위의 이행, 출석기간의 준수, 사용된 증거자료의 전달). 또한 경우에 따라서는 소환의 방법으로 필요한 경우 법에 정해진 제도로서 당사자에게 인정되는 재판

59) Gérard COUCHEZ·Xavier LAGARDE, op. cit., p.270.

60) Gérard COUCHEZ·Xavier LAGARDE, op. cit., p.270.

61) Gérard COUCHEZ·Xavier LAGARDE, op. cit., p.270.

관의 명령을 사용하고(당사자가 이 전달을 자발적으로 실행하지 않는 경우 당사자에게 증거서류를 전달하기 위하여 프랑스 민사소송법 제133조에 의한 것), 당사자에게 부과된 명령을 초래한 그 의무를 무시한 소송당사자에 제재를 가하기 위하여 필요한 경우 아스트렝트(astreinte)[62]를 명한다. 그러므로 판사는 그들의 의무에서 당사자들의 위반을 제재하기 위하여 개입할 수 있다. 판사는 적시에 전달되지 않은 증거서류를 본안변론에서 배제할 수 있다(프랑스 민사소송법 제135조).

판사는 역시 증거절차에서도 대심주의적 성격이 유지되는지 감독해야 한다.[63] 여기서 증거가 당사자들에 의하여 자발적으로 제출되는 것과 증거가 판사에 의하여 제출이 명령되는 증거조사에 따른 것을 구별해야 한다. 전자의 경우 증거는 당사자로부터 나왔으므로 재판에서 그들이 제출하기 이전 국면은 당사자의 일방적인 행위에 해당한다. 따라서 이로 인한 증거전달은 당사자에 의하여 제출된 증거, 즉 제출된 이후의 국면에 대하여 대심의 원칙에 따라 평가된다. 후자의 경우 증거의 선정은 판사의 주도와 감독으로 이루어진다. 판사가 명령하는 감정도 마찬가지이다. 유사한 경우 증거에 관한 사법행정은 대심의 원칙에 속하는 것이 일반적인 해석이다. 판사는 대심의 원칙을 그르쳐서 감정인에게 업무수행을 요구하기 위하여 법원의 보조직원으로서 합류하라고 할 수 없다. 감정인조차도 대심의 원칙에 구속되어야 하고 결과적으로 감정을 위한 회합의 경우 감정인은 당사자가 출석한 상태에서 업무를 수행한다. 대심의 원칙에 관한 판단을 그르친 것으로 판명된 증거조사는 무효의 효과를 받게 된다.[64] 비대심적인 감정은 판사의 재판에서 유일한 요소(유일한 증거)를 구성할 수는 없고, 본안변론에서 뒤집어질 수 있다.

판사는 대심의 원칙을 스스로 준수하여야 한다. 이에 관하여 민사소송법 제16조에서 판사는 당사자로 하여금 미리 의견을 제시하도록 요청하지 아니하고서는 직권으로 문제삼은 법적인 공격방어방법에 기초하여 재판할 수 없다고 한다.

62) 앞에서 언급했든 프랑스의 금전제재금의 일종이다. Roger Perrot·Phililppe Théry, op. cit, pp.73-74.

63) Gérard COUCHEZ·Xavier LAGARDE, op. cit., p.271.

64) Gérard COUCHEZ·Xavier LAGARDE, op. cit., p.271. 감정에 대하여는 항을 바꾸어 자세히 검토한다.

ⅱ 상소에 의한 대심의 원칙의 보장

대심의 원칙은 특정한 소송계속에서만 보장되는 것이 아니다. 당사자 중 일방이 부재한 경우에도 정상적인 대심의 원칙이 적용되는 소송사건이라는 전제에서 논의될 수 있다.[65] 변호권의 보호에 대한 관심은 특별히 결석판결에 따른 송달사건에서 주의를 강화시킨다. 상소절차가 결석판결에 기초하여 진행되는 범위에서, 변호권을 보호하려는 자는 결석판결이 선고된 자가 다툴 수 있도록 결석판결에 대한 이의신청(opposition)[66]이라 부르는 상소의 방법이 인정된다.

대심주의원칙은 간혹 기능하지 않는 경우가 있을 수 있는데 이는 소송계속사건이 비대심적인 것으로서 해석되는 경우가 있기 때문이다. 사실 법률은 일방당사자(보다 정확히 말하면 이해관계인)가 모르는 사이에 특정한 처분을 명할 수 있는 가능성이 있다. 그렇기 때문에 상소 제도를 이해관계인들에게 보장함으로써 그들의 권리를 보호할 수 있는 제도를 정비하는 것이다. 이 점에서 "법률에 따라서 허용되거나 필요에 따라 어쩔 수 없이 당사자가 모르는 사이에 어떤 처분이 명령되는 경우 그 당사자는 자신에게 손해를 주는 재판에 대하여 적절한 불복신청을 할 수 있다"라는 프랑스 민사소송법 제17조가 이를 반영한다.

3. 프랑스에서의 대심의 원칙에 관한 판례 검토

가. 프랑스 민사소송절차의 개관

프랑스는 1789년의 대혁명 이후 사법기관의 체계가 2분화되었다. 민·형사사건 등 일반 사법사건은 파기원(Cour de cassation)이, 행정사건은 국사원(Conseil d'État)이 각각 최고법원으로 기능한다.[67] 두 기관이 모두 최고법원으로 기능하고 우리나라처럼 대법원만이 최고법원의 기능을 하는 구조가 아니기 때문에 프랑스의 최고법원은 대법원으로 번역하지 않는다. 사실 국사원의 출현은 구체제

65) Gérard COUCHEZ·Xavier LAGARDE, op. cit., p.273.

66) 山口俊夫, 前揭書, 402頁. 결석판결에 대하여 결선한 자에 의하여 통상적으로 인정되는 판결의 취소청구의 방법으로 결석판결에 의하여 판단된 쟁점의 사실상 또는 법률상 새로운 재판을 위하여 같은 쟁점을 동일한 판사의 면전에서 다시 문제를 삼는 것을 말한다.

67) 사법연수원, 「프랑스법(Ⅱ)」, 2008. 38면.

를 극복하는 프랑스 혁명 이후에 출현하였다. 혁명정부의 행정에 대하여 그 당시의 법원은 상당히 저항하였고 혁명정부는 별도의 행정법원을 창설하여 맞서게 된 것이 지금까지 이어져 내려온 것이다.[68] 그 외에 프랑스의 헌법위원회(Conseil constitutionnel)는 우리나라의 헌법재판소의 역할 중 입법사항에 관한 위헌문제(우리나라와 달리 법령 공포 전에도 예방적 사전심사 가능)를 다룬다. 일반사법법원과 행정법원 사이의 관할문제를 해결하기 위하여 관할법원(Tribunal des conflits)이 있다.

대심의 원칙은 민사소송법에 기능하는 원리인데 아직 프랑스 민사소송법의 기본구조가 널리 알려져 있지는 않기 때문에 일반 소송절차를 간략히 살펴보고자 한다. 프랑스는 1심 절차에 관하여 대심법원, 소법원, 그 외 특별법원(상사법원, 농촌임대차법원 등)은 각각 민사소송법에서 별도로 규율하고 있다. 여기서는 가장 일반적인 절차이면서 우리나라의 제1심 합의부와 유사한 위치에 있는 대심법원(大審法院, Tribunal de Grandes Instances)의 일반 소송절차를 중심으로 간단히 살펴본다.

우선 프랑스는 우리와는 달리 소권을 인정한다. 우리나라의 경우는 어떠한 청구권, 형성권, 확인의 이익 등이 있으면 곧바로 소제기가 가능한데 비하여 프랑스는 소권이 있어야 소제기가 가능하다. 소권이란 신청을 제기하는 자가 판사로부터 신청된 본안이 타당한지를 재판받기 위하여 신청의 본안에 관하여 심문받을 권리로 개념 지워진다(프랑스 민사소송법 제30조 제1항[69]). 나아가 상대방(피고)에게도 소권은 청구인(원고)이 신청한 본안이 타당한지를 다툴 수 있는 권리이기도 하다(제30조 제2항). 이를 바탕으로 소권을 행사하면 소송의 대상에 대하여 법원이 본안 판결을 내리도록 제소를 허락하는 법적인 권한이다.[70] 청구권과는 별개로 당사자가 소를 통하여 분쟁을 해결할 수 있는 절차권을 소권이라고 할 수 있다.

---

68) 사법연수원, 전게서, 38면.

69) 프랑스 법조문은 우리와 달리 조(article) 아래 단위로서 별도의 항이 있지 아니하므로 한국에서는 통상 문장으로 항을 구분하는 경우가 많다. 프랑스 법령정보 사이트는 https://www.legifrance.gouv.fr (최종방문. 2020. 2. 25.)

70) Yves Strickler, op. cit., p.96.

우리나라에서는 소장을 법원에 제출하면 법원이 이를 상대방에게 송달하는 방식으로 절차가 진행된다. 반면 프랑스의 대심법원의 일반절차에서는 원고가 소환장(assignation)을 법원에 제출하면 법원에서는 소송계속(la saisine du tribunal)을 확인하기 위한 형식적 내용을 완성시킨다.[71] 프랑스에서는 소제기를 위하여 원고의 소환장 작성 행위, 법원의 사건 등재(enrôler)의 두 가지 국면으로 이루어져있다.[72] 소환장에는 여러 형식적 기재사항이 요구되지만 특히 청구취지와 청구이유, 이들을 뒷받침하는 증거서류가 첨부되어야 한다.[73] 이 소환장이 피고에게 송달되면 피고는 이를 송달받은 후 15일 이내에 변호사를 선임하여야 함이 원칙이다. 당사자 일방이 소환장을 법원 서기과(secrétariat-greffe)에 제출하면 위에서 언급한 법원에서 소송계속이 진행되어 사건이 사건부에 등재되고 기록에 편제되는 것이다.[74] 이후 사건배당이 이루어지고 당사자에게 기일이 통지된다.

그 다음으로 사전절차(instruction)인 준비절차가 이루어지고 준비서면이 교환된다. 첫 준비기일에서 대심법원장 또는 재판부의 재판장은 사건을 그 내용의 복잡성, 중대성에 따라 2가지 순환(circuit), 즉 단기, 장기로 구별한다.[75] 재판장은 준비절차를 진행하기 위하여 주로 재판부 구성원 중 1인에게 준비절차정리법관(le juge de la mise en état)를 임명하여 준비절차를 진행 및 감독시킨다.[76] 준비절차는 본안절차를 위하여 쟁점을 정리하고 증거조사도 실시하며 레페레를 비롯한 임시 및 보전조치도 담당한다. 실질적으로 본안에 들어가기 전에 상당부분의 쟁점이 정리되며 준비절차의 종료시 준비절차정리법관은 판결을 위한 보고서(rapport)를 작성하고 이를 재판부에 보고한다.[77] 이 경우 당사자는 준비절차정리법관 앞에서 구두변론(plaidoirie)을 할 수 있다.[78] 쟁점이 정리되고 증거가

71) 차한성, “프랑스 대심법원에서의 민사소송절차”, 재판자료 제48집, 1989. 프랑스에서 소의 제기는 우리나라의 소장에 해당하는 “l'acte introductif d'instance”을 제출하는데 그치지 않고 소환장과 소송계속의 확인을 통하여 형식의 완성이 필요하다고 한다.

72) Yves Strickler, op. cit., pp.222-223.

73) Yves Strickler, op. cit., p.208.

74) Yves Strickler, op. cit., p.221.

75) Jean-Paul Branlard, op. cit., pp.88-89.

76) Yves Strickler, op. cit., p.226.

77) Yves Strickler, op. cit., p.227.

78) Jean-Paul Branlard, op. cit., p.89.

수집되어 사건이 종결할 수 있는 정도로 성숙한 경우 준비절차정리법관은 종결명령(ordonnance de clôture)를 통하여 준비절차를 종결시키고 본안 변론(débats)으로 넘어가게 된다.[79]

본안 변론은 재판장의 지위 하에 이루어지며 준비절차정리법관의 보고서가 제출되고, 당사자 및 변호사들의 진술이 이어진다.[80] 변론이 끝나면 변론종결이 선언된다. 간혹 변론종결이후 법원에게 우리나라의 참고준비서면과 유사한 합의 중의 의견서(note en délibéré)[81]가 제출될 수는 있으나 이는 상대방에게 송달되는 것은 아니어서 대심의 원칙이 적용되지 아니하므로 판사가 답변할 의무는 없다.[82]

나. 대심의 원칙에 관한 판례의 기본적 판시사항[83]

판사는 대심의 원칙을 보증하는 역할을 한다. 그 보증은 판사의 지휘 하에 사건이 진행되는 소송계속 사건 중에 즉시 표시된다. 스스로 대심의 원칙을 준수해야 하는 판사에게 부여된 의무는 결정을 뒷받침 할 가능성이 있는 모든 공격방어방법과 다양한 요소들과 관련이 있다. 판사가 사전에 당사자를 소환하여 그들에게 의견을 제출할 기회를 부여하지 않고서는 설령 공공의 질서에 관련된 문제라고 하더라도 판사는 그가 직권으로 제기한 법률적 공격방어방법에 기하여 그 결정의 근거를 둘 수 없다.[84]

판사는 직권으로 청구의 원인을 변경할 수 없는 것이 원칙이다. 청구의 원인 변경이 매우 중요하여 사전심사에 따라야 하는 의무를 부담하는 경우에 변호권의 보호라는 특징을 가진 대심의 원칙은 판사로 하여금 법규정 또는 새로운 법적성질의 결정(qualification)의 적용을 인정하지 아니한다. 마찬가지로 대심의 원칙은 판사로 하여금 청구의 근거로 원용되지 아니하였지만 우발적으로 드러난

79) Jean-Paul Branlard, op. cit., p.89.

80) Yves Strickler, op. cit., p.239.

81) 山口俊夫, 前揭書, 389頁. 구두변론종결후에 당사자가 의견을 진술하기 위하여 의견서를 제출할 수 없음이 원칙이지만 재판장의 요구에 응하여 합의 중 의견서를 제출할 수 있다.

82) Jean-Paul Branlard, op. cit., p.91.

83) 여기에서 인용된 판시사항은 GASTON VOGEL, “LES PANDECTES PROCEDURE CIVILE”, promoculture larcier, 2016., pp.69-71에서 참조하거나 재인용하였다.

84) Civ 1re, 13 janvier 1993, Bull. civ., I, n17 ; Civ. 2e, 15 mars 1995, Dall., 1996, somm. 138.

법규정의 변경 또는 사실관계의 상황에 관한 법적성질 결정의 변경을 목적으로 고려하는 것을 인정하지 아니한다.[85] 이는 판사가 직권으로 변경할 수 없다는 의미이지 판사가 당사자의 의견을 들어 당사자의 주장에 따른 변경도 할 수 없다는 것을 의미하지는 않는다고 사료된다.

다. 판사는 당사자를 소환하여 증거서류에서 부족한 부분에 관한 설명 요구

당사자 중의 누구도 서류의 전달에 관한 적법성에 이의를 제기하지 않더라도, (소송기록에는 없지만) 증거서류가 전달된 명세서에 나타나는 증거서류를 고려하지 아니하고 항소법원은 직권으로 분쟁을 해결할 수 없다.[86] 문제가 되고 있는 서류가 최후 서면에 첨부된 서류의 명세서에 나타나 있고, 판사가 전술한 서류 전달의 효과성에 대하여 의심을 한다면, 판사는 당사자를 소환하여 소송기록에 왜 없었는지에 대하여 설명을 하도록 하여야 한다.[87] 판사는 대심의 원칙을 준수하도록 시키거나 스스로 준수하여야 하는 의무에 관하여 능동적으로 업무를 수행하여야 한다.[88]

라. 대심의 원칙 존중을 방해하는 특수한 상황을 고려

대심의 원칙의 준수를 방해하는 특수한 상황을 명확히 하지 않거나 본안변론의 충실성(loyauté)에 반하는 부분의 행동을 확정하지 않고 판사는 서면의 본안변론과 당사자들에 의하여 전달된 증거서류를 분리할 수 없다. 대심의 원칙은 절차에서 당사자들을 위하여 판사에게 제출되어 판사의 결정에 취하여진 모든 서류 또는 의견을 전달하고 검토하는 권리 및 분쟁에 영향을 줄 수 있는 권리를 내포한다.[89] 절차의 지도원리를 구성하고 있는 대심주의 절차의 위반은 그 자체로 판결의 변경의 수단으로 기능하지는 않으며 사실상 선고된 결정을 취소하는 원인이 된다.[90]

---

85) T.A. Lux., 11 février 1976, R. c. St.

86) Cass, 2e civ., 20 décembre 2001, Bull civ, n°203 et 204. 이에 대한 평석으로는 GASTON VOGEL, op. cit., p.69.

87) GASTON VOGEL, op. cit., p.69.

88) GASTON VOGEL, op. cit., p.69.

89) CEDH, 5e, 15 février 2007, n°9009/547.

90) C.A. Paris, cl. 19 sect. A, 28 mars 2007, Juris-Data, n°2007-330003.

민사소송법 제58조(현행 민사소송법 제9조)에 따라, 각 당사자에게 법률에 따라 주장의 성공에 필요한 사실을 증명할 책임을 부담된다. 여전히 대심의 원칙을 목적으로 한 제64조(현행 민사소송법 제15조)에 따라 당사자들이 변호를 준비할 수 있도록 당사자들은 그들의 신청의 근거로 삼고 있는 사실에 대한 공격방어방법, 당사자들이 제출한 증거의 자료, 당사자들이 주장한 법률상 공격방어방법을 서로 적시에 알게 하여야 한다.[91]

마. 대심의 원칙을 위반한 구체적인 사례

변론종결을 위하여 확정된 기일의 전날 제출된 서면에 대하여 상대방 당사자는 그에 대하여 답변하는 것이 불가능한 경우라면 그러한 서면에 대하여 법원은 어떠한 조치를 해야 할 것인가?

신민사소송법 제64조(현행 민사소송법 제15조)는 당사자들이 변호를 준비할 수 있도록 당사자들에게 그들이 신청의 근거로 삼고 있는 사실에 대한 공격방어방법, 당사자들이 제출한 증거의 자료, 당사자들이 주장한 법률상 공격방어방법을 서로 적시에 알게 하여야 한다. 이론적으로 서면은 사전절차 변론종결까지 제출될 수 있다고 해도, 종결의 전날에 송달되어 상대방 당사자가 거기에 답변을 할 충분한 시간을 가지지 못한 경우, 증언에 의한 새로운 증거의 제공을 포함하는 서면은 대심의 원칙을 존중하지 않은 것이고 본안변론에서 배제되어야 한다.[92]

신민사소송법이 항소심의 사전절차 변론종결일의 전날에 서면의 송달을 문언상 금지하고 있지 않다고 해도, 신민사소송법 제64조(현행 민사소송법 제15조)는 당사자들에게 당사자들이 변호를 준비할 수 있도록 당사자들에게 그들이 신청의 근거로 삼고 있는 사실에 대한 공격방어방법, 당사자들이 제출한 증거의 자료, 당사자들이 주장한 법률상 공격방어방법을 서로 적시에 알게 하도록 하는 의무를 부담시킨다. 대심의 원칙과 A를 변호할 수 있는 권리를 준수하기 위하여, 항소인이 변론기일 전에 서면을 읽을 수 있는 가능성조차 없는 경우 그때부터 B가 2003년 6월 17일 20시 30분 송달시킨 서면을 배제하여야 한다.[93]

91) T.A. Lux., 15 mai 2007, n°80337 du rôle.

92) C.A., 15 mai 2002, rôle n°25.999.

93) C.A., 11 juillet 2003, rôle n°27.021.

바. 소권의 남용과 대심의 원칙

민사소송법은 절차권 남용으로 인한 판결을 선고할 가능성을 예정하고 있다. 판사가 청구인의 소권이 남용에 해당하는지 부당한 지연을 위한 것인지를 판단할 때 1만 유로까지 갈 수 있는 민사제재금은 민사절차에서 국고(Trésor Public)에 이익이 되도록 선고된다.[94] 파기원(La Cours de cassation)은 절차권 남용에 대한 판결을 내리는 사건에서 판사가 직권으로 이 권한을 행사하는 것은 대심주의(contradiction) 원칙에 종속되는 것은 아니라고 판시하였다고 한다.[95] 이는 소권의 남용 판단은 재판의 지연방지라는 공익적 사유를 위한 것이기 때문에 법관의 전권에 속하는 것이어서 대심의 원칙이 한 발 물러서는 영역으로 판단될 수 있다.

4. 소결론

대심의 원칙은 프랑스 민사소송법을 관통하는 기본원칙이라는 데는 별 다른 이견은 없는 것 같다. 물론 프랑스 민사소송법에도 비송사건(procédure gracieuse)과 같은 절차는 대심의 원칙이 적용되지 않는다.[96] 상대방이 전제되어 있지 않은 절차이기 때문이다. 대심의 원칙은 소송절차의 개시, 준비절차인 사전절차, 판결의 근거가 되는 본안변론에서 충실이 준수되어야 한다. 프랑스의 판례 법리에 따르더라도 대심의 원칙은 단순히 지침적인 성격에만 그치지 않는다. 대심의 원칙을 위반하여 상대방에게 설명할 기회를 박탈당한 경우 등에는 상소로서 불복할 기회를 주고 있기 때문이다. 이를 보면 프랑스가 역사적으로 당사자주의의 발현이 늦은데 비하여 대심의 원칙을 적극적으로 적용함으로써 소송에 있어서 당사자의 지위를 제고하고 있는 측면이 있다고 생각한다. 우리나라에 대응해 본다면 설명의무를 재판의 단계에서도 광범위하게 적용하고 있지 않은가 한다. 프랑스는 대심의 원칙을 통하여 기습적인 재판을 방지하고 항상 상대방에게 변호할 수 있는 여지를 줌으로써 형평성에 부합하는 법리를 이끌어 내려는 시도로 평가할 수 있다.

---

94) Jean-Paul Branlard, op. cit., p.23.

95) Jean-Paul Branlard, op. cit., p.23.

96) Jean-Paul Branlard, op. cit., p.77.

Ⅲ. 프랑스 대심의 원칙이 주는 시사점

1. 감정절차와 관련한 일본에서의 논의

가. 프랑스 민사소송법의 감정절차 개관

프랑스 민사소송법의 특색 중 하나는 회계, 건축·부동산, 특허, 의료사고 등 많은 사건에 감정(expertise)이 사용되고 있다는 점을 들 수 있다.[97] 그러나 프랑스의 감정은 재판관의 감독 하에 감정인에 의하여 실시되는 증거조사이고, 감정절차 자체가 감정인의 면전에서 이루어지는 하나의 절차로 파악되고 있다.[98] 감정인 면전 절차에서 대심의 원칙 적용에 관하여 신민사소송법은 직접 규정을 정하고 있지는 않지만 감정은 재판권의 기능에 결부된 것이고[99], 당사자의 의견과 요구를 고려하는 것을 감정인에게 의무로 부여하고 있는 민사소송법 제276조 규정에 묵시적으로 포함되어 있는 것 등으로부터 당연히 대심의 원칙이 적용되는 것으로 해석된다.

증거조사에 관하여 감정을 명하는 재판이 이루어지는 경우, 이를 명한 판사의 감독하에 감정절차가 실시(민사소송법 제155조)되지만 감정인은 그 임무를 수락한 이후 당사자가 감정인 보수의 예납을 하면 원칙적으로 감정에 착수해야 한다(제267조).

(1) 당사자의 소환

감정인은 감정집회(réunion d'expertise)로 불리는 집회에 당사자를 배달증명부 서류우편(등기우편의 일종)을 통하여 소환(convocation)[100]하여야 한다(제160조).

97) 구민사소송법에서의 상황에 대하여는 三井哲夫, "フランスに於ける民事訴訟法の基本構造とその實態Ⅲ", 判例タイムズ 127号, 9頁.

98) 프랑스에 있어서의 감정제도에 관한 종합적인 연구에 관하여는 北村一郎, "フランス民事訴訟における鑑定人の役割(1),(2完)", 法學協會雜誌 110卷1号, 1頁, 110卷2号, 179頁 이하. 한편 신민사소송법하에서 감정의 실정에 관하여는, 山下郁夫, 野山宏, 小林久起, "フランスにおける民事訴訟の運營", 司法硏究報告書 44輯 1号, 85頁, 122頁.

99) Normand, "Remarques sur l'expertise judiciaire au lendemain du Nouveau code de procédure civile", Études offertes à Jean Vincent, 1981, p.262.

100) 집행관의 송달이 전제가 되는 소제기시의 소환장(assignation)과는 달리 서류우편에 의한 소환이다.

구법하에서는 이런 소환(convocation)은 당사자의 변호사가 이 업무를 수행하였지만 신민사소송법에서는 감정인이 직접 서류우편을 통하여 수행하도록 되어 있다. 다만 당사자는 그 변호인에게 단순한 통지서(simple bulletin)의 교부에 따라 소환하는 것도 가능하고, 감정의 시행일의 지정 등을 위하여 당사자가 재판관의 면전에 출석하면(제266조) 구두로 소환되는 것도 가능하게 되어 있다. 또한 당사자의 변호인은 구두 또는 통지서에 의하지 않은 경우 통상우편에 따른 통지, 결석당사자에도 통상우편을 통한 통지로도 된다(제160조). 감정인은 최초의 집회의 종료시에 차회의 작업의 일시를 구두 또는 서면으로 당사자, 변호인에게 통지하고, 그 이후에도 같은 형태의 통지가 이루어지지만, 당사자 등에게 출석할 가능성이 부여되어 있어야 한다.

이처럼 감정인은 당사자(또는 대리인)를 소환하여야 하고 당사자의 일방을 소환하지 않고 수행하는 감정은 그 당사자에 대항할 수 없는 것으로 해석되어 있다. 소환이 부적법하여 당사자가 결석한 경우에 감정은 소송행위(문서)의 무효에 관한 규정(제112조 이하)에 정한 바에 따라 무효가 된다(제175조). 즉 당사자가 하자에 따라 받은 불이익을 증명한 경우(제114조 제2항) 감정은 무효로 된다. 우선 대심의 원칙은 당사자 쌍방이 출석하여 심문되는 기회가 부여되는 것을 요청하는 것이므로 소환이 적법하게 된다면, 당사자변호사 모두 결석하여도 감정은 무효가 되지 않는다.[101] 또한 소환이 부적법하여도 이를 보정하지 않고 재실시의 여지가 인정되고(제177조), 결석당사자가 실제로 집회에 일시, 장소를 알고 있는 경우와 법원에 감정결과의 내용을 다툰 경우에도 감정의 무효는 회피되는 것으로 해석된다.[102]

(2) 감정절차의 실시

감정집회는 통상, 감정인의 사무소가 있는 곳에서 개최되지만 감정인은 우선 소환한 당사자, 변호인의 출석의 유무, 당사자의 조언자(변호사 또는 기술조력인 등)가 누가 있는지 확인하고, 부여된 임무를 명확하게 한 후 감정절차를 수행하게 된다.[103] 감정인으로서는 당사자쌍방이 입회한 가운데서 당사자 또는 그의

101) Normand, op. cit., p.263.

102) H. Solus et R. Perrot, “Droit judiciaire privé”, III, Procédure de première instance, Revue internationale de droit comparé, 1991., p.832.

조언자로부터 제공된 자료를 수집하고, 사전에 당사자간에 전달된 관계서증 등을 조사하고 현장검증을 수행하고, 필요하다면 사진을 촬영하는 등의 감정절차를 실시하게 된다. 이때 당사자는 다른 증거조사와 같은 본인신문(audition personnelle)을 포함하지 않는 경우 입회하지 않고 종결시킬 수 있지만 대리·보좌를 받는 권리를 가지고(제161조), 감정을 명하는 법원에 당사자를 대리·보좌하는 자는 어떠한 장소에 있어도 감정의 시행에 동행하고, 당사자가 결석한 경우에도 감정의 시행에 관하여 의견(또는 의견서)를 제출하고 의견을 제출할 수 있다(제162조). 또는 당사자가 의견·요구를 제출하는 권리를 당연히 가지는 것으로 해석된다. 예를 들어 당사자(또는 변호인)는 감정인에 대하여, 다른 장소에서의 현장검증 및 보충적인 검사를 요구하거나, 특정인에 대한 질문 및 증거서류의 제출 등을 요구하는 것이 가능하다고 한다. 한편 감정인은 당사자의 의견 또는 요구를 고려하여야 하며, 이는 서면에 의한 경우에 당사자의 요구가 있는 때에는 자신의 의견(avis)에 첨부하여야 하고(제276조 제1항), 또는 여기에 관하여 시행한 조치에 대하여 의견을 기재하여야 한다(제276조 제2항). 즉 감정인이 당사자의 의견·요구를 무시하는 것은 대심의 원칙에 의하여 금지되는 것으로 보인다.[104] 감정이 어떠한 경우에 무효로 되는가 또는 어떤 경우에 대심(변호권 존중)의 원칙이 침해되는 것처럼 보이는가에 관하여는 여전히 논란의 여지가 남아 있는 것으로 보인다.[105]

(3) 예외

이상과 같이 당사자 쌍방은 감정인에 따른 감정절차에 입회하여 의견(서)를 제출하는 기회가 부여되는 것이 원칙이지만 의학감정사건 등과 같이 당사자의 입회를 인정하는 것이 오히려 불편한 경우가 있다. 이러한 경우에는 실무상 감정인이 최소의 감정집회에 양당사자를 일단 소집한 후에 당사자의 입회 없이 감정절차를 수행하고, 이 작업이 충분히 진행된 단계에 다시 집회를 개최하여 실시한 작업으로부터 얻어진 방향을 당사자에게 알리고, 필요하다면 그 의견을 구하는 조치가 진행되어야 할 것이다.[106] 또한 일반적으로는 감정인이 단순한 물적 확인

103) Gérard COUCHEZ·Xavier LAGARDE, op. cit., p.384.

104) Normand, op. cit., p.263.

105) Normand, op. cit., p.263.

(simple contestation materielle) 또는 기술적 조사(études techniques) 등을 수행하는 경우에는 당사자의 입회는 필요하지 않고, 작업의 결과를 당사자에 알리고, 의견진술의 기회를 부여하는 적당한 수단을 강구하면 족하다고 한다.[107]

(4) 소결론

이상과 같이 프랑스법의 감정에서는 감정인에 따른 감정절차의 과정 그 자체에 관하여도 대심의 원칙이 작동하고 있다는 점을 살펴보았다. 당사자가 법정(audience)에서 감정결과로서 감정보고서에 관하여 토의할 수 있는 것만으로는 대심의 원칙의 요청이 충족되어지지 않았다고 한다.[108] 감정인은 감정집회에서 판사와 같은 입장에서 대심의 원칙 준수에 관계되어 있다. 따라서 감정에서도 당사자들이 실질적으로 본인들의 주장을 할 수 있어야 하고 감정의 전반적인 내용을 알 수 있어야 한다.

나. 프랑스의 감정절차에 관한 일본에서의 논의

판사에 의한 법적용 또는 감정절차의 두 가지의 국면에서 대심·변호권존중의 원칙이 어떠한 관계에 있는지에 관한 논의가 있다.[109] 법적용은 판사의 직무이지만 판사는 스스로도 대심의 원칙을 준수해야 하며, 직권으로 법률상의 공격방어방법을 고려하는 경우에도 당사자에게 의견진술의 기회를 부여해야 한다고 해석된다. 한편 감정절차는 판사의 감독 하에 있는 것으로 감정인의 책임으로 실시되는 것이지만 여기에도 대심의 원칙이 작동하는 것은 당연한 것으로 해석된다.[110] 신민사소송법에서는 판사와 감정인(기술자)과의 사이에 법적 문제는 판사에게, 기술자의 지식을 필요로 하는 사실문제(제232조)는 감정인에게 권한 분담이 되고 있는 것으로 보이지만 어느 영역에서도 대심의 원칙은 활동의 지침으로 역할을 다하고 있지 않은가 생각된다고 한다.[111] 이 견해는 대심의 원칙

106) H. Solus et R. Perrot, op. cit., p.833.

107) H. Solus et R. Perrot, op. cit. p.834.

108) 德田和幸, 「フランス民事訴訟法の基礎理論」, 信山社, 1994., 257頁.

109) 德田和幸, 前掲書, 259頁.

110) 德田和幸, 前掲書, 259頁.

111) 德田和幸, 前掲書, 259頁. 그런데 사실문제에 있어서 감정인은 의견을 낼 뿐이므로 감정인이 사실관계의 확정에 직접 관여한다는 것은 우리나라의 실정과는 맞지 않는 것으로 보인다.

을 감정결과로 보지 않고 그의 작업과정과의 관계에도 중요한 역할을 다하고 있는 것은 일본에서 감정의 본연의 역할과 당사자의 절차권 보장의 본연의 역할을 재검토하는데 참고가 되는 것도 포함되어 있다고 한다.[112)]

2. 우리나라에 주는 시사점

가. 감정제도에 관한 시사점

우리나라 민사소송법 제339조 제3항은 법원은 감정결과에 대하여 당사자에게 구두 또는 서면으로 의견을 진술할 기회를 부여하였다. 이는 바람직한 입법이라고 생각한다. 그 동안 감정이 재판의 결과를 좌지우지하는 경우가 많은데 비하여 당사자들은 감정절차에서 상대적으로 소외되어 있었기 때문이다.[113)] 그 외에 2016. 3. 29. 개정된 민사소송법은 감정제도의 개선을 많이 이룬 것은 사실이다. 감정인에 대한 신문절차를 비디오 등 중계시설 및 인터넷 화상장치을 통하여 할 수 있도록 하였고(제339조의3 등), 감정인의 자기역량 고지의무, 감정위임 금지의무를 부담(제335조의2)하도록 하였다.

감정제도와 감정인에 관하여 법관이 통제할 수 있는 제도는 이미 입법 및 해석론으로서 비교적 완비되어 있다고 할 수 있다. 감정의 결과에 법관이 기속되지 않고 법관의 자유심증에 속한다는 판례[114)]가 이미 확립되어 있기 때문이다(민사소송법 제202조). 또한 법원은 감정절차에서도 감정인을 지정할 수 있는 주체이며(민사소송법 제335조), 감정인은 민사소송법에 따라 감정할 의무를 부담하는데다가(민사소송법 제334조) 허위감정의 경우에는 처벌을 받을 수 있기 때문에 현재의 제도에서는 법원이 감정인을 통제할 수 있는 수단은 적절해 보인다.

문제는 당사자가 감정에서 어떤 역할을 할 수 있는지 고민해 볼 필요가 있다. 현재 당사자 일방이 의뢰하여 작성된 감정서, 이른바 사감정은 공정하고 신뢰성이 있는 전문가에 의하여야 하고, 법원의 합리적인 의심을 제거할 수 있는 정도

112) 德田和幸, 前揭書. 259頁.

113) 정영환, 전게서, 608면. 이를 방지하기 위하여 감정인의 감정결과에 대하여 법관의 판단을 보좌할 전문심리위원을 이용하면 법관의 재판에 도움이 될 것이라고 한다.

114) 대법원 1998. 7. 24. 선고 98다12270 판결, 대법원 2010. 2. 25. 선고 2009다75574 판결 등.

가 갖추어져야 하는 특수한 사정이 있는 경우에만 서증으로 취급될 뿐이다.[115] 이를 보면 아직 우리나라에서는 감정인의 감정 중에 당사자가 본인의 의견을 반영시킬 수 있는 법적인 토대는 마련되지 아니한 것으로 보인다.

물론 감정이라는 증거방법이 법관의 판단능력을 보충하기 위한 조사방식이므로 굳이 당사자가 감정과정에 개입하여야 한다는 점에 대하여는 논란이 있을 수 있다. 그러나 현실에서는 감정인과 당사자의 유착이 증거의 구조적 편재와 관련되어 논의될 여지가 있다는 점에 문제의 소지가 있다. 다시 말해 신체감정에서 보험회사는 신체감정을 담당하는 감정인과 접촉의 가능성이 높은데 비하여 일반인은 애초에 감정인과의 접촉이 차단되어 있는 경우가 많다. 이러한 현실을 감안하면 애초에 감정절차 진행 당시에 양 당사자의 참여권을 인정하여 보는 것도 충분히 검토할 만한 사항이라고 생각한다.

지금도 당사자가 감정에서 감정신청 당시에 의견서 제출 뿐 아니라 심지어 감정절차 중 의견서 제출도 실무상 인정되고 있는 것으로 보인다. 그러나 이는 대리인의 숙련도, 감정인의 태도, 법원의 감독방식 등으로 인하여 통일적인 규율을 기대하기 어려운 점이 있다. 나아가 당사자의 감정절차 중의 의견진술 및 자료제출에 관하여 감정인이 이를 고려해야 하는지, 당사자가 감정절차 중에 절차권을 보장받는지에 대하여는 법률상 아무런 규정이 없으므로 사실상 법적구속력은 없는 셈이다. 반면 프랑스에서는 감정절차에서 당사자의 참여권이 대심의 원칙의 차원에서 인정되고 있다는 점이 인상적이다. 법관이 아닌 경우에도 재판작용에 협력하는 자가 있다면 공평의 원칙에서 당사자 모두에게 관련 정보를 알리고 당사자들에게 반론의 기회를 주어야 한다는 대심의 원칙을 참조할 필요가 있다. 대심의 원칙을 통하여 감정절차의 과정에서 당사자들의 참여권을 법률적인 수준에서 보장한다면 감정절차에서 당사자들의 관심과 참여를 더욱 높여 궁극적으로는 재판과 사법의 신뢰를 고양하게 될 것이다.

특히 감정결과가 나오게 되면 이를 번복하는 것은 매우 힘들다. 당사자 입장에서는 단순히 기다리고 있다가 납득할 수 없는 감정이 나오게 되면 그 배경을 의심하기 마련이다. 당사자들의 이러한 의심이 합리적이지 않은 경우가 더 많겠

115) 대법원 2010. 5. 13. 선고 2010다6222 판결.

으나 애초에 감정의 과정에서 당사자들이 참여할 수 있게 된다면 감정의 결과에 대한 신뢰도가 더욱 높아지지 않을까 한다. 또한 당사자들의 참여로 인하여 무분별한 재감정의 문제 역시 당사자 스스로에 의하건, 법원의 감독에 의하건 사전에 걸러지게 될 수도 있다고 생각한다.

나. 조정제도에 관한 시사점

앞서 프랑스의 참여절차에 대하여 언급한 바 있다. 이 제도는 민법상의 화해계약과 소송상의 화해를 연계시킨 독특한 제도로 평가할 수 있다. 민법상 화해계약이 지켜지지 않은 경우 소송을 통하여 문제를 해결하기 전에 합의에 기초한 분쟁의 해결을 모색해 보자는 제도라고 평가할 수 있다. 프랑스에서는 이 제도에서도 전문가에 위임하여 소송상 화해 또는 조정에 준하여 분쟁을 해결하게 하고 있다. 여기서 위임받은 전문가 역시 대심의 원칙을 준수하도록 규정하고 있다는 점도 이미 살펴보았다.

이러한 사정은 우리나라의 조정제도에 주는 시사점이 있다고 생각한다. 민사조정법 제1조를 보면 민사에 관한 분쟁을 간이한 절차에 따라 당사자 사이에 상호 양해를 통하여 조리를 바탕으로 실정에 맞게 해결함을 목적으로 한다고 규정하고 있다. 당사자 사이의 합의를 통하여 현실을 고려한 해결방법을 도모하는 것을 목적으로 한다고 읽힐 수도 있다. 그런데 민사조정법은 이러한 조리를 바탕으로 한다는 추상적인 문구 외에는 조정위원이 어떠한 지도원리에 따라야 하는지에 대한 언급이 없다. 민사조정법 제10조에서 학식과 덕망이 있는 자를 조정위원으로 선임하도록 하고 있을 뿐이다. 판사와 당사자 또는 그 대리인은 민사소송법의 기본원리에 구속됨이 당연한데 조정위원에 대하여는 명문의 규정이 없다.

이 점에서는 프랑스 민사소송법이 대심의 원칙을 참여절차에서 적용하는 점을 참조할 필요가 있다. 우리나라에서도 조정위원의 경우에는 단순히 학식과 덕망으로 분쟁을 해결하는 것이 아니라 당사자들을 소환하고 진술을 청취하여야 할 의무를 부담시킬 필요가 있다. 실무상 조정의 경우 이 수준까지는 잘 지켜지는 것 같다. 다만 당사자들 모두에게 그들이 주장하는 사실관계 및 그 증거에 대한 내용을 적어도 조정위원은 숙지하고 있어야 한다. 경우에 따라서는 법률전문가인 조정위원은 법률상의 쟁점사항까지도 모두 파악하여야 한다. 조정위원이 이러한 수준의 사실관계 및 법률관계에 대한 이해를 바탕으로 한 후 당사자들에게 그들의 유불리를 알려 조정에 임하도록 하여야 한다고 생각한다. 적어도 현행법상으로 조정 또는 소송상 화해에 판결 이상의 기판력을 주고 있는 상황에서 당사자를 비롯한 조정위원이 적어도 재판에 준하는 수준의 쟁점이 정리가 되어야 억울한 조정이나 화해의 사례가 줄어든다고 생각한다. 가장 좋은 판결이 가장 나쁜 화해 보다 못하다는 격언은 지양되어야 한다. 실무상으로는 특별한 문제점이 없이 운영되고 있다고 보일지 모르지만 적어도 조정을 주재하는 자에게 대심의 원칙에 준하는 기본원리를 민사조정법에 명시해 두는 것은 의미가 있다고 생각한다.

Ⅳ. 결론

사실 프랑스의 민사소송법이 규문주의(혹은 직권주의)를 바탕으로 당사자주의가 결합된 형태이기 때문에 이를 바탕으로 형성된 대심의 원칙을 우리나라에 곧바로 받아들이기는 쉽지 않다. 그렇지만 대심의 원칙에 대하여 검토를 하는 과정에서 우리나라에서 참고할 수 있는 점을 논하였다는 데 의의가 있다고 생각한다. 대심의 원칙은 보통법상의 당사자주의 원리와 유사한 점이 있음에도 보통법 법원에서 사안을 대하는 것처럼 진실은 반드시 제출된 모든 증거의 심리에서부터 드러난다는 점을 시사한다. 사실 대심의 원칙은 프랑스 절차법적 가치에 내지하고 있는 매우 중요한 영향을 주는 것은 아니며 형식적인 절차적 지침 수준에 불과하다하다는 평가도 있다.[116] 하지만 프랑스의 판례를 검토해 보았을 때 대심의 원칙 위반을 상소의 사유로 삼는 사례들을 보면 단순한 선언적인 지침의 수준은 넘어 법규적 구속력을 갖는 것으로 보여지므로 이러한 지적은 타당하지 않다고 생각한다. 대심의 원칙을 통하여 우리나라의 민사소송법을 본다면 프랑스는 사전에 당사자를 위한 설명의 기회를 보장하고 판사의 자의적 판단을 지양하고 있다는 점을 알 수 있다. 프랑스는 역사적 측면에서 직권주의가 강하였음에도 당사자주의의 색채를 조화시키고 있다는 점이 돋보인다.

116) Eva Steiner, op. cit., p.285.

이를 바탕으로 우리나라의 민사소송절차 중 감정절차의 경우에는 보다 적극적으로 당사자의 절차권을 보장하고 감정인은 양심과 전문지식에 따라 공정하게 감정하며, 법원은 당사자의 절차권이 적정한지, 감정인의 업무수행이 공정한지를 감독하는 방향을 설계하는데 도움을 줄 수 있다고 생각한다. 나아가 재판외의 분쟁해결에 관여하는 조정위원에게도 대심의 원칙은 시사하는 바가 크다. 당사자에게 사실관계, 증거자료, 더 나아가 법률적 쟁점까지 알릴 수 있도록 하고 조정위원 자신도 이를 숙지하고 있을 필요가 있다. 대심의 원칙을 직접 도입하지는 못하더라도 조정위원의 업무수행에 있어서 지도원리 중의 하나로 자리매김 하도록 고려할 여지는 충분하다고 생각한다.

제2부

프랑스 민사소송법상 합의에 기초한 분쟁해결 규정이 주는 시사점[1)]

Ⅰ. 서설

분쟁의 종국적인 해결은 무엇을 의미하는가? 민사소송법에 따라 판결을 선고받고 민사집행법에 따라 강제집행을 완료하면 되는 것인가? 민사소송법과 민사집행법에 있는 내용만을 형식적으로만 본다면 그렇게 볼 수도 있다. 법률이 당사자 사이의 분쟁의 모든 응어리를 풀어줄 수는 없다. 법적 분쟁이라는 것이 당사자 사이에 있던 모든 사실관계에서 법적인 쟁점을 추출하여 거기에 각 효력을 인정 내지 부정하는 것이기 때문에 법적 테두리에 들어오지 않은 사실은 적어도 법적인 관심사는 되지 않는다. 그러나 법적 관심사가 되지 않았다고 분쟁당사자의 기억에서 지워지지는 않는다, 오히려 그러한 사실이 더욱 분쟁에 관한 감정의 근저에 침전하여 실제로 분쟁의 해결이 더욱 어려워지는 경우가 상당히 많다. 소송외 대체적 분쟁해결방식, 이른바 ADR은 전통적인 판결과는 달리 일도양단적인 해결을 지양하고 당사자들이 합의를 통하여 분쟁을 해결할 수 있도록 도와주는 역할을 한다. ADR 제도가 목적대로 운영이 된다면 이보다 근본적인 해결방안은 없을 것이다.

우리나라는 분쟁을 해결하는 방법에 있어서 전통적으로 법원에 의한 판결을

1) 이 장은 역자의 다음 논문을 기초로 작성하였다. "프랑스 민사소송법상 합의에 기초한 분쟁해결 규정이 주는 시사점", 민사소송(한국민사소송법학회) 제21권 제1호, 2017.5.

선호하는 것으로 보인다. 2014년 제1심의 경우 조정을 포함한 화해율이 14.8%에 지나지 않기 때문에 외국에 비하면 아직까지 법원의 판결의 비중이 높은 편이다.[2] 그럼에도 화해나 조정에 관한 입법을 통하여 다양한 방법으로 분쟁을 해결하려는 시도가 이루어지고 있다. 최근 주택임대차보호법에 도입되어 2017. 5. 30. 시행을 앞둔 주택임대차분쟁조정위원회도 그러한 노력의 일환이다.[3]

주요 선진국에 있어서도 대체적 분쟁해결을 다시 활성화하기 시작한지는 그리 오래되었던 것으로 보이지는 않는다.[4)5] 재판 이외의 분쟁해결 방법은 오래전부터 있어 왔지만 그 활용에 있어서 부침이 있어 왔고 최근에 다시 대안적인 분쟁해결의 수단으로 재조명받고 있는 것이다. 프랑스는 佛蘭西 革命을 거치면서 중재(Arbitration)를 합법적인 수단으로 인정하게 되었고 1790년 8월 16일과 24일에 입법된 법률안은 중재에 관한 제약을 최소한으로 하여 심지어 중재인이 될 수 있는 자격도 별 다른 제한을 두지도 아니하였다.[6] 프랑스에서는 중재를 중세부터 분쟁의 활용수단으로 사용하여 왔었고 프랑스 혁명을 통하여 확대입법을 취하였다가 나폴레옹시대에는 많은 제한을 하였다고 한다.[7]

화해(conciliation)는 프랑스 혁명 당시 제도화되었는데 그 당시에는 강제조정(mandatory)이었으나 현재는 프랑스 민사소송법 제21조에 "당사자를 화해시키는 것은 판사의 직무에 속한다."라고 규정하고 있다.[8] 조정(médiation)은 1996년의

2) 이시윤, 「신민사소송법」, 제11판, 2017., 19면.

3) 입법에 관하여 자세한 내용은 다음 주소의 국회의안정보시스템 참조. http://likms.assembly.go.kr/bill/billDetail.do?billId=PRC_M1N6G0X5T1R6R2M3Y3L9K5K2U6A8J5.

4) 원용수, "프랑스의 ADR과 그 활용 현황에 관한 고찰", 중재연구 제17권 제1호, 2007..3., 111면.

5) JACQUELINE M. NOLAN-HALEY, 「Alternative Dispute Resolution - in a nutshell」, (west publishing, 1992). at 3. Alternative Dispute Resolution(소송 외의 대체적 분쟁해결 수단)에 대하여 미국에서는 학계와 실무계에서 폭증하는 소송의 부정적인 측면에 주목하여 시작된 1970년대의 법률 개혁운동의 결과물(attributes)이라고 한다.

6) Jean-Louis Delvolvé, French Arbittation Law and Practice, (2nd edition, Wolters Kluwer, (2009), at 3-4.

7) 조희경, "프랑스 2011년 개정된 중재법이 우리에게 주는 시사점에 대한 소고", 홍익법학 제15권 제2호, 2014. 274면. 지금은 프랑스가 국제중재를 비롯한 중재영역에서 강국의 자리를 차지하고 있다고 평가한다.

8) 近畿法学會, 「新フランス民事訴訟法典」, 40巻 2号, 1989., 145頁에는 "当事者を和解させることは, 裁判官の職務に属する."라고 번역되어 있다. 프랑스법 원문은 "Il entre dans la mission du juge de concilier les parties."라고 되어 있다. 프랑스법 원문은 https://www.legifrance.gouv.fr

개정을 통하여 들어온 것으로 보이는데[9] 조금 오래된 통계이기는 하지만 2000년 파리 항소법원의 민사, 상사 등을 포함한 35,000개 이상의 판결에서 185건만 조정을 명하였다고 하는데 그 중에 조정성공률이 50% 이상이라고 한다.[10]

이 논문에서는 프랑스에서 2012년에 개정된 화해와 조정에 대한 입법례를 분석하여 우리나라에 주는 시사점을 살펴보기로 한다. 그러기 위하여 먼저 관련된 부분의 프랑스 민사소송법의 내용을 살펴보기로 한다. 그 이후 우리나라의 입법에 주는 시사점을 분석하기로 한다. 프랑스 민사소송법은 아직까지 우리나라에 상당히 생소하지만 독일법과 함께 대륙법의 한 축을 이루고 있는 점을 볼 때 우리나라에도 주는 시사점이 적지 않다고 생각한다.

Ⅱ. 프랑스 민사소송법상 합의에 기초한 분쟁의 해결에 관한 입법 태도

1. 프랑스 민사소송법의 ADR의 내용 검토

가. 프랑스에서의 ADR 제도의 개요

법의 테두리 내에서 분쟁을 해결하는 대표적인 방법은 소송에 따른 판결이다. 법치주의의 내용이 정착된 이후 사법부의 독립은 당연한 명제가 되었고 입법부, 행정부와 더불어 국가권력의 한 축을 담당하게 되었다. 그러나 판결만으로 분쟁을 해결할 경우 판결을 비롯하여 국가권력에 의한 집행에 의할 때까지 들이는 시간과 비용이 엄청나기 때문에 소송 이외의 분쟁해결 방법을 모색하게 되었다. 이와 더불어 판결을 통한 일도양단적인 해결방식은 당사자 사이의 진정한 분쟁의 종식을 이루는데 한계가 있다는 견해가 대두하게 되었다. 이에 소송 외에 대체적 분쟁해결 방법을 ADR, 즉 Alternative Dispute Resolution이라고 한다. 따라서 ADR은 화해, 조정, 중재 등 당사자의 합의가 주된 요소를 이루는 소송 외의 대

참조. 판사가 소송절차에서 수행하는 업무이기 때문에 직무로 번역하는 것이 타당하다고 생각한다.

9) Décret n°96-652 du 22 juillet 1996 relatif à la conciliation et à la médiation judiciaires https://www.legifrance.gouv.fr 참조.

10) 이로리, "프랑스의 ADR 제도 - 법원관련 중개 및 조정제도를 중심으로 -", 안암법학 29권, 2009., 473면.

체적 분쟁해결절차(이하 'ADR이라고 함')라는 개념을 축약한 용어라고 봄이 일반적이다.

프랑스에서도 ADR에 해당하는 용어로 MARC(Modes Alternatif de Règlement des Conflits, 이하 MARC라고 함)라고 한다. 프랑스에서도 전통적인 방법으로 국가의 사법기관이 개입하는 소송에 의한 해결을 대체하는 화해, 조정, 중재 등이 논의된다.[11] 최근 법무부의 통계에 따르면 가족법을 제외하고 파리 지방법원(Tribunal de Grande Instance)에서 판사에 의한 조정을 명한 건수는 2011년에 200건, 2012년에 203건, 2013년에 227건이었고, 파리 항소법원(Cour d'Appel)에서는 2011년에 277건, 2012년에 514건, 2013년에 593건으로 증가추세에 있다.[12][13] 그러나 이 숫자가 민사 또는 상사 사건에서의 성사 건수나 계속 중인 사건의 숫자를 의미하지는 않는다. 통계가 불완전하다고는 해도 민사 분쟁사건에서 차지하는 비중이 증가하는 것은 분명해 보인다.[14]

나. conciliation과 médiation의 개념 정리

(1) 우리나라에서의 화해와 조정

먼저 우리나라의 화해와 조정의 개념에 대하여 살펴본다. 화해의 경우 민법상 화해와 민사소송법상 화해로 나누어지는데 일단 민사소송법상 화해의 개념부터 살펴본다.

민사소송법상의 화해는 크게 소송상 화해와 제소전 화해로 구별된다.[15] 소송

11) Marie-Claire Rivier, Pascal Ancel, Gerard Blanc, Marianne Cottin, Olivier Gout, Xavier Haubry, Latekoue Lawson-Body, Jean-Louis Pourret, Isabelle Sayn, “Les modes alternatifs de reglement des conflits - Un objet nouveau dans le discours des juristes francais ?”, RECHERCHE EFFECTUEE AVEC LE SOUTIEN DU GIP MISSION DE RECHERCHE DROIT ET JUSTICE, Mai 2001. pp.34-36.

12) Inspection Générale des Services Judiciaires, “Rapport sur Le développement des modes amiables de règlement des différends,” N° 22-15, AVRIL 2015. p.17.

13) http://www.justice.gouv.fr/art_pix/stat_annuaire_2011-2012.pdf 이 자료는 프랑스 법무부 자료인데 2010년 상사사건을 제외한 지방법원(T.G.I.) 접수 사건 수는 690,908건이고 이 중 화해로 종결된 사건은 18,856건이라고 한다.

14) Inspection Générale des Services Judiciaires, prèsc, p.17. 2012년 파리의 지방법원과 항소법원의 민사와 상사사건의 신건이 1,165,890건이라고 한다.

15) 정동윤·유병현·김경욱, 「민사소송법」 제5판, 2016. 679면.

상 화해란 소송계속 중 양쪽 당사자가 소송물인 권리관계의 주장을 서로 양보하여 소송을 종료시키기로 하는 기일에 있어서의 합의를 말한다.[16] 이때 소송물을 서로 양보한다는 요건은 법률에 명확한 요건으로 규정된 것이 아닌데다가 청구의 포기 또는 인낙과 구별하기 위한 개념으로 사용되고 있기 때문에 탄력적인 해석이 가능하다.[17] 따라서 소송계속 중 하는 분쟁의 합의이기 때문에 판사 앞에서의 절차 진행이 중요한 요소가 되며 결국 화해조서에 분쟁내용이 기재되어야 한다(민사소송법 제154조 제1호). 제소전 화해라는 제도는 소 제기 전에 소송을 예방하기 위한 제도로서 지방법원 판사 앞에서 화해신청을 하여 분쟁을 해결하는 제도이다(민사소송법 제385조). 이를 보면 적어도 민사소송법상의 화해는 당사자간의 합의의 존재, 소송계속 전 또는 소송계속 중일 것, 비교적 넓은 법원의 관여가 핵심징표인 것으로 보인다.

조정은 중립적인 위치에 있는 제3자(조정인)가 분쟁 당사자들의 동의를 얻어 분쟁당사자 또는 대리인이 쉽게 협상을 하여 분쟁을 해결하도록 도와주는 분쟁해결방법을 의미한다.[18] 쉽게 말해서 당사자들이 서로 합의에 의하여 갈등을 해결할 수 있도록 제3자가 돕는 과정을 의미한다. 조정은 제3자의 중개가 필수라는 점에서 반드시 중개를 요하지 않는 화해와 차이가 있다.[19] 조정에는 크게 법원에 의한 조정과 행정부 산하기관의 조정이 있다.[20] 법원에 의한 조정의 경우 조정전담판사, 상임조정위원, 조정위원회 또는 수소법원에 의한 조정이 각각 이루어진다.[21] 법원이 직접 개입하는 경우도 있지만 당사자의 합의가 성립해야 한다는 점이 본질적 요소라는 점에서는 같다. 행정부 산하기관 조정의 경우 소비자분쟁조정위원회(「소비자기본법」 제60조), 의료분쟁조정위원회(「의료사고 피해구제 및 의료분쟁 조정등에 관한 법률」 제19조), 저작권분쟁조정위원회(「저작권법 제112조), 금융분쟁조정위원회(「금융위원회의 설치 등에 관한 법률」 제51조), 환

---

16) 이시윤, 전게서, 588면 ; 정동윤·유병현·김경욱, 전게서, 681면.

17) 이시윤, 전게서, 2017., 588면. ; 정동윤·유병현·김경욱, 전게서, 681면. 松本博之·上野泰男, 「民事訴訟法」. 第6版. 弘文堂, 2010. 510頁.

18) 사법연수원, 「ADR(분쟁 이외의 분쟁해결)」, 2005., 82면.

19) 홍기문, 「민사소송법」 제7판, 대명출판사, 2016., 28면.

20) 정동윤·유병현·김경욱, 전게서, 19면. ; 정영환, 「신민사소송법」, 세창출판사, 2009., 25면.

21) 자세한 내용은 정동윤·유병현·김경욱, 전게서, 20면 이하.

경분쟁조정위원회(「환경분쟁조정법」 제4조) 등이 있다. 이러한 조정은 법원과는 관련이 없고 당사자의 합의가 있으면 개별 법률에 정해진 대로 효력을 가지게 된다. 이를 보면 조정의 경우 법원의 개입은 주된 요소가 아니고 성립의 확인 정도에만 그치며 당사자의 합의가 이루어졌는지 여부가 핵심징표인 것으로 보인다.

(2) 프랑스 민사소송법에서의 conciliation과 médiation

이를 토대로 프랑스 민사소송법(이하 프랑스 법이라고 함)에서는 conciliation과 médiation의 의미를 살펴본다.

(가) 프랑스 법의 내용

conciliation에 관하여 본다면 프랑스 법 제128조에서는 당사자 스스로 또는 판사의 주도로 화해할 수 있도록 규정하고 있으나 기본적으로 프랑스 법 제21조에서 원칙적으로 판사의 직무로 선언하고 있다. 또한 프랑스 법 제129조[22]에서는 특별한 규정이 없으면 판사는 그가 적절하다고 생각하는 장소와 시간에 그가 정하는 방식에 따라 시도된다고 규정하고 있다. 비록 conciliation에 있어 판사가 별도의 위원에게 위임하는 경우가 있으나 이는 어디까지나 판사의 직무에 대한 연장선상으로 평가할 여지가 있는 것이다. 프랑스법 제129-2조[23]를 보면 판사가 화해위원(un conciliateur de justice)[24]에게 기간을 정하여 화해의 직무를 위임(délègue)할 수 있도록 되어 있다. 또한 프랑스 법 제 130조[25]에서는 합의에 대한 내용(teneur)은 조서(un procès-verbal)에 기입되는데 이를 가리켜 화해증서(L'acte de conciliation)이라고 한다. 이 조서의 사본(Des extraits du procès-verbal)은

22) La conciliation est tentée, sauf disposition particulière, au lieu et au moment que le juge estime favorables et selon les modalités qu'il fixe.

23) Lorsque le juge, en vertu d'une disposition particulière, délègue sa mission de conciliation, il désigne un conciliateur de justice à cet effet, fixe la durée de sa mission et indique la date à laquelle l'affaire sera rappelée. La durée initiale de la mission ne peut excéder trois mois. Cette mission peut être renouvelée une fois, pour une même durée, à la demande du conciliateur.

24) 우리나라의 경우 화해에 관한 위임을 받는 별도의 위원은 없다. 다만 재판진행 중 조정에 관한 위임을 받는 조정위원이 있다. 자세한 내용은 민사조정법 제7조, 제10조 참조.

25) La teneur de l'accord, même partiel, est consignée, selon le cas, dans un procès-verbal signé par les parties et le juge ou dans un constat signé par les parties et le conciliateur de justice.

집행권원(titre exécutoire)이 된다. 프랑스 민사소송법 교과서에서도 판사에게 conciliation의 직무를 부여한 것은 결코 부차적인 의무가 아니라고 강조한다. 성공한 conciliation은 협상이 성공한 것이고 그로 인하여 당면한 분쟁의 해결에 있어서 집행의 위험을 감소시켜 사회의 평화를 회복할 뿐만 아니라 그만큼 사법절차의 경제성에도 기여하기 때문이다.[26] 이러한 점 등을 감안해 볼 때 conciliation은 법원의 관여가 보다 중요한 요소이기 때문에 우리나라에서는 민사소송법상 화해로 번역하는 것이 더 타당할 것으로 생각된다.

médiation에 관하여 보면, médiation의 목적은 당사자 각자의 신청을 대조해 보고 소송당사자(les plaideurs) 사이에 대화로 회복을 희망하게 하는데 있다.[27] 이상적으로 본다면 소송을 해결하는 합의를 도출할 것이고, 최소한 대립하는 자들에게 인간관계의 회복 및 재개를 허락하게 할 것이다.[28] 프랑스 법 제131-1조에서 판사는 당사자들의 합의를 받은 후에야(après avoir recueilli l'accord des parties) 분쟁을 해결하기 위하여 제3자를 임명할 수 있도록 하고 있다. 이를 보면 프랑스 법의 médiation은 판사에 의하여 위임된 médiateur에 의하여 실행된다는 점에서 우리나라에서의 법원 조정, 특히 조정위원의 조정과 유사한 면이 있다. conciliation에 비하여 법원의 관여가 적고 당사자의 자율적인 합의가 더 중시된다는 점에서 우리나라에서는 조정으로 번역하는 것이 더 타당할 것으로 생각된다.[29]

---

26) Yves STRICKLER, 「PROCEDURE CIVILE」(6 édtion), Larcier, 2015. pp.188-189. 그 외에도 프랑스 법 제829조에서는 예비적 화해(le préliminaire de conciliation)는 임의적 절차를 원칙으로 하고 있다.

27) Ibid, p.192.

28) Ibid, p.192.

29) 참고로 이로리, 전게논문, 470면에서는 conciliation을 조정으로, médiation을 중개로 번역하고 있다. 이 견해는 분쟁해결에 관여하는 외부의 제3자의 역할의 정도를 기준으로 conciliation이 보다 개입의 정도가 높기 때문에 이를 조정이라고 번역하고, médiation이 상대적으로 개입의 정도가 낮아 중개로 번역하였다. 그러나 프랑스 민사소송법 제21조는 conciliation은 법원의 직무로 한다는 규정이 존재하는 등 재판절차와 관련성이 밀접하여 법원의 관여가 매우 크기 때문에 우리나라에서 사용되는 조정과는 맞지 않는 측면이 더 크다. 참고로 conciliation을 화해, médiation을 조정으로 번역하는 견해가 다수인 것으로 보이며 프랑스 민사소송법 체계상 다수 견해가 타당해 보인다. 이무상, "프랑스 민사소송법전(Ⅰ)", 단국대학교 법학연구소, 법학논총 40권 1호. 2016. 286면, ; 원용수, 전게논문, 107-108면. ; 박철규, "ADR법 발전과정에 관한 비교법적 연구". 미국헌법학연구 제27권 제1호, 2016.4., 129면. ; 山口俊夫, 「フランス法辭典」, 東京大學敎出版會, 2002., 102頁, 363頁.

그 밖에 재판외의 화해, 즉 민법상의 화해계약에 대하여도 살펴볼 필요가 있다. 민사소송법상의 화해나 상당수의 조정은 법원의 판결에 준하는 기판력과 집행력을 부여받게 된다. 민법상의 화해는 당사자가 상호양보하여 당사자간의 분쟁을 종지할 것을 약정하는 효력, 즉 채무적 효력만을 가진다. 이러한 민법상 화해계약은 실생활(교통사고, 폭행사건 등)에서 합의라는 이름으로 자주 행하여진다. 이러한 민법상 화해를 뒷받침해 주는 기관도 다양해서, 서울지방변호사회, 공정거래조정원, 한국기독교화해중재원 등 민간영역이 주를 이룬다. 프랑스 민법에서도 우리나라의 화해계약과 유사한 것이 있는데, transaction[30]은 당사자가 처분능력이 있는 목적물에 대하여 상호 양보하여 즉시 발생한 분쟁을 종료시키거나 장래 발생한 분쟁을 예방하는 계약을 말한다. 그 계약은 서면으로 작성되어야 한다(프랑스 민법 제2044조). 따라서 프랑스 민법상 transaction[31]은 민법상 화해로 번역할 수 있다. 프랑스에서 유명한 소송 이외의 대체적 분쟁해결을 수행하는 민간기관은 파리 상공회의소에 의하여 1995년에 설립된 Centre de Médiation et d'Arbitrage de Paris(이하 'CMAP'라고 한다)이다.[32]

(나) 프랑스의 MARC

CMAP에서는 프랑스의 MARC 제도 중 조정과 화해를 쉽게 설명해 놓았는데 이를 설명하면 다음과 같다.[33] 조정은 당사자들(약정에 의한 조정 ; médiation conventionnelle)에 의해서 또는 법원(법원에 의한 조정 ; médiation judiciaire)에 의해서 결정될 수 있다. 약정에 의한 조정의 경우 분쟁의 시작부터 계약서 조항이 조정을 예정하고 있는 경우, 분쟁당사자들이 명시적이고 자유롭게 조정으로 해

30) 현승종·조규창, 「로마법」, 법문사, 1996., 783면. 로마법에서 분쟁사건의 해결을 목적으로 이해상반의 당사자가 서로 양보하여 그의 권리의 일부분을 포기하는 당사자간의 합의를 transactio라고 표현했다고 한다.

31) 山口俊夫, 102頁, 598頁. 여기서는 conciliation은 분쟁당사자들의 합의·타협에 의하거나 일방 또는 쌍방의 주장의 포기에 따라 법원의 판결 또는 제3자의 중재판정에 기초한 것에 내려지는 당사자들 사이의 합의에 따라 분쟁을 해결하는 것을 말한다고 한다.

32) 관련 인터넷 사이트는 다음과 같다. http://www.cmap.fr 이 사이트에는 다음과 같이 CMAP의 조정통계도 나와 있다. 매 2년마다 통계가 발표되는 것으로 보이는데 2015년은 305건을 기준으로 통계를 산정하였다. http://www.cmap.fr/le-cmap/les-statistiques-du-cmap/

33) 자세한 내용은 http://www.cmap.fr/notre-offre/panorama-des-modes-de-resolution-des-conflits 이 단락에서는 위 기관의 설명 내용을 요약하였다.

결할 것을 선택한 경우 분쟁당사자들의 청구에 의하여 개시된다. 조정은 각자의 이익이 존중되는 범위에서 최적의 교섭으로 합의를 도출하도록 당사자를 조력하는 제3자를 참가하도록 할 수 있다. 만약 조정이 성공한다면 당사자들은 정해진 절차에 따라 이루어진 합의로 분쟁을 종료시킨다. 법원에 의한 조정의 경우 당사자들의 동의를 받은 후에 판사의 적절한 주도권 행사가 있을 때 또는 당사자들의 청구가 있을 때 민사 또는 상사법원의 판사에 의하여 내려지는 조치이다. 판사는 민사소송법 제131-1조에서 제131-15조까지 조항의 범주에서 조정의 이익과 기회를 판단한다. CMAP은 1901년 관련 법에 따라 상사법원, 제1심 법원, 소법원, 항소법원에 의하여 일련의 조정업무를 위탁받아 수행하고 있다.

조정이 종료하면 CMAP은 당사자들이 합의에 이르렀는지 여부와 관계없이 서면으로 판사에게 고지한다. 조정이 실패한 경우 사건은 (재판)기일에 다시 회부되고(l'instance reprend son cours), 조정기일에서 교환된 모든 자료는 비밀유지 상태가 된다. 조정이 성공한 경우 당사자들은 집행력(un caractère exécutoire)을 부여하는 판사의 승인을 얻기 위하여 판사에게 합의 사항을 제출할 수 있다.

조정과 화해는 둘 혹은 그 이상의 당사자들이 제3자의 조력으로 원만한 합의에 이르도록 시도하는 분쟁해결의 절차로 언급된다. 조정과 약정에 의한 화해(la conciliation conventionnelle) 사이에서는 별 다른 차이점은 없다. 반대로 조정과 법원에 의한 화해(la conciliation judiciaire)는 다른 입법내용(des textes législatifs)에 의하여 규율된다.

프랑스 법 제21조가 당사자를 화해시키는 것은 판사의 직무에 속한다고 규정하는 점, 법원의 화해는 화해의 직무를 위임받은 법원의 화해위원 또는 판사에 의하여 실행된다는 점의 특징을 가진다. 반면 법원의 조정은 재판권 밖에 있는 제3자인 조정위원에게 위임되고 이에 대하여 프랑스 법 제131-1조에서 분쟁 중 판사가 당사자들의 합의를 통하여 조정위원을 선임할 수 있도록 하는 특징을 가진다.

(3) ADR의 체계 분류에 관한 검토

현재 우리나라의 주요 교과서는 소송외 대체적분쟁해결인 ADR을 분류를 화해, 조정, 중재로 나누고 있다.[34] 그러나 화해와 법관이 수행하는 조정을 ADR로 넣어야 하는지는 의문이 있다. 다시 말해 민사소송법상 화해와 민사조정법에 따른 법관의 조정은 사실상 법원이 주도하는 절차로서 엄밀한 의미에서 재판작용의 연장일 뿐이지 ADR의 본질과는 맞지 않다. 왜냐하면 ADR은 당사자가 주도하여 합의를 찾아가는 절차이므로 법원은 적어도 합의 자체에는 관여하지 않음이 원칙이기 때문이다.[35] 화해를 ADR의 범주에 넣을 경우 행정형 ADR 등 다른 개별 법률에서의 ADR에서는 자칫하면 화해의 모델을 전제로 화해권고결정과 같은 강제조정의 모델이 원칙인 것으로 오인될 우려가 있다. 프랑스의 경우에는 화해(conciliation)의 경우에는 철저히 법원의 주도로 하여 심지어 화해위원을 법원이 선임하도록 하는 구조를 가지고 있다. 반면 조정(médiation)의 경우에는 철저히 당사자들의 합의를 원칙으로 하고 판사는 합의가 된 내용에 대하여 승인을 해 주는 구조로 입법이 되어 있음을 참조할 필요가 있다. 프랑스는 화해, 조정, 약정절차 등의 제도를 하나의 민사소송법에 담았으나 MARC가 아니라 합의에 기초한 분쟁해결(La résolution amiable des différends)로 규정하고 있는 것이 특징이다.

우리나라가 완전히 민간에 조정을 맡긴 사례(서울지방변호사회, 고려대·성균관대 등 법학전문대학원)처럼 프랑스에서도 완전히 민간단체인 CMAP에 조정을 맡긴다는 점에서도 양상은 비슷하다. 그러나 특히 프랑스의 민간조정의 경우에는 외부에 완전히 위임한다는 점이 특징이며 프랑스의 경우 적어도 조정의 내용 자체에 판사가 간섭하지는 않는 것으로 보인다. 조정의 종료시점에 관하여도 조정의 원만한 진행이 이루어지지 않는 특수한 경우를 제외하고는 일방당사자의 요청이나 조정위원의 주도에 따라서야 판사는 조정을 종료할 수 있을 뿐이다(제131-10조).

34) 김홍엽, 전게서, 13면. ; 이시윤, 전게서, 17면. ; 정동윤·유병현·김경욱, 전게서, 19-20면. ; 정영환, 전게서, 23-24면. ; 호문혁, 「민사소송법」 제13판, 법문사, 2016., 5면.

35) 함영주, "민사소송법상의 ADR 분류체계의 재검토 - 절차혼용의 문제점과 관련하여", 민사소송 제17권 제2호, 2013.11., 549-550면.

다. 합의에 기초한 분쟁의 해결에 관한 민사소송법 체계

(1) 개관

프랑스 민사소송법은 크게 7개의 권(livre)[36]로 구성되어 있으며 현재 제1조부터 제1582조까지 규정되어 있다. 제1권은 모든 재판권(juridictions)에 공통되는 총칙 규정을 그 내용으로 하고 있다. 제1권에서 제1편(titre)의 권두규정(혹은 머리규정) 제1장(chapitre)에서는 소송절차를 지도하는 원리에 대하여 규정하고 있다.

제1편은 재판권이 행사되는 법원에 공통되는 규정으로서 소송의 일반절차를 다루고 있다. 소권(l'action), 관할(la compétence), 재판상 청구(la demandeur en justice), 방어방법(les moyens de défence), 증거의 재판상 제출(l'administration judiciaire de la preuve), 다수당사자(la pluralité des parties), 소송참가(l'intervention), 회피, 기피, 이송 및 법관 상대 소송(l'abstention, la récusation, le renvoi et la prise à partie[37]) , 소송부대사항(les incidents d'instance)[38], 판결(le jugement), 상소(les voies de recours), 기일, 집행관 증서와 송달(délais, actes d'huissier de justice et notifications), 소송비용(les frais et les dépens) 등으로 규정되어 있다.

제2권에서는 각 특수한 재판권을 가지는 법원에 대한 특칙이 규정되어 있다.[39] 프랑스의 사법재판기관은 1심 법원으로 지방법원(Tribunal de Grande Instance), 소법원(Tribunal d'Instance), 상사법원(Tribunal de Commerce), 사회보장법원(Tribunal des affaires de Sécurite sociale), 농촌임대차법원(Tribunal paritaire des baux ruraux)가

36) 명순구, 「프랑스민법전」, 법문사. 2004., 4면. 법전의 편제에 대한 번역을 참조하여 권(livre), 편(titre), 장(chapitre), 절(section) 순의 편제로 번역하였다.

37) la prise à partie는 "법관을 상대로 한 소송"으로 번역한다. 구 민사소송법전에 규정되어 있던 것으로, 심리중이거나 판결 시이거나 재판관에게 사기, 독직, 직무상 중과실, 재판거부가 있던 경우 민사책임을 추궁하는 것을 인정하고, 그 손해배상책임은 국가가 부담하는 것으로 하였다(구 민사소송법 제505조 이하). 관계법문은 폐지되었지만 사법계통 재판소의 비직업적 판사(예를 들어 상사법원 또는 노사조정법원의 판사)에 대하여 잠정적으로 적용되고 있다. 山口俊夫, 458頁.

38) 여기에는 변론의 병합과 분리, 소송절차의 중단과 정지, 소송절차의 소멸을 각 규정하고 있다.

39) 프랑스의 사법재판기관은 1심 법원으로 지방법원(Tribunal de Grande Instance), 소법원(Tribunal d'Instance), 상사법원(Tribunal de Commerce), 사회보장법원(Tribunal des affaires de Sécurite sociale), 농촌임대차법원(Tribunal paritaire des baux ruraux), 노사조정법원(Conseil de Prud'homme)이 존재한다. 사법연수원, 「프랑스법 Ⅱ」, 2005, 31면.

있다. 또한 항소법원(la cour d'appel), 파기원(Cour de cassation), 파기환송 법원(juridictions de renvoi après cassation)에 관한 내용을 규율하고 있다.

합의에 기초한 분쟁의 해결에 관한 조항은 주로 제1권의 모든 재판권에 관한 공통 규정 부분에 위치해 있다. 특히 화해에 관한 조항이 제1편 제1장 소송절차를 지도하는 원리 부분에 포함되어 있다는 점이 독특하며 합의에 기초한 분쟁의 해결에 관한 조항은 제2권의 특수한 재판권을 가지는 예외법원에 대하여도 적용된다는 점에서 의미가 있다(제1529조). 다시 말해 프랑스 법에서는 화해도 법관이 주의의무를 기울여야 하는 절차로 규정되어 있어 소송외의 해결방안도 소송절차의 일부로서 기능하고 있음을 알 수 있다.

(2) 화해와 조정에 대한 기본원칙

프랑스 법 제1권 제6편 제127조부터 제131-15조까지 화해와 조정의 제도에 관한 근간을 규정해 놓았다.[40] 긴급한 경우 또는 고려할 만한 사실, 특히 공공의 이익에 관계된 정당한 사유가 있는 경우를 제외하고는, 소환장(l'assignation[41]) 및 재판권이 있는 법원에 신고서 또는 신청서(la requête ou la déclaration)를 제출함에 있어서 소송 중에 합의에 기초한 분쟁의 해결에 이르도록 하는 노력(diligences)을 명확히 하여야 한다(제56조, 제58조). 이러한 요건이 충족되지 않았을 때, 즉 당사자들이 합의에 기초한 분쟁의 해결에 이르도록 노력했는지 증명되지 않을 경우 판사는 당사자에게 화해와 조정의 방법을 권유할 수 있는 것이다. 결국 분쟁을 해결함에 있어 합의에 기초한 방법의 발달을 촉진하기 위하여 프랑스 법은 판사에 속한 쟁송(recours)은 분쟁 사안에서 단 하나의 쟁송이 되어야 하는 것이 아니라 궁극적으로 분쟁을 해결하는 쟁송이 되어야 한다는 취지에서 규정되어 있는 것이다.[42]

먼저 화해에 관하여 보면 소송절차에서 당사자들이 스스로 화해하거나 판사의 주도로 화해할 수 있다고 되어 있다(프랑스 법 제128조). 화해의 장소와 시간,

---

40) 이에 관한 번역으로는 이무상, 전게논문, 286-296면.

41) Yves STRICKLER, 「PROCEDURE CIVILE」(6 édtion), Larcier, 2015. p.207. 원고가 상대방을 판사 앞으로 출석하도록 소환하도록 하는 집행관의 문서를 의미한다. 법에 정한 요건들을 충족해야 하며 준비서면의 역할을 한다.

42) Ibid, p.131.

방식 등 절차의 진행에 관하여는 판사에게 맡기고 당사자들을 화해위원을 만나도록 할 수 있다(제129조). 당사자는 언제든 판사에게 화해에 대한 확인(constater[43])을 청구할 수 있다(제129-1조).

화해의 경우 화해위원(conciliateur)에게 위임할 수 있는 근거도 마련되어 있다. 법원으로 위임을 받았기 때문에 그 판사의 권한에 준하여 사건을 진행할 수 있는 것으로 보인다. 판사는 화해위원의 화해를 진행함에 있어 직무기간을 정하고 기일을 지정하게 된다(제129-2조). 화해위원은 화해를 시도하기 위하여 당사자를 소환할 수 있고(convoque), 법원으로부터 보조자의 조력을 받을 수도 있다(제129-3조). 당사자의 동의를 받고서 현장에 가서 필요한 경우 관계자로부터 진술을 청취(entendre)할 수도 있다. 화해위원의 확인서(constations)와 결론짓는 선언(déclaration)은 당사자의 합의가 없다면 다른 소송에서 사용될 수 없다(제129-4조). 결국 화해위원은 화해의 성공이나 실패, 직무수행 중의 난점을 지속적으로 판사에게 알려야 하고, 판사는 사건의 진행을 보아 어느 순간에도 화해를 종료시킬 수 있는 권한(제129-5조)을 가지고 있기 때문에 법원의 관여는 다른 수단에 비하여 크다고 하겠다.

조정의 경우 화해와는 달리 조정 절차 이행에 대한 당사자들의 사전 동의가 반드시 필요하다(제131-1조). 당사자의 주장을 듣고 평화적으로 분쟁을 해결하기 위하여 판사는 제3자를 임명하게 된다(제131-1조). 조정은 분쟁의 전부에 국한될 필요없이 일부에 대하여도 이루어지고 조정이 성립되었다는 이유만으로 사건계속이 소멸되는 것은 아니어서 어느 정도 판사의 개입은 예정되어 있다(제131-2조). 조정의 경우에도 일정한 기간이 예정되어 있는데 최초의 기간은 3개월이고 1회에 한하여 갱신될 수 있다(제131-3조). 프랑스 법은 조정위원의 자격을 법으로 정하고 있는데 제131-4조에서는 자연인이나 법인 모두 가능하다고 규정하고 있으며 제131-5조에서는 조정위원의 결격사유를 규정하고 있다. 조정

43) NICOLAS BROOKE. 「THE FRENCH CODE OF CIVIL PROCEDURE IN ENGLISH」, OXFORD UNIVERSTY PRESS, (2008). p.25. 여기서는 constater를 영어로 record라고 번역하고 있다. https://www.legifrance.gouv.fr/Traductions/en-English/Legifrance-translations에서도 같다. 이를 보면 확인에 대한 기재를 요청한다는 의미로 받아들이는 것이 어떤가 한다.

위원은 증거조사를 할 수 없으나 당사자들의 합의와 제3자의 동의에 따라 그 제3자의 진술을 청취할 수 있다(제131-8조). 일방당사자 또는 조정위원의 요청, 판사의 직권으로도 조정이 종료될 수 있다(제131-10조). 판사는 당사자들의 청구에 대하여 당사자들이 판사에게 제출한 합의를 승인한다(제131-12). 제131-13조에서는 조정위원의 청구에 따라 집행권원이 발부된다(Un titre exécutoire est délivré au médiateur, sur sa demande.)고 규정하고 있다. 아울러 조정위원의 확인서(constatation)와 그가 결론내린 선언(déclaration)은 그 후 계속되는 소송에서는 원용될 수 없다(제131-14조).

(3) 소법원(tribunal d'instance[44])과 근린법원(la juridiction de proximité[45])에 관한 특칙

프랑스 법 제829조 이하에도 화해에 관한 규정이 있다. 이는 우리나라의 소제기와 유사한 조항인데, 소제기를 함에 있어서도 화해를 할 목적으로도 소장 작성이 가능하다는 취지로 규정되어 있다. 즉 제829조에 따라 소송상 청구는 화해를 할 목적으로, 화해의 사전적 시도를 요구하는 원고의 권리가 없다면 판결을 목적으로 소환장(소장에 해당)에 의하여 제기된다. 소송상 청구는 법원서기에게 제출된 공동신청에 의한 경우 또는 판사 앞에 당사자들이 자발적으로 출석한 경우 또는 법원서기(greffe[46])의 선언(déclaration)에 의하여 제843조에 규정된 사

44) 山口俊夫, 604-605頁. 여기서는 tribunal d'instance를 小審裁判所로 번역한다. 1958년 사법개혁에 따라 원칙적으로 arrondisement(군이나 구에 해당)을 단위로 하여 설치된다. 변호사 강제주의가 적용되지 않으며 일정한 친족관계나 고용관계에 있는 자의 소송대리가 허용된다. 특히 화해와 조정이 강조되어 사전적으로 회부되는 경우가 많으며 판결선고 전에도 화해를 권고하는 경우가 많다. 현재는 1만 유로 이하의 소액사건을 관할하는 민사 1심법원으로서 우리나라의 시군법원이나 소액사건 심판부 정도에 해당한다. https://en.wikipedia.org/wiki/Tribunal_d%27instance 그 외에 지방법원(Tribunal de Grande Instance), 소법원(Tribunal d'Instance)에 대한 자세한 설명은 Gérard COUCHEZ·Xavier LAGARDE, 「Procédure civile」, 17e édition, Dalloz, 2014., pp.37-40, 42-43.

45) 한국법제연구원, 전게서, 483-484면. 직업판사가 아닌 기간제 판사로서 대학교수 등은 제외하고 법학박사 학위소지자 등이 기존의 직업활동을 하면서 업무를 수행한다. 프랑스는 중죄, 경죄, 위경죄 순으로 분류되는데 위경죄는 벌금형만 선고된다. 근린법원에서는 위경죄 중에서도 1-4급만 취급하고 그 보다 높은 5급은 직업법관이 있는 경찰법원에서 다루어진다. 현재 근린법원은 폐지되어 소법원에 흡수되었다.

46) 한국법제연구원, 전게서, 429면. 사법부의 공무원으로서 사법관의 임무수행을 보조하는 역할을 한다. 소송의 전 과정에서 소송서류를 작성하고 공증한다. 사건의 기록, 조서의 작성, 소송행위의 기록, 기일의 통보 등을 하며 법정에서 판사를 보조한다.

건인 경우에도 마찬가지로 제기될 수 있다(제829조). 사전적 시도를 목적으로 하는 청구는 법원서기에게 제출되고 송달된 선언(déclaration)에 의하여 제기된다(제830조). 번역의 문제 때문에 사전적 시도라는 용어를 사용하였지만 우리나라 식으로 표현하면 전치주의(前置主義)와 유사한 개념이라고 생각한다. 왜냐하면 사전적 시도는 결렬이 될 경우 소송절차를 예정하고 있는 점에서 우리나라의 전치주의와 유사점이 있기 때문이다.

화해위원에게 위임된 화해에도 판사는 사전적 시도를 위임할 수 있다(제831조). 화해위원의 직무범위(mission)도 당사자들의 합의를 얻지 않고서는 갱신될 수 없다(제832조). 기본적으로 화해위원의 업무시기가 2개월로 제한되어 있고 경우에 따라 갱신될 수 있다는 점을 참고할 필요가 있다. 사전적 화해가 실패한 경우 법원의 화해위원은 판사에게 화해시도가 실패한 사실을 판사에게 알려야 한다(제823조). 법원서기는 당사자들에게 당사자들은 판사 앞에서 그들을 조력할 수 있는 자격을 가진 자와 함께 화해위원 앞에서도 진술할 수 있다는 점에 대하여 통지한다. 나아가 당사자들은 법원이 합의에 대하여 승인하거나 화해의 실패의 경우 판결절차로 이행할 수 있다는 점에 대하여도 통지받는다(제823-1조). 당사자들에 의하여 제기된 합의의 확인(constat)에 대한 승인 청구는 화해위원에 의하여 판사에게 전달된다(제833조).

2. 2012년 프랑스 민사소송법 개정안의 내용

가. 일반론

프랑스의 ADR 제도의 핵심적인 입법은 현행 프랑스 법의 근간이 된 화해 및 조정에 관한 기본조항을 정비한 1995년 법(Décret n° 95-125 du 8 février 1995 relative à l'organisation des juridictions et à la procédure civile, pénale et administrative, et notamment ses articles) 및 1996년 법(Décret n° 96-652 du 22 juillet 1996 relatif à la conciliation et à la médiation judiciaires)이다.[47] 프랑스의 ADR 제도는 다른 선

47) 원용수, 전게논문, 100면. 그 원문은 아래의 사이트를 참조하였다.

진국에 비하여 매우 독자적으로 독특하게 발달하여 그 역사가 200년이나 되며 이 제도에 대한 기본법인 1995년 2월 8일 법은 세계에서 가장 정교한 ADR 성문법으로 평가받는다.[48)]

2008년 5월 21일 지침을 통하여 유럽연합(EU)에 의하여 예고되어 국경을 넘는 분쟁으로 적용범위가 국한되었다. 위 지침을 반영하여 2011년 11월 16일 법률명령(ordonnance)[49)]은 제3자, 국외거주자 또는 국내거주자, 약정과 법정에 따른 참가와 함께 합의에 기초한 분쟁의 해결방법에 관한 공통 규정의 기반을 마련한 1995년 2월 8일 법률을 개정한다.[50)] 법률명령은 1978년 3월 20일 명령(décret[51)])에게 귀납적인(a posteriori)[52)] 입법의 근거를 주었고 법원의 화해위원을 규정하여 조정이 남용되고 있는 상황에서(sous le terme galvaudé de médiation) 약정에 의한 화해를 촉진함으로써 제도를 쇄신하였다. 위 법률명령은 2010년 10월 1일 명령에 의하여 역할이 강화된 민사소송법상 합의에 기초한 분쟁의 해결 편에 법원의 화해위원을 두도록 하여 화해위원의 지위를 공고히 하였다. 참여절차에 관한 약정을 신설한 2010년 10월 22일의 법률은 변호사를 대체적 분쟁을 범주에 포함시키도록 허용하였다. 2012년 1월 20일의 명령은 민사소송법에 소송절차 이외에 온전히 "합의에 기초한 분쟁해결"로 구성된 하나의 권(livre)을 신설하였다.

화해 및 조정의 근간에 관한 조항을 보다 구체화 시켜주는 조항이 필요하게

---

https://www.legifrance.gouv.fr/affichTexte.do?cidTexte=JORFTEXT000000730803&categorieLien=cid

48) 황덕남·함영주, 전게서, 418면. 우리나라에서는 ADR이 보편적인 용어이므로 우리 관점에서 프랑스를 보았을 때 ADR이라는 용어를 그대로 사용한 것이다.

49) 한국법제연구원, 「프랑스법령용어집」, 2008., 568면. 의회의 입법영역에 속하는 사항을 정부가 의회의 위임에 의건하여 제정하는 명령이라고 한다. ; 山口俊夫, 403頁. 헌법 명문의 규정에 근거하여 법률의 가치를 가지는 것이라고 한다.

50) Béatrice GORCHS-GELZER, "Le décret du 20 janvier 2012 relatif à la résolution amiable des différends - Une cote mal taillée entre changement des mentalités et continuité des pratiques", La revue des idées, Droit et procédures, N° 5 / 65e année / mai 2012, p.117.

51) 한국법제연구원, 전게서, 283-284면. 대통령 또는 수상이 발동하는 명령이다. 프랑스 헌법은 헌법에서 법률로 규정하도록 하는 사항 이외의 사항은 명령으로 규정하도록 하고 있는데 이는 헌법 제37조에 의한 독자명령이고, 법률을 집행하기 위한 병령이 헌법 제21조에 의한 집행명령이다.

52) 田中英夫, 英米法辭典, 東京大学出版會, 2000., 56頁. "결과에서 원인으로 분석해 들어가는 것"으로 해석하고 있다. 이를 살펴보면 법률명령은 명령으로 하여금 문제의 결과가 발생하면 원인을 분석하도록 하여 신속하게 문제를 해결할 수 있는 대비를 하게 한 것으로 이해할 수 있다.

되었고 각종 적용 법조를 구체화 시켜줄 필요가 있었고 이에 중요한 입법을 하게 된 것이다. Décret n° 2012-66 du 20 janvier 2012 relatif à la résolution amiable des différends 으로 이 법안으로 제5권 신설되어 제1528조부터 제1568조까지의 규정이 프랑스 법에 들어오게 되었다. 약정에 의한 조정, 화해, 참여절차(La procédure participative)를 구체화시켰다는 평가를 받으며 향후 대체적 분쟁해결방식에 긍정적인 기여를 할 것으로 보인다. 프랑스에서도 이러한 개정은 기존의 실무를 크게 흔들지 않으면서도 민사소송법에 중요한 진전(un pas)을 이루었다고 하면서 사법제도 체계와 나란히 대체적 분쟁해결방식을 놓아 그 지위를 공고히 했다고 평가하는 견해가 있다.[53]

아울러 제1541조의 경우에는 국경을 넘는 분쟁에 관한 조항도 있는데 이는 EU 회원국 사이의 분쟁을 고려한 것으로 보인다. 화해가 국경을 넘는 분쟁을 종결시킬 경우 당사자의 전부 또는 일부에 의하여 다른 당사자들의 명확한 동의(consentement)의 증명에 관한 신청(requête)이 제출된다. 국경을 넘는 분쟁에 관한 화해 절차를 진행 중인 일자에 최소한 당사자 일방은 프랑스 이외의 유럽연합의 회원국에 주소(domicilié)가 있거나 거소(sa résidence habituelle)가 있어야 하고, 최소한 다른 상대방은 프랑스에 주소가 있거나 거소가 있어야 한다.

나. 구체적 내용

프랑스 민사소송법 제5권을 번역한 내용은 논문 말미의 부록에서 소개하려고 한다.[54][55] 주요 내용은 항을 나누어 시사점에서 검토하기로 한다.

---

53) Béatrice GORCHS-GELZER, op.cit., p.117.

54) 프랑스 민사소송법의 번역 상황은 다음과 같다. 민사소송법 제1조부터 제248-1조까지 번역은 이무상, “프랑스 민사소송법전 - 제1권 번역(1) -”, 단국대학교 법학연구소, 법학논총 40권 1호. 2016. ; 이무상, “프랑스 민사소송법전 - 제1권 번역(2) -”, 단국대학교 법학연구소, 법학논총 40권 2호. 2016. ; 법제처, 「프랑스 민법전」, 법제자료 제87집. 1977. ; 近畿法学會, 「新フランス民事訴訟法典」, 40巻 2号, 1989. ; NICOLAS BROOKE, 「THE FRENCH CODE OF CIVIL PROCEDURE IN ENGLISH」, OXFORD UNIVERSITY EXPRESS, 2008. 참고로 프랑스 민법의 번역으로는 명순구, 「프랑스민법전」, 법문사. 2004. 프랑스법 그 중 민사소송법은 아직 같은 대륙법계인 독일법에 비하여 연구자가 많지 않다.

55) 프랑스 법 제5권에 대하여는 필자가 번역을 해 보았다. 논문의 말미에 부록으로 프랑스법 원문을 첨부하였다. 앞으로 프랑스법 연구가 더 활성화 되었으면 좋겠다는 취지에서 공부하는 마음으로 작성하였다.
https://www.legifrance.gouv.fr/Traductions/en-English/Legifrance-translations 이 사이트를 방문

Ⅲ. 프랑스 법이 우리나라에 주는 시사점

1. ADR의 기본원리에 관한 시사점

가. 조정, 화해, 중재의 근거

프랑스의 경우에는 재판외의 분쟁해결방법에 대한 근거가 민사소송법의 범위에 있는 반면 우리나라의 경우에는 화해를 제외하고는 민사조정법, 중재법 기타 다른 법률에 산재되어 있다.

ADR을 민사소송법 관점에서 어떻게 볼 것인지에 대하여 대부분의 학설은 법원의 재판부담 경감뿐만 아니라 구체적 타당성이 있는 해결책 마련, 진정한 분쟁해결의 촉진, 국민의 접근성 강화라는 측면에서 ADR을 긍정적으로 보고 있다.[56] 반면 과도한 ADR에 대한 맹신은 경계할 필요가 있다.[57] 적법한 권리가 있는 자임에도 불구하고 양보를 강요당하는 현상이 계속되면 소송절차에 대한 신뢰가 무너질 우려가 있기 때문이다. 실제로 재판부담 경감을 목적으로 ADR을 종용하는 사례[58]도 있고 ADR이 의도적으로 법을 위반하는 자들에게 이익을 주는 경우가 적지 않아 주의를 요한다.[59]

프랑스에서도 ADR의 활성화에 있어서 사법체계의 근간을 흔들지 않으려는 시도가 여럿 보인다. 절차마다 정도의 차이는 있지만 법관이 관여를 하게 함으로써 사법절차와 동떨어진 합의가 나오는 것을 방지하고 있고 변호사의 조력을 받게 함(제1528조)으로써 적어도 막무가내 식으로 우기는 주장이 나오는 것을 방지할 수 있다고 보인다.

그런데 조정, 화해, 중재가 모두 민사소송법에 근거가 있다는 점은 우리에게

하면 영문 번역된 부분도 있으며 2005년 5월 13일이 마지막 번역이다.

56) 김홍엽, 「민사소송법 제6판」, 박영사, 2016., 13-14면. ; 이시윤, 전게서, 17면. ; 정동윤·유병현·김경욱, 전게서, 18-19면.

57) 정영환, 전게서, 24면.

58) https://www.lawtimes.co.kr/Legal-Opinion/Legal-Opinion-View?serial=54114 법률신문, "수소법원 위주 조정 개선돼야", 2010. 9. 13. 기사.

59) ADR이 활성화가 되기 위한 가장 큰 전제조건은 법과 법률가에 대한 신뢰, 윤리의식의 확립이라고 생각한다. 대화와 타협은 이성적 인간임을 전제로 하기 때문이다. 同旨, 호문혁, 전게서, 6면.

시사하는 점이 있다. ADR이라는 제도 역시 분쟁해결을 위한 기구임을 민사소송법이 명백히 선언해 주고 있는 것이다. 이는 절차의 운영이나 분쟁의 해결에 있어서 민사소송법의 정신이 근간이 되어야 함을 선언하고 있다고 평가할 수 있다. 이를 보면 우리나라에서도 민사소송법 테두리 내에 ADR의 근거조항을 두는 방안을 고민해 볼 수 있다. 현재 민사소송법에는 화해에 관한 규정만 산발적으로 흩어져 있을 뿐이며, 중재는 중재법이 일반법이고, 조정은 민사조정법이 법원의 조정에 관하여만 일반법으로 기능하고 있다. 만약 ADR의 부정적 기능과 체계부정합성의 문제를 더 무겁게 본다면 적어도 ADR에 관한 기본법이라도 제정해서 각 법률에 두서없이 흩어져 있는 제도에 관한 기본원리, 절차운영 등에 관한 근간을 마련해 두어야 할 필요가 있다.[60]

나. 대심주의의 적용

프랑스 법 제1권 제1장의 소송의 지도원칙 중 제7절에는 대심(La contradiction)의 원칙이 규정되어 있다. 어떠한 당사자도 심문하거나 소환되지 않고서는 판결을 받지 않는 원칙이다(제14조). 나아가 당사자들은 적절한 시기에 당사자들이 신청의 근거로 삼고 있는 사실상의 공격방어방법, 당사자들이 제출한 증거자료, 당사자들이 원용하는 법률상 공격방어방법을 상대방에게 알려서 각자가 자신의 방어방법을 준비할 수 있도록 해야 한다(제15조). 대심의 원칙은 민사절차에서 중요한 지위를 차지하고 있으며[61] 소송 전이든 진행 중이든 사법절차에서 당사자들 사이의 평등성 및 공정성의 원칙이다.[62] 당사자들은 공격방어방법을 준비하고 상대방에게 알려야 하며 판사는 이 과정을 감시하는 역할을 한다. 이 원칙의 정당성은 크게 두 가지로 설명된다. 우선 소송당사자들 사이의 지위의 평등성을 확고히 하는 목적을 가진다. 그 점에 대하여 보면, 당사자들이 분쟁사건 전체를 검토하도록 함으로써 판사로부터 사건에 관한 확신을 가질 수 있게 기회

60) 이에 관하여는 김상찬, "ADR기본법의 입법론에 관한 연구", 중재연구 v.13 no 2., 2004.,

61) Gérard COUCHEZ·Xavier LAGARDE, op. cit., p.267.

62) 당사자에게 변론권을 주는 것에 그치지 아니하고 법적·사실적 모든 관점에서 당사자의 입장을 고려해야 할 의무를 의미한다. 조정이나 화해 심판부 역시 판정에서 심의된 법적·사실적 안건에 대하여 모든 고려를 할 것과 이에 관하여 발언할 수 있는 기회를 줄 적극적인 의무를 부담한다. Torsten Lörcher, Guy Pendell and Jeremy Wilson, "CMS Guide to Arbitration" VOLUME1. p.348. https://eguides.cmslegal.com/pdf/arbitration_volume_I/CMS%20GtA_Vol%20I_CONTENT.pdf

를 당사자 각자가 공평하게 받을 수 있다는 점에서 무기 평등(l'égalité des armes)이라는 원칙의 중요한 발현이라고 할 수 있다.[63] 그렇다고 해서 대심주의의 원칙은 당사자 사이에 절차적인 공정성을 규율하는 표현인 것만은 아니다. 때때로 온화한 대화와 존중하는 자세를 포함한 생생한 변화는 적법한 결정, 진정한 사실, 정확한 법적용을 얻게 되는 최고의 수단[64]을 구성한다는 점에서 사법작용과 불가분의 관계에 있다.

프랑스 법 제16조는 판사가 모든 상황에서(en toutes circonstances) 대심주의 원칙을 준수시켜야 하며 판사조차도 그 원칙을 준수하여야 한다고 규정한다.[65] 프랑스 법 제1549조에서도 참여절차에서 당사자들의 판단을 돕는 전문가(technicien)에게도 대심주의 원칙을 선언하고 있어 프랑스 ADR 전반에 대심주의 원칙은 기본원칙이 되고 있다고 할 수 있다. 대심주의 원칙을 우리나라에 곧바로 적용하려면 많은 연구가 있어야 하겠지만 분쟁의 진정한 해결을 위하여는 당사자들이 많은 자료를 터 놓아야 한다는 점에서 이 원칙에 대한 더 많은 연구가 필요하다고 생각한다.

참고로 대심의 원칙은 1958년 전면 개정된 신민사소송법 하에서 재판관과 감정인 사이에 있어 법적문제는 재판관에게, 기술자의 지식을 필요로 하는 사실문제는 감정인에게 권한분담이 이루어지고 있다고 보이나 어느 영역에 두어도 대심의 원칙은 이른바 활동의 지침으로 역할을 하고 있다고 평가하는 견해가 있다.[66]

---

63) Gérard COUCHEZ·Xavier LAGARDE, op. cit., p.267.

64) Gérard COUCHEZ·Xavier LAGARDE, op. cit., p.268. 분쟁은 진실의 하나의 요소라고 한다. La dispute est le ferment de la vérité.

65) Gérard COUCHEZ·Xavier LAGARDE, prèc, p.271. 판사는 증거절차에서도 이 원칙을 지키도록 하여야 한다. 당사자들이 자발적으로 증거를 제출한다거나 법원의 명령에 따른 조치에 의하여 증거가 제출되는 것과는 구별되어야 한다. 첫째 당사자들에게 증거가 있고 법원에 제출하기 전 단계는 반드시 편무적이어야 한다. 대심의 원칙은 증거제출과 같은 성질을 가지지 않는다. 둘째 증거의 구성은 판사의 주도와 통제로 이루어지며 전문가로부터의 증거도 사실상 같다. 전문가도 대심주의 원칙을 지켜야 하는데 대심주의를 무시하고 현출된 심리는 무효가 된다.

66) 德田和幸, 「フランス民事訴訟法の基礎理論」, 信山社, 1994., 259頁. 이 견해는 특히 대심의 원칙이 감정결과 뿐만 아니라 그 작업과정 그 자체와의 관계에서도 중요한 역할을 하고 있다는 것은 일본에서의 鑑定방식이나 당사자의 절차보장권 방식을 재검토하는데 참고가 될 수 있다고 한다.

다. ADR 전치주의가 필요한지 여부

프랑스 법 제56조, 제58조, 제127조를 보면 특별한 사정이 없는 한 소송절차를 개시하기 전에 합의에 기초한 분쟁해결을 요구할 수 있고 이런 프랑스 법의 태도는 ADR을 중시하는 것으로 해석될 수 있다. 우리나라의 경우 재판상 이혼 등 일부 가사분쟁에 조정전치주의가 도입되어 있기는 하지만 모든 경우 ADR 전치주의 제도를 도입하는 것은 신중할 필요가 있다. 왜냐하면 ADR에 장점과 단점도 존재하듯이 적합한 사건과 부적합한 사건도 존재하기 때문에 일률적으로 ADR을 강제하는 것은 바람직하지 않다. 프랑스의 경우 소법원에서 임의적으로 사전적 시도를 하고 있는 것을 보면 전면적인 ADR 전치주의는 오히려 추구하려는 목적과는 동떨어진 결과를 초래할 수 있다고 보인다.

2. 조정 및 화해제도의 시사점

가. 조정위원과 화해위원의 자격

프랑스 법에서는 조정위원의 자격에 대하여는 제1532조, 화해위원의 자격에 대하여는 제1536조가 각각 언급하고 있다. 그런데 이 조항들에서는 조정위원과 화해위원에 법인(personne morale)이 될 수 있음을 명백히 하고 있다. 우리나라의 경우 조정위원은 사실상 자연인(사람)을 전제로 하여 입법이 이루어지고 있는 점을 보면 신선한 접근이라고 생각된다.

물론 프랑스 법 제1532조에서 조정위원이 법인인 경우 당사자들의 합의로 법인은 조정의 업무를 수행할 자연인을 선임한다고 되어 있어 법인이 실제로 행동하지 못하기 때문에 법인의 의사를 대리할 자연인을 선임하게 된다.

법인이 조정위원이 되면 긍정적인 효과는 다음과 같다. 첫째 법인의 인적, 물적 시설을 이용할 수 있다. 예를 들어 한국소비자원을 조정위원으로 선임되었다면 그 내부의 전문지식을 가진 자들을 활용하여 실험이나 감정을 할 수 있고, 의사협회를 선임하였다면 의사, 공인회계사회를 선임하였다면 공인회계사의 조력을 받을 수 있는 것이다. 아울러 법인의 시설을 이용할 수 있어 법원 공간의 효율적 이용을 촉진할 수도 있다.

둘째 ADR이 단순히 개인 명망가에게만 의존하는 것이 아니라 체계적인 시스템을 갖추어 운영하는데 도움이 될 수 있다. 조정위원으로 위촉될 정도의 법인이라면 적어도 의사결정의 체계도 정비되어 있을 것으로 사료된다. 다시 말해 법인의 의사결정의 경우 내부감사, 경우에 따라서는 사원 또는 주주, 주무관청이 감시할 여지가 있는 것이다. 이는 ADR을 경직시키고 관료화 시킬 요소도 존재하나 여전히 자연인 조정위원이 있기 때문에 법원이 운용의 묘미를 살린다면 오히려 ADR이 풍부해 지는 계기가 되며 현행법의 테두리를 벗어나는 무리한 요구를 하는 등 최소한 ADR을 남용하는 사례를 걸러내는데 도움을 줄 수 있다고 생각한다. 다만 법인은 규모와 성격에 따라 정보의 독점으로 인하여 재판받을 권리조차 침해할 여지도 있고 사법작용이 자본에 종속될 빌미도 될 수 있어 법원의 적절한 견제가 필요하다고 생각한다. 어떻게 운용의 묘를 살리느냐에 따라 법인의 조정위원 선임은 장기적으로 ADR의 신뢰성을 제고시키는데 긍정적 기여를 하게 될 것으로 보인다.

나. 화해 및 조정에서 제출된 자료와 도출된 결론의 사용문제

프랑스 법 제129-4조와 제131-14조를 보면 화해 또는 조정에서 작성된 확인서(constatation)와 위원이 도출한 선언(déclaration)사항은 당사자들의 합의가 없으면 당해 사건이든 다른 사건이든 계속되는 소송에서 제출되거나 원용될 수 없다. 이러한 조항은 ADR에서 의견교환이나 진술이 자유롭게 이루어져 원만한 합의를 촉진하는 수단으로 이해된다.[67] 이러한 방어장치가 없다면 합의가 결렬된 경우 오히려 합의 과정의 내용을 문제 삼아 합의 과정 중 수행된 진지한 노력이 쟁송의 대상이 될 수 있다는 점에서도 충분히 이해할만하다.

그런데 우리나라에서는 민사조정법 제23조에만 "조정절차에서의 당사자 또는 이해관계인의 진술은 민사소송에서 원용(援用)하지 못한다."라고 기재되어 있어 재판상 화해라든가 다른 법률에 기한 조정의 경우에는 이러한 방어장치를 가지고 있지 못하다는 점이 문제이다. 프랑스 법에는 조정과 화해, 뒤에서 살펴볼 참여절차에도 합의 중에 교환된 자료에 대하여는 함부로 원용하지 못한다는 점이 명문으로 규정되어 있다. 이런 점을 볼 때 ADR에서 진술 및 자료의 이용금지

67) 김상찬, 전게논문, 165면.

조항이 보다 일반화될 필요가 있어 보인다. 그렇다고 소송절차에서의 증거조사 자체를 금지시킬 것인지는 별개의 문제가 아닌가 한다. 조정이 결렬되었음에도 소송절차에서 별도의 적법한 증거조사를 거쳐 증거를 수집하는 것은 가사사건과 같이 자녀의 복지, 실체적 진실의 발견 등 공적 이익을 위하여 필요한 경우가 많기 때문이다.

3. 참여절차의 시사점

제1543조 참여절차는 합의에 도달하는 약정절차(une procédure conventionnelle)에 따라 진행되고 경우에 따라 판결절차(une procédure aux fins de jugement)까지 계속된다.[68] 또한 그 절차에 있어 당사자들의 합의가 필수적인 요건으로 기능한다. 이를 보면 참여절차는 조정절차를 법원과 연계시켜 실질적인 분쟁해결을 추구하는 제도로 볼 수 있을 것이다.

참여절차는 뒤 항목을 바꾸어 살펴볼 2008년 6월 30일 발간된 겡샤르(Guinchard) 보고서에서 제안된 내용에서 영향을 받은 것으로 2010년 10월 22일 법률에 따라 당사자들 사이의 새로운 협상절차(참여절차의 약정 : la convention de procédure partivipative)를 신설하면서 시작되었다. 분쟁을 원만하게 합의로 해결하기 위하여 당사자 각자의 변호사에 의하여 조력받는 절차이다. 이 경우 분쟁은 판사 또는 중재인에게 맡겨지지 않고 결정의 내용은 당사자들의 지위나 능력에 관련된 분쟁을 제외하고는 당사자들이 자유롭게 처분할 수 있는 권리에 대하여 국한된다.[69][70]

68) 참여절차는 민법 제2067조에 근거한 것이다. 프랑스 민법 제2064조 "변호사의 조력을 받는 모든 사람은 민법 제2067조의 유보규정에 따라 그가 자유로운 지위에서 가지는 권리에 근거하여 참여적 절차의 약정을 체결할 수 있다." Toute personne, assistée de son avocat, peut conclure une convention de procédure participative sur les droits dont elle a la libre disposition, sous réserve des dispositions de l'article 2067. 프랑스 민법 제2062조 "참여절차에 대한 약정은 소송 중에 또는 분쟁의 합의에 의한 해결에서 분쟁의 당사자들이 함께 신의성실의 원칙에 따라 활동하도록 하는 약정이다. 이 약정은 정해진 기간 동안 결론이 내려진다."

69) Federica Rongeat-Oudin, "Le règlement amiable des différends est en bonne marche!", La Semaine Juridique Edition Générale n° 7, 13 Février 2012, p.157.

70) Hopt, Klaus J., Steffek, Felix, 「Mediation : principles and regulation in comparative perspective」, Oxford: Oxford University Press, 2013. p.468에서는 참여적 절차에 대한 합의가 무산된다면 당사자들은 사전적으로 화해나 조정이 면제된다. 따라서 참여적 절차는 조정의 유용성과 조정합의의 효과성을 제한 내지 소멸시키는 위험을 가지고 있다고 비판한다.

가. 변호사 조력의 명시적인 보장

프랑스 법 제1528조를 보면 참여절차에 있어서는 변호사의 조력이 명문으로 인정되고 있다. 참여절차는 프랑스 법무부에 제출한 겡샤르(Guinchard)[71]의 보고서[72]에서 제안된 것으로 보인다.[73] 이 보고서의 제3절에서는 변호사의 조력을 받는 협상으로서의 참여절차를 제안하고 있다.[74] 법원에 효과적이고 용이한 접근을 유지하면서 당사자들에게 합의에 의한 해결을 촉진하기 위한 의도에서 고안된 제도라고 한다.[75] 참여절차에서는 변호사의 조력을 받은 당사자들이 소송절차 이전에 자발적으로 참여한다. 분쟁의 해결의 책임을 부담하려는 자발적 의사에 따라 분쟁을 협상으로 해결하는데 있어서 같이 선의로 업무를 수행하는 "참여에 관한 약정"이 체결된다. 당사자들의 특별한 요구에 응하는 참여절차의 실익은 해결책을 결정짓는 목적, 양태, 요건이 참여절차의 약정에 기입된 사실에 따라 확보된다. 당사자들은 반드시 분쟁의 해결에 수반된 쟁점사항, 해결책의 구상에 요구되는 정보, 변화된 사정을 확정해야 한다.

결국 참여절차의 핵심은 협상에 의한 해결일 터인데 대등한 협상을 뒷받침하고 당사자 주장의 정당성을 증명해 주기 위하여는 변호사의 조력이 필수적이다. 즉 당사자들이 가장 적절한 방식으로 자신의 이익을 보호하기 위하여 변호사의 조력이 필요한 것이다.[76] 이는 우리나라에도 시사하는 바가 크다. ADR이라는 제도 역시 분쟁의 해결을 위한 수단 중의 하나이고 법치주의 원리에 따라 소송절차에 준하여 절차권 보장을 받고 당사자의 이익을 극대화 하여야 할 것이다. 이를 위하여는 당사자 본인 이외에 분쟁해결의 전문가가 필요하다. 향후 ADR에

71) 프랑스 법학자이고 Université Jean-Moulin-Lyon-III을 거쳐 현재 Université Panthéon-Assas의 명예교수이다. 출처 https://en.wikipedia.org/wiki/Serge_Guinchard

72) Serge Guinchard, L'ambition raisonnée d'une justice apaisée, La Documentation française, 2008. p.156. 참고로 이 보고서는 재판제도의 중요쟁점에 관한 보고서로서 2008년 7월에 발간된 것으로 344면에 이른다. 제1부에서는 판사의 개입의 범위(사법활동의 일원으로서 판사의 재정립), 제2부에서는 소송에서의 분리진술(사법시스템의 중심으로 당사자의 재정립)로 구성되어 있고, 제1부 제3절의 "팀의 일원으로서 결정권자인 판사" 부분에서 대체적 분쟁해결방법의 발전방향을 서술하고 있다. http://www.ladocumentationfrancaise.fr/rapports-publics/084000392/

73) Béatrice GORCHS-GELZER, op. cit., p.117.

74) Serge Guinchard, op. cit., p.169.

75) Serge Guinchard, op. cit., p.169.

76) Serge Guinchard, op. cit., p.170.

관한 기본적 원리를 선언한 법률조항 또는 단행 법률이 도입된다면 법률전문가인 변호사의 조력을 받을 수 있음이 명시적으로 선언되고 실질적으로 절차적 기본권을 비롯한 법적 조언을 받을 수 있어야 한다.

나. 전문가에게 분쟁해결을 위한 청원규정이 존재

참여절차는 전문적 지식을 가진 자인 전문가의 조력을 받을 수 있는 규정도 있다. 전문가를 선임할 때 당사자들은 공통된 합의를 통하여 선임할 뿐만 아니라 업무의 범위까지 확정한다. 전문가 업무수행이 실질적으로 이루어질 수 있도록 보수를 지급한다(제1547조). 이러한 업무가 신뢰를 얻기 위하여는 전문가 업무수행의 독립성이 매우 중요하므로 전문가는 업무수행의 승낙 전에 독립성에 영향을 줄 수 있는 모든 환경을 공개할 의무가 있다(제1548조). 전문가의 업무수행은 당사자들의 합의에 기초한다. 계약기간도 당사자들이 합의하여 정하고 만장일치에 의한 동의에 의하여만 해임될 수 있기 때문이다(제1549조).

우리나라에서는 2007년 민사소송법을 개정하여 전문심리위원제도(민사소송법 제164조의2 제1항)를 도입하였다. 전문심리위원은 재판 진행 중에 당사자의 신청 법원의 직권에 의하여 이루어질 수 있다. 전문심리위원을 토하여 전문성 있는 사건의 쟁점정리나 감정료를 절감할 수도 있다.77) 그러나 아직 전문심리위원 제도는 소송 외의 절차에는 확대되지 아니하였다는 점에서 프랑스의 제도는 시사점이 있다고 생각한다. 또한 당사자의 합의가 선임의 전제요건이기 때문에 종국적인 분쟁해결에 큰 도움이 될 수 있다고 생각한다. 진정한 분쟁해결은 신뢰의 회복을 전제로 한다는 점에서 당사자의 합의를 통한 전문가 선임을 조정제도에 도입하는 것은 검토해 볼 만하다. 이 경우 전문가가 실질적인 활동을 하기 위하여는 보수에 관한 문제도 해결되어야 할 것인 바, 프랑스 법의 태도는 사회현상의 본질을 반영하였다고 하겠다.78)

---

77) 이시윤, 전게서, 79면.

78) Martin Hauser, “LA REMUNERATION DES MEDIATEURS DANS LES MEDIATIONS COMMERCIALES EN FRANCE - LE POINT DE VUE D'UN AVOCAT”, http://www.cmap.fr/le-cmap/bibliotheque/ p.5. 위에서 언급한 대로 프랑스에서 가장 유력한 민간 ADR 기구인 CMAP의 도서관에 있는 논문인데 조정인에 대한 보상을 시간당 타임차지 형태(de taux horaires variables)를 제안하고 있다.

다. 일부 합의의 인정

제1555조는 참여절차 중 약정에 따른 절차의 종료 사유에서 부분적인 합의를 인정하고 있다. 변호사들의 조력을 받아 일부 합의된 사실을 확인하고, 합의의 결론에 이르게 된 자료들을 구체적으로 기재한다. 제1556조에서 판사는 당사자들의 부분적인 합의를 승인(homologuer un accord partiel)할 수 있다고 되어 있다. 다만 그 승인 요건은 다소 까다로운 것으로 보인다. 당사자들이 일부분에 관한 합의가 존재하여야 하고, 당사자들이 판사에 대하여 합의에 관한 승인을 청구하지 않아야 하며, 조력하고 있는 변호사들이 공동신청을 하여야 한다(제1560조). 이는 소송자체의 진행은 유지하면서 사건의 일부(특정한 쟁점)를 ADR로 회부하는 것으로서 전문적 식견이 요구되는 사안에서 사용될 여지가 있다.[79] 이 경우 절차의 일부이행에 대하여는 당사자의 동의가 반드시 필요하다고 하겠다.

이 경우 제1560조에서 당사자들은 공동신청(une requête conjointe[80])에 따라 판사에게 일부 합의 후 남은 분쟁에 관하여 판결하도록 요청할 수 있다. 그런데 이 공동신청에는 다음과 같은 제약이 따른다. 당해 공동신청에서 당사자간의 합의를 목적으로 한다는 내용이 포함된다거나 별도로 당사자들의 각자의 신청(prétentions respectives des parties)이 포함된다면 재판이 불수리되는 제재를 받는다(Cette requête contient, à peine d'irrecevabilité). 이때 당사자들의 신청에는 이미 참여절차에 관한 약정절차에서 이미 제출한 증거서류에 관한 당사자들의 표시한 사항과 함께 각 당사자들이 주장이 근거하고 있는 사항으로서 소송 중 사실상, 법률상의 공격방어방법으로 주장되어서는 아니 된다. 마찬가지로 전문가의 보고서 역시 약정절차에서 전달되었으면 공동신청에 그 내용이 포함되면 안 된다. 이후 진행되는 판결절차에서 당사자들은 특별한 사정이 없는 한 기존의 법

79) 同旨, 김상찬, 전게논문, 171면.

80) requête와 prétention의 차이를 어떻게 이해할 것인가? 먼저 山口俊夫, 516頁에서 requête를 申請이라고 번역하면서 이는 프랑스 법 제493조에 L'ordonnance sur requête에서 나타난다고 한다. L'ordonnance sur requête는 신청자가 상대방 당사자를 (재판정에) 부르지 않는 사안에서 비대심적인 재판에서 내려지는 임시적인 명령이다. 따라서 requête는 명령을 구하는 신청으로 보인다. requête conjointe는 共同申請으로 번역하며 소송절차의 개시방법 중 하나라고 한다. 이 경우 당사자가 합의한 사항에 대하여는 비송으로서 그 나머지 사항은 소송으로 처리된다. 반면 prétention에 대하여는 453頁에서 申立으로 번역하고 있다. 좁게는 신청의 의미이지만 넓게는 소송의 대상이 되어 반대청구가 예상될 수 있는 청구내용이 포함되는 등 소송의 대상을 구성하는 신청으로 볼 수 있다.

적 근거를 변경하여 새로운 방법으로 청구하거나 주장을 제기할 수 없다(제1561조). 이는 일부 합의에 따른 결과를 통하여 소송절차에 부당한 영향을 미치게 하는 것을 방지하기 위한 취지로 사료된다. 합의 절차에서 사용된 자료는 당해 절차에서만 효력을 가지도록 하는 것이 진정한 합의에 이르게 하는데 보다 도움이 될 수 있다.

우리나라에서 민간기관이 설립한 ADR의 경우에는 증거조사를 법원에 협조하는 방안을 강구해 볼 여지도 있다. 민간기관은 증거조사를 강제적으로 할 수는 없기 때문이다. 그러나 ADR의 경우 당사자들의 합의가 전제가 되는 절차임을 감안할 때 전면적인 증거조사의 위탁은 쉽지 않아 보인다. ADR에서의 국가공권력은 합의를 확인해 주고 그 후의 집행의 실효성을 확보해 주는 것에 초점을 맞추어야지 분쟁과정에 적극적으로 개입하는 것은 ADR 제도의 본질에 맞지 않는다. 절차진행에 합의가 이루어지지 않는다면 차라리 재판절차에 따르는 것이 타당할 수도 있다.

라. 제3자 참가의 문제

프랑스 법 제1553조, 제1554조는 참여절차에 있어서 제3자의 참가를 예정하고 있다. 당사자간의 합의라고 하더라도 그에 관하여 이해관계를 가지는 경우를 충분히 예상할 수 있어 제3자에게도 절차권을 보장해 주는 것은 필요하다. 우리나라는 판례를 통하여 재판상 화해 및 조정에 있어서도 참가를 인정해 왔고 재판상 화해 및 조정의 효력을 제3자에 미치도록 하였다.[81] 현행 민사조정법에는 이해관계있는 제3자의 참가를 허용하는 제도가 구비되어 있다[82]. 이 경우에도 개별 법률에 흩어져 있는 조정의 경우 일관성 있게 적용될 수 있는지 문제가 남

81) 소송당사자 아닌 제3자도 재판상 화해의 당사자가 될 수 있고, 이 경우 그 화해의 효력은 화해조서에 기재된 내용에 따라 제3자에게도 미친다(대법원 1985. 11. 26. 선고 84다카1880 판결). 조정조서가 조정참가인이 당사자가 된 법률관계도 그 내용으로 하는 경우에는 위와 같은 조정조서의 효력은 조정참가인의 법률관계에 관하여도 다를 바 없다고 할 것이다(대법원 2014. 3. 27. 선고 2009다104960 판결).

82) 민사조정법 제16조 (이해관계인의 참가) ① 조정의 결과에 관하여 이해관계가 있는 자는 조정담당판사의 허가를 받아 조정에 참가할 수 있다.
② 조정담당판사는 필요하다고 인정하면 조정의 결과에 관하여 이해관계가 있는 자를 조정에 참가하게 할 수 있다.

아 있다. 판례의 취지를 보면 제3자의 참가를 인정할 수 있어 보이지만 행정형 ADR의 경우 명문의 근거가 있지 않으면 잘 인정하지 않으려는 경향이 있을 수 있으므로 관련된 근거를 마련해야 할지 검토해 볼 필요가 있다. 결국 분쟁의 종국적 해결은 당해 사건에만 그치는 것이 아니라 그와 관련된 사건에도 미칠 수 있으므로 현행법이 허용하는 이해관계를 가지는 자에 대하도 명문으로 참가제도를 인정하는 것은 제도의 활성화를 위하여도 필요하다고 할 것이다.[83]

4. 집행력의 부여

제1565조는 공통규정으로서 조정, 화해 또는 참여절차에서 당사자들이 이룬 합의는 집행력 부여를 위하여 사건에서 분쟁을 심리할 권한이 있는 판사의 승인을 받도록 하고 있어 민사소송법에 근거한 ADR의 경우 집행력을 받을 수 있는 근거가 마련되어 있다. 이는 ADR을 활성화시키기 위한 중요한 요소로 기능할 수 있다. 겨우 합의를 마쳤는데 당사자 일방이 합의의 결렬을 선언하며 다시 소송절차로 돌입한다면 그동안 기울인 노력이 물거품이 될 수 있기 때문이다.

우리나라에서도 최근 주택임대차보호법에 집행력을 부여한 입법례가 나와서 주목해 볼 필요가 있다. 주택임대차보호법 제27조[84]에 따르면 주택임대차 분쟁에 관한 조정서의 정본은 집행력 있는 집행권원을 가진다고 한다. 대한법률구조공단 내의 주택임대분쟁조정위원회의 조정에 따른 조정조서에 집행력을 부여한다는 것인데 법원의 조정이 아닌 조정에 집행력을 부여한 케이스가 드물어 향후 운영이 어떻게 될지 주목된다고 하겠다.

83) 강용현, "재판상 화해에 있어서 제3자 참가", 사법논집 19집, 365면.

84) 제27조 (집행력의 부여) 제26조제4항 후단에 따라 강제집행을 승낙하는 취지의 내용이 기재된 조정서의 정본은 「민사집행법」 제56조에도 불구하고 집행력 있는 집행권원과 같은 효력을 가진다. 다만, 청구에 관한 이의의 주장에 대하여는 같은 법 제44조제2항을 적용하지 아니한다.

Ⅳ. 결론

이번 연구를 통하여 얻어낸 핵심적인 내용은 법리적 시사점과 정책적 시사점이다. 법리적 시사점으로는 다음과 같다. ADR의 지위를 논함에 있어 통일적 기준을 마련할 수 있는 법률이 필요할 것으로 생각된다. 프랑스처럼 아예 민사소송법에 넣을 것인지 아니면 일본처럼 별도의 기본법을 만들 것인지는 법정책적인 문제이지만 적어도 학문적인 관점에서 보면 통일적인 가이드라인이 필요하다는 점에는 큰 이론이 없을 것 같다. 또한 제도적 미비점에 대한 연구도 필요하다. 법원의 조정위원 선임문제, 일부 합의 문제, 집행력 부여 문제 등 본문에서 언급했던 문제들은 우리도 언젠가 마주할 것이라고 생각한다. 앞서도 언급했듯이 2017. 6. 1.부터 시행되는 주택임대차보호법의 분쟁조정위원회가 ADR 운영에 있어 좋은 모델이 되어 주었으면 한다.

정책적 시사점은 다음과 같다. '민사소송의 입장에서 ADR을 어떻게 바라 볼 것인가?'의 문제가 남는다. "가장 나쁜 화해도 가장 좋은 판결 보다 낫다."는 격언이 있다는데 이 격언이 과연 타당한 것인가? 프랑스의 입법태도에서 받은 시사점은 당사자의 합의를 가장 우선에 두지만 이 제도가 법치주의에서 벗어나지 않도록 하고 있다는 점이었다. 다시 말해 ADR은 당사자들이 알아서 하고 합의 결과를 가져오면 법원은 사후 감독만 한다는 사고방식에서 탈피하여 가능하면 법적 테두리 내에서 ADR이 진행되도록 변호사 대리원칙, 법원의 관여, 실체법인 민법과 소송법의 연계성 도모 등의 시도를 하고 있기 때문이다. 앞에서 살펴보았듯이 프랑스 법원의 사건처리 규모에 비하여 조정 회부건수가 많지 않았다는 점은 시사하는 바가 크다. 사실 ADR의 활성화는 간결한 결정문의 작성을 통하여 단순히 사건처리를 빨리 하겠다거나 법리적으로 판단하기 까다로운 사건을 쉽게 해결하겠다는 편의적인 방식으로는 쉽게 이루어지지지 않는다. 대화와 토론이 가능한 이성적인 당사자를 전제로 하여 법이 허용하는 테두리를 지켜가면서 양보와 타협을 한다는 기본적인 원칙이 지켜지지 않으면 현재 다수 견해인 것으로 보이는 ADR 유용론은 다시 언제 회의론으로 바뀔지 모를 일이다. 정당한 권리자의 일방적인 양보를 토대로 ADR 제도의 활성화를 이루려고 한다면 그 제도는 신뢰받지 못하여 결국 활성화에는 실패할 가능성이 높다. ADR을 통한 해결은 양보다 질을 우선시해야 하는 것이 아닐까하며 나아가 법원을 비롯한 각 기관에서도 질을 우선시하여 성과를 평가해야 한다고 생각한다. 아울러 ADR 전문가의 양성화 역시 중요한 정책적 과제이다. 각 고등법원이나 지방법원을 중심으로 조정위원을 선발하여 조정제도를 운영하고 있지만 충분한 교육이 이루어지는지 의문이다. 아직도 ADR 분쟁은 그저 사회경험이 많은 사람들이 잘하는 것으로 생각하지 않는가 한다. 앞으로 법원, 행정부, 민간단체에서도 ADR에 관한 전문적인 교육이 더욱 체계적으로 이루어지기 바란다. ADR의 활성화는 성숙한 시민의식의 정착과 동시에 진행되어야 하므로 꼭 필요한 일이지만 결코 쉽지는 않은 일이다. 비교법 연구를 통하여 선진 사례에서의 시사점을 살펴보고 ADR의 정착을 위하여 학계와 실무계의 진지한 검토가 필요하다고 생각한다.

프랑스 민사소송법(Code de procédure civile)[85]

Livre V : La résolution amiable des différends	제5권(券) 합의에 기초한 분쟁의 해결
Article 1528 Les parties à un différend peuvent, à leur initiative et dans les conditions prévues par le présent livre, tenter de le résoudre de façon amiable avec l'assistance d'un médiateur, d'un conciliateur de justice ou, dans le cadre d'une procédure participative, de leurs avocats.	제1528조 분쟁 당사자들은 주도적으로 이 권에서 정하고 있는(prévues) 조건에 따라 법원의 조정위원, 화해위원(conciliateur) 또는 참여절차(une procédure partici-pative)에서 변호사의 조력으로 합의에 의하여(amiable) 분쟁을 해결할 수 있도록 한다.
Article 1529 Les dispositions du présent livre s'appliquent aux différends relevant des juridictions de l'ordre judiciaire statuant en matière civile, commerciale, sociale ou rurale, sous réserve des règles spéciales à chaque matière et des dispositions particulières à chaque juridiction.	제1529조 이 권(券)의 조항들(dispositions)은 민사, 상사. 사회, 농촌의 각 사건에 특수한 법원칙(règles)과 각 재판권(juridiction)에 대한 개별적인 유보조항(réserve)에 따라 민사, 상사. 사회, 농촌 사건에 결정을 내리는(statuant) 사법법원조직의 재판권에 속하는 분쟁에 적용된다.
Ces dispositions s'appliquent en matière prud'homale sous les réserves prévues par les articles 2064 du code civil et 24 de la loi du 8 février 1995 relative à l'organisation des juridictions et de la procédure civile, pénale et administrative.	이 조항들은 민법 제2064조 및 재판권과 민사, 형사, 행정소송 절차의 조직에 관한 1995. 2. 8. 법률 제24조에서 정하고 있는 유보조항에 따른 노동사건에 적용된다.
Titre Ier : La médiation et la conciliation conventionnelles	제1편(編) 약정에 의한 조정과 화해

85) 2017년 2월 1일 시행중인 규정.

Article 1530 La médiation et la conciliation conventionnelles régies par le présent titre s'entendent, en application des articles 21 et 21-2 de la loi du 8 février 1995 susmentionnée, de tout processus structuré, par lequel deux ou plusieurs parties tentent de parvenir à un accord, en dehors de toute procédure judiciaire en vue de la résolution amiable de leurs différends, avec l'aide d'un tiers choisi par elles qui accomplit sa mission avec impartialité, compétence et diligence.	제1530조 이 편에서 규율하고 있는 약정에 의한 조정과 화해는, 합의에 의한(amiable) 분쟁의 해결을 위한 재판 절차(procédure judiciaire)를 제외하고, 분쟁 당사자들에 의하여 공평, 능력, 성실함을 갖추고 업무를 수행하도록 선정된 제3자의 조력을 받아, 위에서 언급된 1995. 2. 8. 법률의 제21조와 제21-2조를 적용하여 둘 또는 그 이상의 당사자가 합의에 이르도록 구성된 모든 절차(processus)에 사용된다.
Article 1531 La médiation et la conciliation conventionnelles sont soumises au principe de confidentialité dans les conditions et selon les modalités prévues à l'article 21-3 de la loi du 8 février 1995 susmentionnée.	제1531조 약정에 의한 조정과 화해는 위에서 언급된 1995. 2. 8. 법률의 제21-3조에서 정하고 있는 조건과 양태(modalité)에 따라 비밀유지의 원칙을 준수한다.
Chapitre Ier : La médiation conventionnelle	제1장(章) 약정에 의한 조정
Article 1532 Le médiateur peut être une personne physique ou morale. Lorsque le médiateur est une personne morale, il désigne, avec l'accord des parties, la personne physique chargée d'accomplir la mission de médiation.	제1532조 자연인 또는 법인은 조정위원이 될 수 있다. 조정위원이 법인인 경우 당사자들의 합의로 법인은 조정의 업무를 수행할 자연인을 선임한다.
Article 1533 Le médiateur et, le cas échéant, la personne mentionnée au second alinéa de l'article 1532, doit satisfaire aux conditions suivantes : 1° Ne pas avoir fait l'objet d'une condamnation, d'une incapacité ou d'une déchéance mentionnées sur le bulletin n°	제1533조 조정위원과 필요한 경우 법 제1532조 제2문에 언급된 자는 다음과 같은 조건을 충족하여야 한다. 유죄판결의 선고, 무능력 또는 범죄기록(Casier judiciaire)의 3번 항목(le bulletin n° 3)[86]에서 언급된 따른 자격상실(une déchéance)

3 du casier judiciaire ;	의 대상이 되지 않았을 것
2° Posséder, par l'exercice présent ou passé d'une activité, la qualification requise eu égard à la nature du différend ou justifier, selon le cas, d'une formation ou d'une expérience adaptée à la pratique de la médiation.	현재 또는 과거의 활동에 비추어 분쟁의 성격에 합당한 자격을 보유하고 경우에 따라 조정 실무에 적합한 교육이나 경험이 있음을 증명할 것
Article 1534 La demande tendant à l'homologation de l'accord issu de la médiation est présentée au juge par requête de l'ensemble des parties à la médiation ou de l'une d'elles, avec l'accord exprès des autres.	제1534조 조정에서 도출되는 합의(accord)에 승인을 구하는 청구(demande)는 다른 상대방의 명시적인 합의(accord)에 따라 조정 당사자 모두 또는 순차적인(de l'une d'elles) 신청(requête)에 의하여 판사에게 제출된다.
Article 1535 Lorsque l'accord issu de la médiation a été rendu exécutoire par une juridiction ou une autorité d'un autre Etat membre de l'Union européenne dans les conditions prévues par les dispositions de l'article 6 de la directive 2008/52/ CE du 21 mai 2008 du Parlement européen et du Conseil sur certains aspects de la médiation en matière civile et commerciale, il est reconnu et déclaré exécutoire en France dans les conditions prévues par les articles 509-2 à 509-7.	제1535조 조정에서 도출된 합의가 민사와 상사 사건의 조정 사건에 관한 유럽의회 혹은 EU이사회의(du Parlement européen et du Conseil) 2008년 5월 21일 지침 2008/52/CE 제6조의 규정에 의하여 마련된 조건에서 유럽연합의 다른 회원국의 재판권이나 사법권에 의하여 실행되는 경우, 그 합의에 대하여 법 제509-2조부터 509-7조에 따라 프랑스에서 집행이 승인되고(reconnu) 선언된다(déclaré).
Chapitre II : La conciliation menée par un conciliateur de justice	제2장(章) 법원의 화해위원(conciliateur)에 의하여 주도되는 화해
Article 1536 Le conciliateur de justice institué par le décret du 20 mars 1978 relatif aux conciliateurs de justice peut être saisi sans forme par toute personne physique ou morale.	제1536조 법원의 화해위원에 관한 1978년 3월 20일 시행령(décret)에 따라 지정된(institué) 법원의 화해위원은 자연인 또는 법인의 형태를 가리지 않는다.

Article 1537 Le conciliateur de justice invite, le cas échéant, les intéressés à se rendre devant lui. Ceux-ci peuvent se faire accompagner d'une personne majeure de leur choix, qui justifie de son identité.	제1537조 법원의 화해위원은 경우에 따라 이해관계자들로 하여금 그를 방문하도록 요청할 수 있다. 이해관계자들은 그들의 선택에 따라 성년자(une personne majeure)를 동행시켜 그들의 이해관계를 증명할 수 있다.
Article 1538 Le conciliateur de justice peut, avec l'accord des intéressés, se rendre sur les lieux et entendre toutes personnes dont l'audition lui paraît utile, sous réserve de l'acceptation de celles-ci.	제1538조 이해관계자들의 합의가 있는 경우 법원의 화해위원은 현장에 가서 심문이 필요한 자들의 승낙을 받아 그 진술을 청취한다.
Article 1539 Le conciliateur de justice peut s'adjoindre, avec l'accord des parties, le concours d'un autre conciliateur de justice du ressort de la cour d'appel. Lors de la réunion des parties, les conciliateurs de justice peuvent échanger des informations sur les demandes dont ils sont saisis. L'acte constatant l'accord des parties est signé par les deux conciliateurs de justice.	제1539조 법원의 화해위원은 당사자들의 합의로 항소법원(la cour d'appel)의 관할지역에 있는 법원의 다른 화해위원의 협력을 구할 수 있다. 당사자들과의 회합(la réunion)에서 화해위원들은 그들이 보유하고 있는 청구(demandes)에 관한 정보를 교환할 수 있다. 법원의 화해위원 2인은 당사자들의 합의를 확인하는 증서(acte)에 서명한다.
Article 1540 En cas de conciliation, même partielle, il peut être établi un constat d'accord signé par les parties et le conciliateur de justice. La conciliation peut également être consignée dans un constat signé par le conciliateur et une ou plusieurs des parties lorsque l'une ou plusieurs d'entre elles ont formalisé les termes de l'accord auquel elles consentent dans un acte signé par elles et établi hors la présence du conciliateur de justice ; il incombe alors à ce dernier de viser l'acte dans le constat et de l'annexer à celui-ci.	제1540조 합의(일부 합의도 같다)의 경우 합의 확인서(constat)는 당사자들과 법원의 화해위원이 서명하여 작성될 수 있다. 법원의 화해위원이 없이 당사자들이 작성하여 서명한 서면에서 당사자들이 동의한 것으로서 당사자들 중 일방 또는 그 이상이 합의의 기간(termes d'accord)을 정하는 경우 그 화해는 화해위원과 일방 또는 다수 당사자가 서명한 확인서에 동일하게 기록될 수 있다. ; 법원의 화해위원은 확인서의 증서에 서명날인과 조서의 증서를 첨부하는 권한을 가진다.

La rédaction d'un constat est requise lorsque la conciliation a pour effet la renonciation à un droit. Un exemplaire du constat est remis à chaque intéressé. Le conciliateur de justice procède également, sans délai, au dépôt d'un exemplaire au greffe du tribunal d'instance.	화해가 권리 포기(la renonciation à un droit)의 효과가 있을 때 확인서(constat)의 작성(rédaction)이 요구된다. 확인서의 사본(exemplaire)은 각 이해관계자에게 송부된다. 법원의 화해위원은 지체없이 소법원의 법원서기에게(au greffe du tribunal d'instance) 사본을 보관한다.
Article 1541 La demande tendant à l'homologation du constat d'accord est présentée au juge d'instance par requête d'une des parties à moins que l'une d'elles s'oppose à l'homologation dans l'acte constatant son accord.	제1541조 합의 확인서에 승인(l'homologation)을 구하는 청구는 당사자 중 일방이 합의를 확인한 증서에 승인을 반대하지 않는 한 당사자 중 일방의 신청에 따라 제1심의 판사에게 제출된다.
Toutefois, lorsque la conciliation met fin à un différend transfrontalier la requête est présentée par l'ensemble des parties ou par l'une d'elles, sur justification du consentement exprès des autres parties. Ce consentement peut être contenu dans le constat d'accord.	그러나 화해가 국경을 넘는 분쟁을 종결시킬 경우 당사자의 전부 또는 일부에 의하여 다른 당사자들의 명확한 동의(consentement)의 증명에 관한 신청(requête)이 제출된다. 이 동의는 합의의 확인서에 포함될 수 있다.
Est transfrontalier le différend dans lequel, à la date où il est recouru à la conciliation, une des parties au moins est domiciliée ou a sa résidence habituelle dans un Etat membre de l'Union européenne autre que la France et une autre partie au moins est domiciliée ou a sa résidence habituelle en France.	국경을 넘는 분쟁에 관한 화해 절차를 진행 중인 일자에 최소한 당사자 일방은 프랑스 이외의 유럽연합의 회원국에 주소(domicilié)가 있거나 거소(sa résidence habituelle)가 있어야 하고, 최소한 다른 상대방은 프랑스에 주소가 있거나 거소가 있어야 한다.
Titre II : La procédure participative	제2편(編) 참여절차(La procédure participative)
Article 1542 La procédure participative prévue aux articles 2062 à 2067 du code civil est régie par les dispositions du présent titre.	제1542조 민법 제2062조부터 제2067조까지 규정된 참여절차는 이 편의 규정에 적용된다.

Article 1543 Elle se déroule selon une procédure conventionnelle de recherche d'un accord et se poursuit, le cas échéant, par une procédure aux fins de jugement.	第1543조 참여절차는 합의에 도달하는 약정절차(une procédure conventionnelle)에 따라 진행되고 경우에 따라 판결절차(une procédure aux fins de jugement)까지 계속된다.
Chapitre Ier : La procédure conventionnelle	제1장(章) 약정에 의한 절차(La procédure conventionnelle)
Section 1 : Dispositions générales	제1절 일반규정(Dispositions générales)
Article 1544 Les parties, assistées de leurs avocats, recherchent conjointement, dans les conditions fixées par convention, un accord mettant un terme au différend qui les oppose.	第1544조 변호사의 조력을 받는 당사자들은 약정에 따라 정해진 조건에서 대립하고 있는 분쟁에 기간을 두는 합의(un accord mettant un terme au différend qui les oppose)를 공동으로 구한다.
Article 1545 Outre les mentions prévues à l'article 2063 du code civil, la convention de procédure participative mentionne les noms, prénoms et adresses des parties et de leurs avocats.	第1545조 민법 제2063조에 정한 사항 이외에도 참여절차의 약정에는 당사자와 변호사의 성명과 주소를 기재한다.
La communication des écritures et pièces entre les parties se fait par l'intermédiaire de leurs avocats selon les modalités prévues par la convention ; ceux-ci les portent à la connaissance des intéressés par tous moyens appropriés. Un bordereau est établi lorsqu'une pièce est communiquée.	당사자 사이에 소송서면과 증거서류(des écritures et pièces)의 교환은 약정의 양태에 따라 그들의 변호사들을 통하여 이루어진다. ; 변호사들은 적절한 방법으로 당사자들로 하여금 이해관계에 대하여 인식하도록 유도한다. 증거서류가 전달되면 증거명세서(Un bordereau)가 작성된다.
Article 1546 La convention de procédure participative est modifiée dans les mêmes formes que celles prévues pour son établissement.	第1546조 참여절차에 대한 약정(convention)은 그 약정이 작성된 것과 같은 형식으로 변경된다.

Section 2 : Le recours à un technicien	제2절 전문가에 대한 청원(Le recours à un technicien)
Article 1547 Lorsque les parties envisagent de recourir à un technicien, elles le choisissent d'un commun accord et déterminent sa mission. Le technicien est rémunéré par les parties, selon les modalités convenues entre eux.	제1547조 당사자들이 전문가에 대한 청원을 고려할 경우 당사자들은 공통된 합의로 전문가를 선택하고 그의 업무를 확정한다. 당사자 사이의 적절한 양태에 따라 당사자들은 전문가에게 보수를 지급한다.
Article 1548 Il appartient au technicien, avant d'accepter sa mission, de révéler toute circonstance susceptible d'affecter son indépendance afin que les parties en tirent les conséquences qu'elles estiment utiles.	제1548조 당사자들에 유효하다고 평가받는 결과를 도출하기 위하여 전문가는 업무 수행을 승낙하기 전에 전문가의 독립성에 영향을 줄 수 있는 모든 환경을 공개할 의무가 있다.
Article 1549 Le technicien commence ses opérations dès que les parties et lui-même se sont accordés sur les termes de leur contrat. Il accomplit sa mission avec conscience, diligence et impartialité, dans le respect du principe du contradictoire. Il ne peut être révoqué que du consentement unanime des parties.	제1549조 전문가는 당사자들과 (전문가 업무수행의) 계약의 기간에 대하여 합의에 이르면 곧바로 활동(opération)을 시작한다. 전문가는 대심주의의 원칙(du principe du contradictoire)을 고려하여 양심적으로, 성실하고 공평하게 업무를 수행한다. 전문가는 당사자들의 만장일치에 의한 동의에 의하여만 해임될 수 있다.
Article 1550 A la demande du technicien ou après avoir recueilli ses observations, les parties peuvent modifier la mission qui lui a été confiée ou confier une mission complémentaire à un autre technicien.	제1550조 전문가 자신의 청구가 있거나 전문가가 견해를 표명하고 난 이후, 당사자들은 전문가에게 위탁한 업무를 변경할 수 있거나 다른 전문가에게 추가 업무를 위탁할 수 있다.
Article 1551 Les parties communiquent au technicien les documents nécessaires à l'accomplissement de sa mission. Lorsque l'inertie d'une partie empêche le technicien de mener à bien sa mission, il convoque l'ensemble des parties en leur indiquant les	제1551조 당사자들은 전문가의 업무 수행에 필요한 서류를 전문가에게 전달한다. 당사자의 태만으로 전문가로 하여금 그 업무를 제대로 수행하지 못하게 한 경우 전문가는 모든 당사자들을 소환하여 그에게 필요한 성실한 협조(diligence)를 지시할 수 있다.

diligences qu'il estime nécessaires. Si la partie ne défère pas à sa demande, le technicien poursuit sa mission à partir des éléments dont il dispose.	만약 당사자가 전문가의 청구에 따르지 않는 경우 전문가는 그가 보유하고 있는 자료에 기초하여 업무를 수행한다.
Article 1552 Tout tiers intéressé peut, avec l'accord des parties et du technicien, intervenir aux opérations menées par celui-ci. Le technicien l'informe qu'elles lui sont alors opposables.	제1552조 당사자들과 전문가의 합의(accord)로 모든 이해관계 있는 제3자는 전문가에 의하여 수행되는(menées) 활동에 개입할 수 있다. 전문가는 그의 활동에 대하여 이해관계 있는 제3자가 다툴 수 있음(opposables)을 고지한다.
Article 1553 Le technicien joint à son rapport, si les parties et, le cas échéant, le tiers intervenant le demandent, leurs observations ou réclamations écrites. Il fait mention dans celui-ci des suites données à ces observations ou réclamations. Article 1554 A l'issue des opérations, le technicien remet un rapport écrit aux parties, et, le cas échéant, au tiers intervenant. Ce rapport peut être produit en justice.	제1553조 당사자들 경우에 따라서는 참가한(intervenant) 제3자들이 전문가에게 서면으로 견해(observations) 또는 이의제기(réclamations)를 청구하였다면 전문가는 그에 대한 보고서(rapport)를 첨부한다. 전문가는 위 견해 또는 이의제기에 대하여 제공하는 추가(suite) 보고서에 그 내용을 언급한다. 제1554조 활동을 종료할 때 전문가는 당사자들에게, 경우에 따라서는 참가한 제3자들에게 서면보고서를 송부한다. 이 보고서는 법원에 제출될 수 있다.
Section 3 : L'issue de la procédure	제3절 절차의 종료(L'issue de la procédure)
Article 1555 La procédure conventionnelle s'éteint par :	제1555조 약정에 따른 절차는 다음과 같은 경우 종료된다.
1° L'arrivée du terme de la convention de procédure participative ;	1. 참여절차의 약정 기한(terme)이 도래한 경우
2° La résiliation anticipée et par écrit de cette convention par les parties assistées de leurs avocats ;	2. 변호사의 조력을 받는 당사자들의 합의에 관한 사전의 서면 해지
3° La conclusion d'un accord mettant fin en totalité au différend ou l'établissement d'un acte constatant la persistance de tout ou partie de celui-ci.	3. 분쟁에 대한 종국적인 종결을 하는 합의의 결정 또는 분쟁에 대한 전부 또는 일부의 종국적인 종결에 대한 합의의 유지(persistance)를 확인하는 증서(acte)의 작성

Lorsqu'un accord au moins partiel a pu être conclu, il est constaté dans un écrit établi par les parties, assistées de leurs avocats. Il énonce de manière détaillée les éléments ayant permis la conclusion de cet accord.	최소한 부분적인 합의가 이루어진 경우 변호사들의 조력을 받은 당사자들은 서면으로 합의한 사실을 확인한다. 합의에서는 합의의 결론에 이르는 자료들을 구체적인 방법으로 규정한다.
Chapitre II : La procédure aux fins de jugement	제2장(章) 판결절차 (une procédure aux fins de jugement)
Article 1556 A l'issue de la procédure conventionnelle et exception faite des demandes en divorce ou en séparation de corps sur lesquelles il est statué conformément aux dispositions de la section II du chapitre V du titre Ier du livre III, le juge peut être saisi de l'affaire, selon le cas, pour homologuer l'accord des parties mettant fin en totalité au différend, pour homologuer un accord partiel des parties et statuer sur la partie du litige persistant ou pour statuer sur l'entier litige.	제1556조 약정에 따른 절차와 이 법의 제3권 제1편 제5장 제2절의 규정에 따라 제정된 부부의 이혼 또는 별거에서 청구에 대한 사실의 항변(exception)이 종료할 때 판사는 경우에 따라 분쟁의 종국적인 해결을 하기 위한 당사자들의 합의(accord)를 승인(homologuer)하거나, 당사자들의 부분적인 합의를 승인하고 소송계속 중의 당사자에 대하여 판결을 내리거나(statuer), 소송 전체에 대한 판결을 내리는 업무를 처리할 수 있다.
La demande faite au juge par une partie, en application du premier alinéa de l'article 2065 du code civil, pour qu'il statue sur le litige avant le terme de la convention, du fait de son inexécution par l'autre partie, est formée, instruite et jugée conformément aux règles de procédure applicables devant ce juge.	다른 당사자에 의하여 합의의 집행이 불가능하도록 한 일에 대하여 합의에 정한 기간(terme) 전에 소를 제기하는 것에 대하여 규정하고 있는 민법 제2065조 제1문의 적용에 있어서 당사자 일방이 판사에게 청구한 사항은 그 판사가 적용하는 절차의 원리에 따라(conformément aux règles de procédure applicables) 형성, 명령 및 판결된다(formée, instruite et jugée).
Section 1: La procédure d'homologation d'un accord mettant fin à l'entier différend	제1절 분쟁 전체를 종결시키는 합의의 승인절차(La procédure d'homologation d'un accord mettant fin à l'entier différend)

Article 1557 La demande tendant à l'homologation de l'accord des parties établi conformément à l'article 1555 est présentée au juge par requête de la partie la plus diligente ou de l'ensemble des parties. A peine d'irrecevabilité, la requête est accompagnée de la convention de procédure participative.	제1557조 제1555조에 따라 작성된 당사자들의 합의에 대한 승낙을 구하는 청구는 가장 솔선하여 배려한 당사자(la partie la plus diligente)[87]나 당사자 전체의 신청에 따라 판사에게 제출된다.
Lorsque l'accord concerne un mineur capable de discernement, notamment lorsqu'il porte sur les modalités de l'exercice de l'autorité parentale, la requête mentionne les conditions dans lesquelles le mineur a été informé de son droit à être entendu par le juge ou la personne désignée par lui et à être assisté par un avocat.	이 신청에 참여절차에 관한 약정이 수반되면(accompagnée) 재판이 수리되지 않는 제제를 받는다. (A peine d'irrecevabilité) 특히 친권(l'autorité parentale)의 행사를 받고 있는 경우 합의(accord)가 분별력 있는 미성년자와 관련되었다면 그 신청에서 미성년자에게 판사 또는 판사에 의하여 선임된 자에 의하여 심문받는 권리와 변호사에 의하여 조력받는 권리가 있다는 것을 고지한다는 조건을 기재한다.
Section 2 : La procédure de jugement du différend persistant	제2절 계속되는 분쟁에 관한 판결절차 (La procédure de jugement du différend persistant)
Paragraphe 1 : Dispositions communes	제1관 공통규정(Dispositions communes)
Article 1558 Lorsque les règles de procédure applicables devant le juge saisi aux fins de statuer sur tout ou partie du litige sur le fondement du paragraphe 2 ou 3 prévoient une tentative préalable de conciliation ou de médiation, l'affaire est directement appelée à une audience pour y être jugée.	제1558조 제2관 또는 제3관에 근거하여 소송의 전부 또는 일부에 관한 결정을 내릴 목적을 가진 판사가 적용하는 절차의 규정이 화해 또는 조정의 사전적 시도(une tentative préalable)를 예정하고 있는 경우, 사건은 재판되기 위하여 곧바로 기일이 지정된다.
Article 1559 Devant le tribunal de grande instance et à moins que l'entier différend n'ait été soumis à la procédure de droit	제1559조 지방법원(le tribunal de grande instance)에서 전체 분쟁이 일반법에 회부된 경우 그 사건은 배당된 법원 재판부

commun, l'affaire est directement appelée à une audience de jugement de la formation à laquelle elle a été distribuée. L'affaire ne peut être renvoyée devant le juge de la mise en état que dans les cas prévus au deuxième et au troisième alinéas de l'article 1561.	(formation)에서 재판 기일을 직접 지정한다. 법 제1561조 제2문과 제3문에 정해진 경우에만 준비법관(le juge de la mise en état)[88]이 사건을 회부할 수 있다(renvoyée)[89].
Paragraphe 2 : La procédure d'homologation d'un accord partiel et de jugement du différend résiduel	제2관 일부 합의의 승인과 남은 분쟁의 판결절차
Article 1560 Lorsque les parties ne sont parvenues qu'à un accord partiel et à moins qu'elles ne demandent que son homologation conformément à l'article 1557, elles peuvent saisir le juge à l'effet qu'il statue sur le différend résiduel soit conformément aux règles régissant la procédure applicable devant lui, soit par une requête conjointe signée par les avocats les ayant assistées au cours de la procédure participative dans les conditions prévues par le présent paragraphe.	제1560조 당사자들이 일부분에 관하여만 합의하였고 당사자들이 제1557조에 따라 승인을 청구하지 않은 경우, 당사자들은 판사가 적용하는 절차에 관한 규정에 따라 또는 이 관에 규정된 조건으로 참여절차의 과정에서 조력하고 있는 변호사들이 서명한 공동신청(une requête conjointe)에 따라 판사로 하여금 남은 분쟁에 관하여 판결하도록 할 수 있다. 이 공동신청에 제57조에 기재된 것 이외에 다음의 사항이 포함되면 재판이 수리되지 않는 제재를 받는다.
Cette requête contient, à peine d'irrecevabilité, outre les mentions prévues par l'article 57 :	(Cette requête contient, à peine d'irrecevabilité[90], outre les mentions prévues par l'article 57 :)
# les points faisant l'objet d'un accord entre les parties, dont elles peuvent demander au juge l'homologation dans la même requête ;	# 당사자들이 같은 신청에서 판사에게 승인을 청구할 수 있는 당사자 간의 합의를 목적으로 하고 있다는 점
# les prétentions respectives des parties relativement aux points sur lesquels elles restent en litige, accompagnées des moyens de fait et de droit sur lesquels	# 소송 중 사실상, 법률상의 공격방어 방법(des moyens de fait et de droit)이 수반된다는 점과 제출한 증거서류(des pièces invoquées)에 관한 각 당사자들의 주장을

chacune de ces prétentions est fondée, avec l'indication pour chaque prétention des pièces invoquées.	표시한 사항과 함께 각 당사자들의 주장이 근거하고 있는 권리에 관계되어 있는 당사자들 각각의 신청(prétention)
Sous la même sanction, cette requête est accompagnée de la convention de procédure participative, des pièces prévues à l'article 2063 du code civil, le cas échéant, du rapport du technicien, ainsi que des pièces communiquées au cours de la procédure conventionnelle.	민법 제2063조에 규정된 증거서류에 있어서, 경우에 따라 약정절차의 과정에서 전달된 증거서류 뿐만 아니라 전문가 보고서에 대하여도 이 공동신청은 같은 제약수단으로(Sous la même sanction) 참여절차의 약정에 수반된다.
Article 1561 L'objet du litige est déterminé par les prétentions respectives des parties telles que formulées dans la requête prévue à l'article 1559.	제1561조 소송물(L'objet du litige)은 제1559조에 정한 신청(requête)에서 작성된 것 같이 당사자들 각자의 신청(prétention)에 의하여 확정된다.
Les parties ne peuvent modifier leurs prétentions, si ce n'est pour actualiser le montant d'une demande relative à une créance à exécution successive, opposer un paiement ou une compensation ultérieur ou faire juger les questions nées de l'intervention d'un tiers ou de la survenance ou de la révélation d'un fait postérieur à l'établissement de l'accord.	계속되는 채권 집행(une créance à exécution successive)에 관한 청구의 총액을 현실에 맞추거나(actualiser), 차후에 지급이나 보상에 대하여 이의하거나, 제3자의 참가(intervention)에서 발생하거나 합의를 작성하는데 있어 그 이후 사실이 새로 발생하거나(survenance) 그 사실을 공개(révélation)함으로 인하여 발생하는 문제들을 판단하도록 하지 않는다면, 당사자들은 그들의 신청(prétention)을 변경할 수 없다.
Les parties ne peuvent modifier le fondement juridique de leur demande ou soulever de nouveaux moyens qu'en vue de répondre à l'invitation du juge de fournir les explications de fait ou de droit qu'il estime nécessaires à la solution du litige.	분쟁의 해결에 필요한 것으로 평가되는 사실과 법률의 쟁점을 제공하여 판사로 하여금 답변하게 할 목적으로 당사자들은 법적 근거를 변경하여 새로운 방법으로 청구하거나 주장을 제기할 수 없다.
Paragraphe 3 : La procédure de jugement de l'entier différend	제3관 전체 분쟁에 대한 재판절차

Article 1562 Lorsque le différend persiste en totalité, le juge peut en connaître :	제1562조 분쟁 전체가 계속되고 있는 경우 판사는 다음의 사항을 재판할 수 있다.
# soit conformément aux règles régissant la procédure applicable devant lui ; # soit selon les modalités prévues au paragraphe 2 ; # soit sur requête unilatérale sur laquelle il statue suivant les règles applicables devant lui sous réserve des dispositions du présent paragraphe.	# 판사가 적용하는 절차를 규율하는 법률에 따르고 있는지 # 제2관에 규정된 방법에 따르고 있는지 # 이 관에 정해진 유보규정(réserve) 하에서 판사가 적용하고 있는 법원칙(les règles)에 따라 판사가 판결을 내리도록 하는 일방의 신청이 있는지
Article 1563 La requête est déposée au greffe par l'avocat de la partie la plus diligente. A peine d'irrecevabilité, elle est présentée dans un délai de trois mois suivant le terme de la convention de procédure participative.	제1563조 가장 솔선하여 배려한 당사자의 변호사는 법원서기에게 신청서를 제출한다. 참여절차에 대한 약정기간에 따라 3개월의 기간 내에 신청서가 제출되지 않으면 재판이 수리되지 않는 제재를 받는다.
Outre les mentions prescrites, à peine de nullité, par l'article 58, la requête contient un exposé des moyens de fait et de droit et est accompagnée de la liste des pièces mentionnées au troisième alinéa de l'article 1560.	전항에서 언급된 것 이외에 신청이 사실과 법률에 대한 공격방어방법에 대한 설명을 포함하고 있고 제1560조의 제3문에서 언급된 증거서류 목록이 부수하고 있다면 이는 제58조에 의하여 무효가 된다.
L'avocat qui procède au dépôt en informe la partie adverse elle-même ainsi que l'avocat l'ayant assisté au cours de la procédure conventionnelle, selon le cas, par notification ou par lettre recommandée avec demande d'avis de réception.	임치물(dépôt)을 보관하고 있는 변호사는 경우에 따라 통지 또는 통지의 수령에 대한 의견을 구하는 청구와 함께 문서로 상대방 당사자와 합의 절차의 진행 중 조력을 하고 있는 그의 변호사에게 알려야 한다.
Devant le tribunal de grande instance, le dépôt de cet acte au greffe contient constitution de l'avocat.	지방법원(le tribunal de grande instance) 법원서기의 임치물 증서에는 변호사 지정 사항이 포함되어 있다.
Article 1564 Lorsque la requête a été déposée au greffe du tribunal de grande	제1564조 신청이 지방법원의 법원서기에게 제출된 경우 제1563조 제3문에 기재된 통지

instance, la notification mentionnée au troisième alinéa de l'article 1563 indique que la partie adverse doit constituer avocat dans un délai de quinze jours suivant cette notification.	에는 상대방 당사자가 통지를 받고서 15일 이내에 변호사를 지정하여야 한다는 점이 기재된다.
Dans les autres cas, l'avocat du requérant est informé par le greffe, dès remise de la requête, de la date de la première audience utile à laquelle l'affaire sera appelée. Cette date est portée à la connaissance de la partie adverse dans la notification prévue au troisième alinéa de l'article 1563.	다른 경우, 신청서가 송달된 때 지방법원의 법원서기는 신청대리를 한 변호사에게 사건에 대하여 지정된 첫 기일을 알린다. 이 기일은 제1563조의 제3문에 규정된 통지로 상대방 당사자가 알 수 있도록 고지된다.(est portée à la connaissance)
Titre III : Dispositions communes	제3절 공통규정(Dispositions communes)
Article 1565 L'accord auquel sont parvenues les parties à une médiation, une conciliation ou une procédure participative peut être soumis, aux fins de le rendre exécutoire, à l'homologation du juge compétent pour connaître du contentieux dans la matière considérée.	제1565조 조정, 화해 또는 참여절차에서 당사자들이 이룬 합의는 집행력 부여를 위하여 사건에서 분쟁을 심리할 권한이 있는 판사의 승인을 받도록 제출될 수 있다.
Le juge à qui est soumis l'accord ne peut en modifier les termes.	합의의 효력을 받는 판사는 그 기간을 변경할 수 없다.
Article 1566 Le juge statue sur la requête qui lui est présentée sans débat, à moins qu'il n'estime nécessaire d'entendre les parties.	제1566조 당사자들을 심문할 필요가 없다고 판단하면 판사는 변론을 하지 않고 판사에게 제출하는 신청에 대하여 판결한다.(statue)
S'il est fait droit à la requête, tout intéressé peut en référer au juge qui a rendu la décision.	만약 판사가 신청에 대하여 정당성을 인정하면 모든 이해관계자는 그 결정을 한 판사에게 그 결정에 대한 제소를 할 수 있다. 합의에 대한 승인을 거절하는 결정은 항소의 대상이 될 수 있다.
La décision qui refuse d'homologuer	이 항소는 상소법원의 법원서기의 선언

l'accord peut faire l'objet d'un appel. Cet appel est formé par déclaration au greffe de la cour d'appel. Il est jugé selon la procédure gracieuse.	으로 이루어진다. (Cet appel est formé par déclaration) 이는 비송절차(la procédure gracieuse)에 따라 선고된다.
Article 1567 La requête n'est pas assujettie à l'acquittement de la contribution pour l'aide juridique prévue par l'article 1635 bis Q du code général des impôts.	제1567조 신청은 조세기본법(code général des impôts) 제1635조 bis Q에 마련되어 있는 법률구조(l'aide juridique)를 위한 기금에서 비용이 지출되지 않는다.
Article 1568 Les dispositions des articles 1565 à 1567 sont applicables à la transaction conclue sans qu'il ait été recouru à une médiation, une conciliation ou une procédure participative. Le juge est alors saisi par la partie la plus diligente ou l'ensemble des parties à la transaction.	제1568조 제1565조부터 제1567조까지의 규정들은 조정, 화해 또는 참여절차를 이용하지 않고(sans qu'il ait été recouru) 결론 내려진 민법상 화해(transaction)에 적용된다. 이 경우 판사는 민법상 화해에서 가장 솔선하여 배려한 당사자 또는 당사자 전체가 제소한 사항을 판단한다.

86) 프랑스에서는 범죄경력서를 일반범죄경력서와 특수범죄경력서로 구분하고 있는데 일반경력범죄경력서의 정보를 bulletin이라는 증명서의 형태로 조회할 수 있다. bulletin 1°에서는 전체의 유죄선고를 포함하고 있으며 사법기관에서만 교부되고, bulletin 2°는 대부분의 범죄경력을 포함하고 있으며 일정한 행정청에서 교부된다. bulletin 3°은 중죄 및 경죄 중의 중한 선고를 포함하며 당사자의 신청에 의하여 교부된다. 참고로 특수범죄경력서는 도로교통 관련 또는 음주관련 위경죄에 대한 범죄경력을 포함하고 있으며 국립범죄기록전산보관소(Casier judiciaire national automatisé)에 보관되어 있다. 한국법제연구원, 전게서, 144면.

87) 山口俊夫, 169頁

88) 사건이 속한 법원이나 부의 모든 법관은 준비법관이 될 수 있으며 크게 세 가지의 역할을 한다. 첫째 준비절차가 적정하게 진행될 수 있도록 사건의 지연이나 공전을 방지하기 위한 통제의 역할, 둘째 절차에 부수하는 신청에 대한 재판과 이를 집행하는 역할, 셋째 일정한 경우 재판부에 소송에 관하여 보고를 하고, 준비절차의 전 과정에서 당사자의 화해를 권유하는 역할. 사법연수원, 전게서(각주 36), 46면.

89) NICOLAS BROOKE, “THE FRENCH CODE OF CIVIL PROCEDURE IN ENGLISH”, OXFORD UNIVERSITY EXPRESS, 2008., p.361. “be committed for trial”로 해석하고 있다.

90) 한국법제연구원, 전게서, 626면. Recevabilité는 일정한 소송에 있어서 실체적인 내용을 심사하는데 요구되는 사전적 요건을 충족한 것을 의미하므로 우리나라에서 소송요건의 충족과 유사한 개념이라고 생각된다. 프랑스 법 제122조부터 제126조에 규정되어 있다.

제3부

프랑스 민사소송법상 몇 가지 주제에 관한 검토

Ⅰ. 프랑스의 문서제출명령 관련 제도[1)]

1. 개요

프랑스의 민사소송법은 프랑스 민법을 준용하는 조항도 상당하고 개념상으로도 연결되는 부분이 많은 등 서로 밀접한 관련성을 가지고 있다. 프랑스 민법 제4편의1 채무의 증거(Titre IV bis : De la preuve des obligations) 부분의 제1353조부터 제1386-1조까지의 규정에서 증거에 관하여 규정하고 있다.[2)] 프랑스 민사소송법 제9조부터 제11조까지 증거에 관한 일반사항이 규정되어 있고 제132조부터 제322조까지 증거에 대한 법원의 관리(L'administration judiciaire de la preuve)라는 표제로 하여 증거법의 내용이 자세히 규정되어 있다.[3)]

1) 이 부분은 역자의 다음 논문을 기초로 작성하였다. "현행 문서제출명령 제도의 문제점과 개선방안", 법과 기업연구(서강대학교) 제7권 제2호, 2017.8. 171-175면.

2) 안문희, 「프랑스 민사소송에서의 증거법에 관한 연구」, 사법정책연구원 연구총서 2017-02., 25면.

3) 프랑스 민법과 프랑스 민사소송법에 관하여는 다음과 같은 연구자들의 번역본이 있다. 명순구, 「프랑스민법전」, 법문사. 2004. ; 이무상, "프랑스 민사소송법전 - 제1권 번역(1) -", 단국대학교 법학연구소, 법학논총 40권 1호. 2016., 同人, "프랑스 민사소송법전 - 제1권 번역(2) -", 단국대학교 법학연구소, 법학논총 40권 2호. 2016. 위 논문들에서 프랑스 민사소송법은 현재 제1조부터 제284-1까지 번역되어 있다. ; 拙稿, "프랑스 민사소송법상 합의에 기초한 분쟁해결 규정이 주는 시사점", 민사소송 제21권 제1호, 2017. 위 논문에서 프랑스 민사소송법은 제1528조부터 제1568조까지 번역되어 있다.

2. 프랑스 민사소송법상 문서제출에 관한 일반론

원래 프랑스에서는 민사사건의 경우 자발적인 증거의 전달을 원칙으로 하였기 때문에 서증을 강제로 제출하는 제도가 그리 발달하지는 않았던 것으로 보인다.[4] 이러한 기조가 1971-1972년의 민사소송절차의 개혁으로 인하여 완전히 재검토 된다. 그 결과로 la loi n° 72-626 du 5 juillet 1972를 통하여 프랑스 민법 제10조가 개정되었다. 여기에는 "누구든지 실체적 진실을 규명하기 위하여 재판에 협력해야 하는 의무를 부담한다."고 규정하고 이어서 "법적인 요구가 있음에도 불구하고 법적으로 정당한 이유없이 이 의무를 면하려는 자는 손해배상과는 별개로 필요한 경우 아스트렝트(astreinte)[5] 또는 벌과금(amende)의 제재를 부과받을 수 있다."라고 규정하였다. 프랑스 민사소송법에서도 증거자료 및 서증을 제출하거나 취득에 관계된 법 제138조부터 제142조까지의 조항이 들어오게 되었는데 이 조항들은 이미 규정되어 있던 프랑스 민사소송법 제11조 제2문[6]에 있는 내용을 구체화한 것이다.[7]

증거서류의 제출의무를 충족하는 조건으로 프랑스의 유력 민사소송법 교과서는 다음의 세 가지를 든다.[8] 첫째 소송 중 당사자 중 일방의 신청에 따라서만 증거제출이 강제된다(프랑스 민사소송법 제138조에서 제142조). 법원이 당사자의 신청없이 직권으로 증거서류(서증)를 제출하도록 강제할 권한은 없다. 법관은 당사자의 신청을 통하여 제출명령을 하게 되면 문서소지자에게 아스트렝트를 통하여 이행을 강제하게 된다(프랑스 민사소송법 제139조). 둘째, 법적 장애

4) Gérard COUCHEZ·Xavier LAGARDE, 「Procédure civile」, 17 édition, Dalloz, 2014. p.349.

5) 자세한 내용은 이무상, "프랑스법에서의 아스트렝트(astreinte)에 관한 소고-민사집행법상 간접강제와의 비교를 중심으로-", 비교법연구, 법조(Vol.660), 2011.9. 참조. 보통 이행강제금으로 번역이 되고 있으나 우리나라와 제도의 취지가 완전히 다르다는 점에서 원어와 가장 비슷한 한글로 표기하는 것이 타당하다고 생각한다. 제도의 개략적인 설명은 항을 구별하여 설명한다.

6) 프랑스 민사소송법 제11조, 일방 당사자가 증거자료를 보유하고 있으면 타방 당사자의 신청에 따라 필요한 경우 아스트렝트의 제재를 통하여 법관은 증거자료의 제출을 명령할 수 있다. 당사자 일방의 신청으로 필요한 경우 아스트렝트의 제재를 통하여 법관은 법적인 장애사유(empêchement légitime)가 없다면 제3자가 소지한 모든 서류(documents)의 제출을 청구하거나 명령할 수 있다.

7) Gérard COUCHEZ·Xavier LAGARDE, op. cit., p.350.

8) Gérard COUCHEZ·Xavier LAGARDE, op. cit., pp.350-351. 여기서는 다음과 같이 분류한다. 1. Demande de l'une des parties au procès, 2. Absence d'empêchement(ou de motif) légitime 3. Décision du juge

사유가 없어야 한다. 프랑스 민사소송법 제11조에서 언급된 장애사유가 있는 경우 이미 발령되었던 증거서류의 제출에 대한 결정(décision)에 대하여 프랑스 민사소송법 제141조에 따라 그 결정을 철회 또는 변경(rétracter ou modifier)할 수 있으며 15일 이내에 항고도 가능하다(프랑스 민사소송법 제141조). 프랑스 민사소송법에 장애사유가 있는 경우에 관하여 명시적으로 규정하지 않고 있는데 이는 일반적으로 소송에서 확실한 자료인 증거에 있어서 유용한 증거가 있다면 이를 제출하지 못하게 할 다른 법적인 이익은 없기 때문인 것으로 보인다.[9] 참고로 장애사유가 강제제출에 있어서 확실한 장애물로 기능하지만 강제제출에 있어서 법적 장애사유가 없음에도 불구하고 판사가 제출명령을 거부한 사례도 있다.[10] 셋째 법관의 결정이 필요하다. 제출의무는 당사자의 청구가 이유 있다고 판단되는 경우 제출을 명령하는 형식의 결정을 전제로 한다.[11] 법관이 증거제출을 명한 결정은 즉시 집행력을 가진다. 결정으로부터 도출된 제출의무는 본질적으로 명백히 집행되어야 한다는 점을 고려하면 제출을 명령할 자에 대하여 집행이 가능한 압력수단을 마련해 두어야 한다. 아스트렝트와 같은 수단은 제출하야 할 서증이 당사자뿐만 아니라 제3자에 속하고 있을 때에도 사용가능하다.[12]

프랑스 민사소송법 제132조부터 제137조까지는 당사자 사이에서 증거서류의 전달(La communication des pièces entre les parties)[13]이라는 이름으로 규정되어 있다. 증거서류를 원용하는 당사자는 소송사건의 모든 당사자에게 증거서류를 전달할 의무가 있다. 이때 당사자들은 자발적으로 증거서류를 전달해야 한다(프랑스 민사소송법 제132조). 적시에 전달되지 아니한 경우 법관은 증거서류를 변론에서 제외할 수 있다(프랑스 민사소송법 제135조). 이 경우 법관은 완전히 전달

9) Gérard COUCHEZ·Xavier LAGARDE, op. cit., p.351. 이에 대하여 의료상 비밀에 관하여 법적으로 정당한 이유를 인정한 사례로는 Civ 1 re, 7 déc. 2004, D. 2005. 245.

10) Cass. 2 e civ. 14 nov. 1979, Bul. Civ. 1979, II n° 261, D. 1980, jur. p. 365, note J. Lemet

11) Gérard COUCHEZ·Xavier LAGARDE, op. cit., p.352.

12) Gérard COUCHEZ·Xavier LAGARDE, op. cit., p.353.

13) 이때 pièces를 무엇으로 번역할 것인지 문제된다. 서증 또는 서류가 문제될 수 있으나 pièces는 법관에게 제출되기 전에 당사자들끼리 상호 전달하여 이루어지는 것이기 때문에 증거방법의 하나인 서증으로 번역하기에는 다소 무리가 따른다. 향후 증거로 사용될 것을 전제로 하기 때문에 서류라고 번역하기도 부자연스럽다. 따라서 아직 증거방법은 아니지만 향후 증거로 사용될 것을 전제로 하므로 증거서류로 번역함이 타당하다. 同旨 이무상, 전게논문(주 48), 385면.

되지 않은 증거서류에 기초하여 결정을 내리지 않을 의무를 가지고 있다.[14)]

3. 문서제출 불이행시의 제재

프랑스 민사소송법은 증거판단에 관한 법관의 강력한 재량권 이외에 아스트렝트(astreinte)라는 제재수단을 가지고 있다. 아스트렝트[15)]는 문서제출명령 이전에도 당사자 사이에 증거서류의 전달을 강제하기 위하여 제134조에 근거를 가지고 있다. 뿐만 아니라 소송 중에 제3자가 소지하고 있는 증거서류의 취득을 강제하기 위한 방법으로 제139조에 아스트렝트를 두고 있으며 당사자의 경우에도 제142조에서 제139조의 절차를 이용하도록 하여 역시 아스트렝트가 사용되고 있다. 통상 아스트렝트는 법원의 결정에 대한 집행을 촉진하기 위하여 채무자에게 압박을 가하려는 목적으로 주된 판결(condamnation)[16)]에 부가하여 법관에 의하여 선고되는 금전적인 판결(condamnation)이다.[17)] 판결 이후 채무자가 배상하지 않고 시간이 지나거나 위반행위의 수가 늘어나면 배상해야 할 금액도 늘어난다.

아스트렝트의 성격을 간단히 보면 다음과 같다.[18)] 첫째 아스트렝트는 채권자로 하여금 그가 가지고 있는 권리를 취득하도록 하는 강제집행의 수단이 아니다. 압박을 통하여 간접적인 구속력을 가지는 수단일 뿐이다. 법관의 결정이 자발적으로 집행되도록 하는 것이 채무자에게도 이익이 된다는 것을 채무자에게 이해시킴으로써 채무자의 심리적 의사를 강제하는 것이다. 둘째 아스트렝트는

---

14) Gérard COUCHEZ·Xavier LAGARDE, op. cit., p.353.

15) 아스트랭트(astreinte)를 통상 간접강제금이나 이행강제금으로 번역하는 경우가 많으나 astreinte는 강제집행에 있어서 실효성 확보를 위한 광범위하게 사용되는 제재수단임에 비하여 간접강제는 직접강제 또는 대체집행이 불가능한 경우 인정되는 수단이라는 점에서 astreinte와 같다고 보기 어렵다. 일반적으로 astreinte를 통한 금전의 귀속주체는 채권자이다. 자세한 내용은 이무상, 전게논문(주48), 241-244면. ; 정선주, 간접강제금의 본질과 소송상의 제문제, 민사소송 제16권 1호, 한국민사소송법학회, 2012., 440-441면. 프랑스의 아스트렝트는 행정법 분야에도 광범위하게 쓰이는 제도인데 이 글에서는 민사소송 분야에 국한하여 설명한다.

16) 한국법제연구원, 『프랑스법령용어집』, 2008., 211면. 여기서 Condamnation은 민사법 분야에서는 사람에 대하여 판결에 따라 일정한 금액을 지불하거나, 특정한 행위의 이행, 법의 준수를 명령하는 법원의 판결을 말한다고 한다.

17) Roger Perrot·Phililppe Théry, Procédure civiles d'exécution, Dalloz, 2013., p.72.

18) Roger Perrot·Phililppe Théry, op. cit., pp.73-74. 이하의 내용은 이 부분의 내용을 요약한 것이다.

두 가지 국면을 가진다. 첫 번째 단계에서는 법관은 정해진 기간 내에 법원의 결정을 채무자가 이행하지 아니할 경우 심리적 압박수단으로 채무자에게 선고될 금액의 총액을 고지하면서 아스트렝트를 선고한다. 그리고 두 번째 단계로서, 그 정해진 기간이 끝날 때까지 아스트렝트의 판결(condamnation)이 이행되지 않을 경우 법관은 새로이 개입하여 아스트렝트의 청산절차(liquidation)를 진행하는데, 이때 심리적 압박 수단인 채권에서 확정적이고 실행가능하며 채권으로 변경시켜 총액을 확정하게 된다.[19] 셋째 아스트렝트는 프랑스 민사집행법 제131-1조의 규정에 따라 법관의 결정의 집행을 보증하기 위한 성격을 가진다. 아스트렝트의 기본적 기능은 우선적으로 법관의 결정이 존중되고 그에 따라 결정에 기록된 채무가 이행되어야 한다는 것이다. 넷째 아스트렝트는 부수적인 성격을 가진다. 주된 결정이 파기되거나 취소되어 사라지게 된다면 그것에 부가된 아스트렝트는 법적인 근거를 상실하게 되고 목적이 결여된다.[20]

아스트렝트는 비협조적인 채무자에 대항하는 제재수단이지만 완전히 채권자에게 청산된 금액이 귀속된다는 점에서 사적인 제재(une peine privée)이다.[21] 아스트렝트의 근본적인 이유가 법원의 결정의 유효성을 보증하기 위한 것임에도 불구하고 아스트렝트에서 결정된 금액이 채권자에게만 이득이 된다는 점을 알고 있는 법관은 아스트렝트 선고 금액을 최소화 시키려는 경향이 있다는 점에서 실무상 취약한 점이 있음을 부인하기 어렵다.[22]

19) Roger Perrot·Phililppe Théry, op. cit., p.73. 청산절차는 잠정적 절차와 종국적 절차로 나뉘게 된다. 임시적 절차에서 법관은 금액을 수정할 수 있음에 비하여 종국적 절차에서 법관은 총액을 수정할 권한을 가지지 못한다.

20) Cass 2e civ., 14 oct. 2010, n° 09-66.944, Bull. civ.Ⅱ, n°169; Dr. et proc. 2011.44, note Choquet

21) Yves STRICKLER, 「PROCEDURE CIVILE」 (6 édtion), Larcier, 2015., p.305.

22) Yves STRICKLER, op. cit., p.305.

Ⅱ. 프랑스의 소송참가에 관한 검토[23)]

1. 서설

심급에 있어서 주관적 요소의 변경은 원래 진행 중이던 절차에 관계된 제3자가 심급의 진행 중에 절차에 관여하거나 관여되는 경우에 발생한다. 이를 참가라고 하며(프랑스 민사소송법 제66조) 참가절차에서 주관적 범주를 변경하게 된다.[24)] 왜냐하면 새로운 자(새로운 주체)가 심급의 사법상 관련성으로 통합되기 때문이다. 당사자 일방이 다른 당사자에게 같은 심급에서 완전히 새로운 청구를 하는 것이 인정될 수 없는 것처럼 어떠한 참가가 있더라도 무조건 수리가능한 것은 아니다.[25)] 프랑스 민사소송법 제325조는 참가는 충분한 관련성이 있어서 당사자들의 신청서의 내용과 결부되어 있는 경우에만 수리가능하다고 규정하고 있다.[26)]

참가는 제1심 또는 항소심에서 발생하고, 참가는 임의적 또는 강제적으로 가능하다(프랑스 민사소송법 제66조, 제327조). 상고심에서 임의적 참가만 보조참가의 형식으로 허용된다(프랑스 민사소송법 제327조).

2. 임의적 참가(intervention volontaire)

자발적으로 당사자가 다른 당사자들 사이에 이미 제기된 심급에 관여하는 경우 당사자가 그의 이익이 참가하는 재판에 의하여 영향을 받게 된다고 판단하기 때문에 문제된다.[27)] 프랑스에서도 기판력의 상대성 원칙으로 인하여 제3자는 다른 당사자들 사이에 선고된 재판의 결과로부터 충분한 보호받는다. 그러나 어떠한 재판이 제3자의 이익에 영향을 주거나 줄 우려가 있는 종국적인 것으로서 사

---

23) 이 부분은 역자의 다음 논문을 기초로 작성하였다. "보조참가 제도에 관한 재론", 법학논총(조선대학교) 제26집 제2호, 오대성 교수님 정년퇴임 기념논문집, 2019.8. 120-125면.

24) Gérard COUCHEZ·Xavier LAGARDE, 「Procédure civile」, 17e édition, Dalloz, 2014., p.388.

25) Ibid, p.388.

26) 한국법제연구원, 『프랑스 법령용어집』, 2008., 626면. 사법기관이 담당하는 소송 등에 있어서 채택 또는 거부를 위한 실체적인 본안심사를 하기 위하여 요구되는 요건을 충족하는 것을 재판청구의 수리가능성(recevabilité)이라고 한다. 반면 소송에서 본안을 심사받기 위한 전제로서 소송요건이 갖추어져 있지 않으면 소송불수리사유(fins de non recevoir)라고 한다.

27) Gérard COUCHEZ·Xavier LAGARDE, op. cit., p.388.

법상 관련성이 존재하는 경우가 있다. 따라서 이해관계자들에게 그들의 권리를 행사하고 경우에 따라서는 그들에게 손해를 발생시킬 수 있는 재판이 선고되는 것을 막도록 참가하도록 허용하는 것은 당연히 바람직하다는 평가가 유력하다.[28)]

임의적 참가는 경우에 따라 주된 참가(intervention principale) 또는 보조참가(intervention accessoire)가 된다(프랑스 민사소송법 제328조). 참가인이 적법한 권리를 원용하고 재판기관이 이미 소제기 되어 이해관계인이 구별되는 신청서를 진술한 경우 주된 참가라고 한다.[29)] 그러한 참가는 본인이 진술한 신청서에 관하여 소제기 하는 권리가 있는 경우에만 참가는 수리가능하다.[30)] 참가는 전체적으로 판결을 지나치게 지연시킬 위험이 있다면, 판사는 절차를 분리시키고 참가에 관하여 분리된 재판에 의하여 차후에 재판하기 전에 주된 청구에 관하여 우선 재판할 수 있다(민사소송법 제326조). 주된 참가는 제329조 규정에서 "참가한 자가 참가를 위하여 신청서를 작성한 경우 이는 주된 참가이다."라고 규정한다. 이러한 경우 참가인은 원래의 당사자 사이에서 이미 계속 중인 심급에서 그의 이익을 판단받기 위하여 그에게 적절한 신청서를 판사에게 제출한다.[31)] 주된 참가의 성질을 가지는 적절한 신청서를 제출함으로써 소에 대한 수리가능성의 조건과 그 효과를 동시에 정당화시킨다고 한다.

참가인에게 단순히 당사자(원고와 피고)의 신청서를 근거로 하는 것과 관계된 경우 보조참가가 문제된다(프랑스 민사소송법 제330조). 이 참가의 수리가능성은 주된 참가 사건에서 요구되는 것보다 덜 엄격한 조건이 요구된다. : 권리의 보존을 위하여 참가인이 당사자 일방을 지지하는 이해관계를 가지는 것으로 충분하다(프랑스 민사소송법 제330조). 참가의 보조적 성격은 보조참가인이 그의 참가를 일방적으로 취하할 수 있다는 점에서 드러난다(프랑스 민사소송법 제330조). 임의적 참가의 형식과 관련해서 보면 심급에 있어서 당사자들에 대하여 형성된 부대청구와 관계된 것으로서 프랑스 민사소송법 제68조 제1항으로부터 방

28) Ibid, p.389.

29) Ibid, p.389.

30) Ibid, p.389.

31) Serge Guinchard, 「DROIT ET PRATIQUE DE LA PROCEDURE CIVILE - DROIT INTERNE ET EUROPÉEN」, 9e édtion, Dalloz, 2016. p.920.

어방법 제출에 대하여 규정된 간이한 형식을 적용할 필요가 있다. 보조참가는 민사소송법 제330조에서 “당사자의 신청서에 기반한” 보조참가를 규정하고 있다. 보조참가인은 그의 계산으로 신청서를 쓰는 것은 아니며, 절차에서 당사자 중 일방에 대한 지지를 가져오는 것으로 충분하다.[32] 보조참가는 주된 참가보다 유연한 소송의 수리가능성 조건 하에서 제출되고 그 효과는 주된 참가보다 좁다고 널리 이해되고 있다.[33]

3. 강제적 참가(intervention forcée)

당사자 일방이 소송 중 심급에서 제3자를 그 절차에 소환하여 그가 심급의 사법상 관련성의 범주에서 의무적으로 개입해야 하는 경우 이를 강제적 참가라고 한다.[34] 이러한 유형의 참가는 심급의 개시에 대하여 규정된 형식의 규범에 맞추어 이루어진다(프랑스 민사소송법 제68조).

강제적 참가가 이미 개시된 절차에 당사자 중 일방이 주도하는 행위에서만 발생하는 것은 아니다 : 판사가 이해관계인의 출석이 쟁송을 해결하는데 필요하다고 보는 경우 판사는 당사자들을 불러 모든 이해관계인을 강제참가 시킬 수 있다(프랑스 민사소송법 제332조)는 규정이 있기 때문이다 ; 게다가 비송사건에서 당사자들의 출석이 판사가 보기에 쟁송의 해결에 필요한 것으로 보이는 경우 강제참가를 판사가 명할 수 있다(프랑스 민사소송법 제332조).

프랑스 민사소송법은 강제적 참가의 다른 유형을 구별하고 있다.[35] 우선 강제적 참가는 판결의 종결 시에 강제참가가 될 수 있다. 이 강제적 참가는 주된 권원으로 제3자에 대하여 소 제기하는 권리를 가진 모든 당사자에 의하여 수행될 수 있다(프랑스 민사소송법 제331조). 그리고 공통판결의 확인을 목적으로 하는 강제참가를 살펴보아야 한다. 공통판결의 확인은 거기에 이해관계를 가지는 당사자로부터 나올 수 있다(프랑스 민사소송법 제331조).

법은 담보를 위한 소환에 있어서 독자적인 지위를 부여하는데 이런 담보를

32) Ibid, p.922.

33) Ibid, p.922.

34) Gérard COUCHEZ·Xavier LAGARDE, op. cit., p.389.

35) Ibid, p.390.

위한 소환(l'appel en garantie)[36]은 강제적 참가에서 단순담보(보증원고가 스스로 대인적으로 채무를 부담하도록 소구된 경우)와 형식적 담보를 구분짓는 가장 빈번한 형식이다. 이런 담보를 위한 호출에 관하여는 제334조에서 제338조까지 특별한 규정이 있다.

그렇지만 강제적 참가가 원칙적으로 어떤 시기에도 가능하다면(판사가 우선 주된 소인에 관하여 우선 재판하고 그 다음 제326조의 적용에서 참가에 관하여 재판하는 경우는 제외), 제3자가 방어를 주장하는데 적절한 시기에 소환되어야 한다고 규정되어 있다(프랑스 민사소송법 제331조). 그럼에도 이러한 해법은 대심의 원칙에 의하여 지배된다.[37][38]

4. 시사점

프랑스는 우리와는 다르게 참가를 청구의 개념에서 접근하고 있다. 청구에 관련된 주관적 요소인 청구의 주체가 변경되는 것으로 이론구성하고 있는 것으로 보인다. 이를 바탕으로 제3자가 청구를 제기한 것을 임의적 참가, 제3자가 원래의 당사자로부터 인입당한 것을 강제적 참가라고 구성한다. 임의적 참가는 주된 참가와 보조참가로 구별되는데 이는 제3자가 신청서를 직접 작성하여 제출함으로써 고유의 이익을 실현시키는 주된 참가와 원래 소송의 원·피고간의 신청서(prétention)에 기반하여 당사자 일방에 대한 지지를 하는 보조참가로 나누어진다.

---

36) 山口俊夫, 「フランス法辭典」, 東京大學敎出版會, 2002, 담보를 얻을 목적으로 피고에 의하여 제3자에 대하여 내려지는 강제적 참가의 한 형태. 피담보자가 있는 소송당사자가 담보의무자가 있는 제3자를 소송에 끌어들여, 그 담보책임을 예방적으로 작동시키는 형식의 강제적 참가로 이에 따라 현재의 계속되어 있는 소송에 부수하여 소송당사자가 담보권을 행사하게 되고, 그 당사자는 당해 담보소송의 원고로 된다.

37) Gérard COUCHEZ·Xavier LAGARDE, op. cit., p.390.

38) 대심의 원칙에 관하여는 다음의 논문을 참조. 최광선, “프랑스 민사소송법상 대심의 원칙에 관한 소고”, 민사소송 제22권 1호, 한국민사소송법학회, 2018. 대심의 원칙은 누구도 심문되거나 소환되지 아니하고는 재판받지 아니한다는 원칙이라고 할 수 있다(프랑스 민사소송법 제14조). 이는 매우 고전적인 의미에서 대심의 원칙으로서 이 원칙은 당사자 및 판사에게 각각 적용된다. 프랑스 민사소송법 제15조는 당사자들로 하여금 상대방이 변호를 할 수 있도록 사실관계, 증거자료, 법률상 주장을 상대방에 알려야 한다고 규정하여 대심의 원칙을 당사자의 측면에서 규정한다. 프랑스 민사소송법 제16조는 판사로 하여금 판사 스스로, 당사자 모두 대심의 원칙을 준수하게 함과 동시에 당사자의 공격방어방법, 증거서류에 대하여 대심의 원칙에 따라 상대방까지도 검토할 수 있도록 하여야 재판에 받아들일 수 있도록 한다. 나아가 당사자의 요청이 없이는 판사가 직권으로 법률상 공격방어방법을 통하여 판단할 수 없도록 한다.

주된 참가는 참가인의 이익을 직접 실현시킨다는 측면에서 우리나라의 독립당사자참가와 유사한 측면이 있으나 양립불가능성이라는 요건이 부가되지 않으므로 독립당사자참가는 아닌 것으로 보인다. 보조참가(intervention accessoire)는 당사자 일방의 승소를 보조한다는 측면에서 우리나라의 보조참가와 유사한 점이 있으나 특별히 참가적 효력이 두드러지지 않는다는 점, 참가인이 별도의 원고의 신청서에 종속되어 있다는 점에서 우리나라식의 보조참가는 아닌 것으로 보인다.

강제적 참가는 제3자를 소송에 인입시키는 것으로서 우리나라의 소송고지와 같이 이해관계 있는 제3자에게 소송계속의 사실을 통지한다는 측면에서 유사한 점이 있으나 소송에 강제로 참가시킨다는 점, 판결이 발생하면 강제적 참가를 한 제3자에게 기판력이 미친다는 점[39] 등에서 우리나라의 소송고지와는 완전히 구별된다.

프랑스 민사소송법상의 제도와 해석론이 우리나라법의 해석론에 직접 영향을 주기는 어렵겠지만 다음의 점은 참고할 여지가 있다고 생각한다. 프랑스는 참가를 임의적 참가와 강제적 참가로 구별하고 있으나 어떤 참가이든 참가자체에는 충분한 관련성(lien suffisant)이라는 요건을 부가하고 있다. 이 요건은 법률판단의 문제로서 판사의 재량에 맡겨져 있다.[40] 이는 법적 성질이 참가에 부합하기만 하면 참가를 인정하는데 이는 참가제도를 유연하게 운영하겠다는 취지로 보인다. 프랑스 역시 참가로 인하여 소송지연의 방지를 위하여 판사가 원래의 청구를 먼저 판결할 수 있도록 대비를 해 놓은 점도 눈에 띈다.

우리에게 생소한 프랑스 제도를 살펴본 이유는 보조참가 제도의 운영에 있어서 어떤 시사점을 찾기 위함이다. 프랑스는 보조참가의 제도를 비교적 유연하게 운영할 수 있는 기틀을 마련하고 있으며 소송이 복잡해지는 것을 방지하기 위하여 법관의 재량을 통하여 원고와 피고의 문제를 먼저 해결할 수 있는 근거가 있음을 알 수 있다. 이를 참고해 볼 때 우리나라의 경우에도 보조참가가 소송을 지연시킬 염려가 있다고 보이면 법관이 적극적으로 판단하는 재판 진행도 충분히 가능하다고 생각한다.

---

39) Serge Guinchard, op. cit. p.927.

40) Ibid. p.920. ; Yves Strickler, 「Procédure civile」, 6e édition, Larcier, 2016. p.131.

참고자료 ; 프랑스 민사소송법 시역[41)]

Titre IV : La demande en justice	재판상 청구
Chapitre II : Les demandes incidentes	**부대청구**
Article 63	
Les demandes incidentes sont : la demande reconventionnelle, la demande additionnelle et l'intervention.	부대청구는 반소청구, 부가적 청구 및 소송참가이다.
Article 66	
Constitue une intervention la demande dont l'objet est de rendre un tiers partie au procès engagé entre les parties originaires.	청구의 대상이 원래의 당사자들 사이에 계속된 소송절차에서 제3자에게 선고되는 청구는 소송참가이다.
Lorsque la demande émane du tiers, l'intervention est volontaire ; l'intervention est forcée lorsque le tiers est mis en cause par une partie.	제3자가 청구를 제기한 경우, 소송참가는 임의적 참가이다. 제3자가 당사자에 의하여 인입되었다면 소송참가는 강제적 참가이다.
Article 68	
Les demandes incidentes sont formées à l'encontre des parties à l'instance de la même manière que sont présentés les moyens de défense.	부대청구는 방어 방법으로 제출된 것과 같은 방법으로 심급에서 당사자들에 대하여 제기된다.
Elles sont faites à l'encontre des parties défaillantes ou des tiers dans les formes prévues pour l'introduction de l'instance. En appel, elles le sont par voie d'assignation.	부대청구는 소송의 개시를 위하여 규정된 형식에 따라 결석한 당사자 또는 제3자에 대하여 제기된다. 항소심에서 부대청구는 소환장의 절차에 의하여 제기된다.

41) 2019년 6월 1일 시행중인 규정.

Titre IX : L'intervention	참가
Article 325	
L'intervention n'est recevable que si elle se rattache aux prétentions des parties par un lien suffisant.	참가는 충분한 관련성에 의하여 당사자들의 신청과 결부되어 있을 경우에만 수리가능하다.
Article 326	
Si l'intervention risque de retarder à l'excès le jugement sur le tout, le juge statue d'abord sur la cause principale, sauf à statuer ensuite sur l'intervention.	참가가 판결을 전체적으로 지연시킬 수 있다면 판사는 참가에 대하여 곧바로 판결하는 경우를 제외하고 우선 주된 소인에 대하여 판결한다.
Article 327	
L'intervention en première instance ou en cause d'appel est volontaire ou forcée.	1심 또는 항소심에서 참가는 임의적 또는 강제적으로 이루어진다.
Seule est admise devant la Cour de cassation l'intervention volontaire formée à titre accessoire.	부수적 권원에서 형성된 임의적 참가는 상고심에서만 허용된다.

Chapitre Ier : L'intervention volontaire.	
Article 328	
L'intervention volontaire est principale ou accessoire.	임의적 참가는 주된 참가 혹은 보조참가로 이루어진다.
Article 329	
L'intervention est principale lorsqu'elle élève une prétention au profit de celui qui la forme.	참가한 자가 참가를 위하여 신청서를 작성한 경우 이는 주된 참가이다.
Elle n'est recevable que si son auteur a le droit d'agir relativement à cette prétention.	참가는 참가한 본인이 이 신청과 관련하여 소 제기할 수 있는 권리가 있을 때에만 수리가능하다.
Article 330	
L'intervention est accessoire lorsqu'elle appuie les prétentions d'une partie.	참가가 당사자의 신청서에 기반한 경우 이는 부수적 참가이다.

Elle est recevable si son auteur a intérêt, pour la conservation de ses droits, à soutenir cette partie.	참가는 참가한 본인이 그의 권리를 보전하기 위하여 이 당사자를 지원할 이익이 있으면 수리가능하다.
L'intervenant à titre accessoire peut se désister unilatéralement de son intervention.	부수적 권원으로 참가하는 자는 그의 참가를 일방적으로 취하할 수 있다.

Section I : Dispositions communes à toutes les mises en cause

Article 331

Un tiers peut être mis en cause aux fins de condamnation par toute partie qui est en droit d'agir contre lui à titre principal.	제3자는 주된 권원으로 그에 대하여 소 제기하는 권리를 가지고 있는 모든 당사자에 의하여 판결을 받을 목적으로 참가될 수 있다.
Il peut également être mis en cause par la partie qui y a intérêt afin de lui rendre commun le jugement.	제3자는 그에게 판결을 공통적으로 하기 위하여 이에 이익이 있는 당사자에 의하여 참가될 수 있다.
Le tiers doit être appelé en temps utile pour faire valoir sa défense.	제3자는 본인에 대한 변호를 위하여 적시에 소환되어야 한다.

Article 332

Le juge peut inviter les parties à mettre en cause tous les intéressés dont la présence lui paraît nécessaire à la solution du litige.	판사는 당사자들을 소환하여 출석이 당사자들의 분쟁 해결에 필요한 것으로 보이는 모든 이해관계자들을 참가하도록 할 수 있다.
En matière gracieuse, il peut ordonner la mise en cause des personnes dont les droits ou les charges risquent d'être affectés par la décision à prendre.	비송사건에서 판사는 권리 또는 의무가 선고될 재판에 의하여 영향을 받을 수 있는 자들에게 참가하도록 명령을 내릴 수 있다.

Article 333

Le tiers mis en cause est tenu de procéder devant la juridiction saisie de la demande originaire, sans qu'il puisse décliner la compétence territoriale de cette juridiction, même en invoquant une clause attributive de compétence.	관할을 부여하는 조항을 원용하면서 참가한 제3자가 그 재판기관에서의 토지관할을 거부할 수 있는 경우가 아닌 한 그는 원청구를 담당하는 재판기관에서 소송을 수행하여야 한다.

Ⅲ. 파기원에 대한 의견 조회 제도[42)]

1. 개요

2019년 11월 30일 2019년 제4회 한국민사소송법학회 학술대회에서는 '시효중단을 위한 새로운 방식의 확인소송'을 두고 의미있는 발표와 토론이 있었는데 특히 토론에 있어서 최고법원이 방론에서 제도를 창설할 수 있는지 논란이 있었다. 여기서는 관련된 제도 중 프랑스 최고법원의 의견제시 제도에 대하여 살펴보기로 한다.

프랑스는 프랑스 혁명이래 사법계열의 최고법원인 파기원(Cour de cassation)과 행정계열의 최고법원인 국사원(Conseil d'Etat)으로 나뉘어져 있음은 주지의 사실이다.[43)] 파기원은 그 이름이 의미하는 것처럼 당사자 또는 검사에 의하여 제출된 사건을 파기함으로써 법리의 통일성 유지라는 기본적인 직무를 수행한다.[44)] 다시 말해 파기원은 상고심으로서 항소심에서 올라온 재판에 특별한 오류가 없으면 상고기각, 특별한 오류가 있으면 파기환송하였던 것이다. 그런데 최근에는 파기원의 위상에 비추어 다양한 부수적인 직무를 입법에 의하여 파기원에게 부여하였다. 1991년 5월 15일 법원조직법은 법리의 통일성 유지라는 파기원의 본래적 기능 이외에 파기원의 파기라는 업무보다 더 신속한 업무를 수행할 수 있도록 파기원에게 자문적 기능(fonction consultative)을 추가하였다.[45)]

위에서 언급한 1991년 (구) 법원조직법은 현재 법원조직법 제441-1조가 되었으며 그 내용은 다음과 같다. "새로운 법률문제로서 다수의 소송에서 심각한 난점이 있는 청구에 관한 판결이 선고되기 전에 사법계열 법원은 상소할 수 없는 재판으로 파기원의 의견을 구할 수 있다."고 한다. 사건이 발생하고 나서 재판 중 파기원이 해석하는 것보다 법이 시행되고 있는 시점에서 사전적으로 파기원이 해석하는 것이 가치가 있다는 점, 소송이 폭증하고 있는 점을 감안할 때 불

42) 이 부분은 역자의 다음 논문을 기초로 작성하였다. "소멸시효 중단을 위한 재소에 관한 소고", 법학논총(전남대학교) 제40권 제1호, 2020.2., 93-95면.

43) Jacques Boré, Louis Boré,「La cassation en matière civile」(5e édition), Dalloz, 2015., p.3.

44) Yves Strickler·Alexey Varnek, 「Procédure civile」(9e édition), Édition Bruylant, 2019., p.363.

45) Jacques Boré, Louis Boré, op. cit., p.75.

필요한 소송을 사전에 경감시킬 수 있다는 점 등이 장점으로 제시된다.[46] 반면 파기원의 의견제시도 사법의 한계를 넘을 수는 없다. 이에 따라 법원조직법 제441-3조는 "파기원에 의하여 제시된 의견은 의견제시를 요청한 법원을 기속하지는 않는다"라고 규정하고 있다.

2. 제도의 내용

요건을 살펴보면 다음과 같다.[47] 첫째, 의견 제시는 법률문제에 관하여만 이루어진다.[48] 이는 파기원이 법률심인 점을 감안한 것이며, 파기원이 무료자문기관으로 변질되지 않도록 하는 목적을 가진다. 둘째, 의견 제시는 신규 법률문제에 관하여 이루어진다. 새로운 것이라고 함은 신규 법문언(texte nouveau)에 관련된 것으로 본다. 기존 파기원에 의하여 해결된 적이 없는 모든 신규 문제로서 파기원에 의하여 해결되어야 하는 문제가 의견제시의 대상으로 고려될 수 있다. 이때 이미 법원의 판단이 된 문제에 있어서 종전 법리의 재적용에는 사용될 수 없기 때문에 '신규 법률문제'(question nouvelle)는 '미해결된 종래의 문제'(question ancienne non résolue)와 구별된다. 셋째, 의견 제시는 중대한 난점이 있는 법률문제에 관하여 이루어진다. 해법이 쉬운 문제는 고려의 대상이 아니며 파기원에 신청된 질문에 대한 답변을 통해 전국의 법원에 해법을 제시할 수 있어야 한다. 넷째, 다수의 소송에서 다루어지는 법률문제이어야 한다. 다섯째, 소송의 해법을 짓는 법률문제여야 한다. 소송과 관련이 없거나 해법과 관련이 없는 단순히 추상적인 문제에는 의견제시를 해서는 아니 된다.

의견제시요청은 법관만 할 수 있지만 당사자들과 법무부에게 통지하여 하고 그렇지 않은 경우 무효의 제재를 받는다. 파기원은 서류 접수후 3개월 이내에 의견을 제기하며 의견제시를 관보에 게시할 수 있다. 파기원의 의견제시는 의견제시 요청을 한 법원을 구속하지 아니한다.

---

46) Jacques Boré, Louis Boré, op. cit., pp.75-76.

47) Jacques Boré, Louis Boré, op. cit, pp.76-77. : Cour de cassation,「DROIT ET PRATIQUE DE LA CASSATION EN MATIÈRE CIVILE」」(3e édition), LexisNexis, 2012. pp.170-171.

48) 심지어 사실문제와 법률문제가 혼합된 사안은 의견제시의 대상이 아니라는 판시도 있다. Cass., avis, 17 déc 2012, n°12-00.013, Bull. avis, n°10.

이 제도는 나름 실효성이 있는 제도로 평가할 수 있다. 1992년부터 2010년까지 민사사건은 181건으로 연 평균 10여건 정도가 이루어진데 이어 2011년 11건, 2012년 10건, 2013년 13건, 2104년 12건, 2015년 6건, 2016년 11건, 2017년 15건, 2018년 12건, 2019년 15건이 제시되었다.[49][50]

그렇다면 이 제도는 우리에게 어떤 시사점을 주는가? 프랑스의 법제도가 충분한 검토 없이 우리나라에 직접 도입되기는 어렵겠지만 최고법원의 의견제시 제도는 나름 참고할 만한 점이 있는 것 같다.

프랑스의 의견제시 제도는 법률이 재·개정된 이후에 그 법률을 적용하는 재판이 진행 중인 경우 인정된다는 점에서 의미가 있다. 새로운 법률조항을 둘러싼 하급심의 판결이 정리가 되려면 결국 파기원의 종국적인 결정이 있어야 하는데 파기원의 판단을 받기까지 시간이 상당히 걸리기 때문에 의견제시 제도를 통하여 당사자들의 예측가능성과 하급심의 운영을 합리적으로 하겠다는 취지로 보인다. 따라서 의견제시 제도는 신중하게 운영되어야 하고 무분별한 의견제시 요청이 이루어지는 것을 방지하도록 여러 가지의 요건이 부과되어 있다.

이 제도가 우리나라에 직접 도입되려면 더 많은 연구가 필요할 것으로 보인다. 그럼에도 법률을 재·개정했을 때 소송 진행 중인 사안에서 법률문제에 관한 최고법원의 의견을 조회하는 제도는 새로운 제도의 신설로 인한 법적 혼란을 막을 수 있는 장점은 있어 보인다.

---

49) https://www.courdecassation.fr/jurisprudence_2/avis_15/avis_classes_date_239/ 프랑스 파기원 홈페이지 참조. 최근방문. 2020. 1. 18.

50) 가장 최근 판단된 민사사건에서의 의견제시 사안은 다음과 같다. «L'absence d'interruption des délais de l'article 905-1 du code de procédure civile par une demande d'aide juridictionnelle en cours constitue-t-elle une atteinte disproportionnée au droit d'accès au juge, sur le fondement de l'article 6, § 1, de la convention européenne des droits de l'homme et des libertés fondamentales ?» "소송중 사법부조인의 청구에 의하여 민사소송법 제905-1조의 기간이 중단되지 않았을 경우 유럽인권협약 제6조 제1항에 따른 사법접근권에 대한 불합리한 침해가 발생하였는가?"였다. «Ces formalités n'ayant pas été accomplies et la notification de la décision de transmission ne pouvant y suppléer, la demande d'avis est irrecevable.» 이에 대하여 파기원은 이러한 법원 요청의 형식상 결함을 지적하며 이송재판의 통지로 이를 보완할 수도 없어서 본 의견제시 요청이 수리불가능한 것으로 설시하였다.

저자 약력

프랑스 파리11대학 교수(Université Paris Sud11)
프랑스 변호사 자격시험 시험위원
베르사이유 항소법원 지방변호사회 전문교육위원

역자 약력

고려대학교 법학과 졸업(2001. 8., 법학사)
고려대학교 일반대학원 법학과 졸업(2010. 8., 법학석사)
고려대학교 일반대학원 법학과 졸업(2016. 8., 법학박사)
제46회 사법시험 합격(사법연수원 36기), 변호사
대한변호사협회 법제연구원 연구위원
광주지방법원 조정위원
전남대학교 법학전문대학원 부교수(2016. 9. ~ 현재)

프랑스 민사소송법 개론

2020년 2월 25일 인쇄
2020년 2월 28일 발행

저 자 | Jean-Paul Branlard
역 자 | 최광선
펴낸이 | 정병석

펴낸곳 | 전남대학교출판문화원
주소 | 61186 광주광역시 북구 용봉로 77
전화 | (062) 530-0571~3 팩스 | (062) 530-0579
등록 | 1981. 5. 21. 제53호
홈페이지 | http://www.cnup.co.kr
이메일 | cnup0571@hanmail.net

값 17,000 원

ISBN 978-89-6849-704-9 (93360)